OStR Roland Hacker
OStR Dr. Alois Müller
OStR Robert Steigner

Verlag

RECHT LK + GK

An der Goldgrube 9, 97253 Gaukönigshofen
Telefon: 09337 996898, Telefax 09337 996869
e-mail: michael-voll-verlag@t-online.de
internet: www.voll-verlag.de

Konzeption, Gestaltung und Bearbeitung des Vorbereitungsheftes:
OStR Roland Hacker, Schiller-Gymnasium Hof, Universität Bayreuth,
OStR Dr. Alois Müller, Gymnasium Pegnitz,
OStR Robert Steigner, Schiller-Gymnasium Hof

Bildquellennachweis: Abbildungen auf Seite 13, 117, 119 aus:
Zahlenbilder, Erich Schmidt Verlag

Druck und Verarbeitung: Böhler Verlag GmbH, 97084 Würzburg
Gedruckt auf chlorfreiem, gebleichtem Papier

ISBN 978-3-933624-12-3

Vorwort

Hallo!

Ihr alle am Grundkurs und / oder Leistungskurs Wirtschaft/Recht interessierten SchülerInnen und LehrerInnen!

Mit der Entscheidung für den Grundkurs oder Leistungskurs Wirtschaft/Recht habt Ihr, liebe SchülerInnen, sicher eine gute Wahl getroffen. Um Euch den Einstieg in dieses interessante Fach sowie die Vorbereitung auf Schulaufgaben bzw. auf die Abiturprüfung zu erleichtern, haben wir, das Autorenteam, **den gesamten abiturrelevanten Stoff für beide Kurse** aufbereitet. Den wertgeschätzten Kollegen und Kolleginnen möge dieses Heft als willkommene Handreichung dienen.

Besonderen Wert legten wir, das Autorenteam, auf **grundlegende Prüf- und Strukturschemata**. Diese ermöglichen einen besseren Überblick und einen leichteren Zugang zu den jeweiligen rechtlichen Problemstellungen.
Ausführlich behandelt werden die Anspruchsgrundlagen (vgl. Kap. 5) und in diesem Zusammenhang u. a. Verbraucherschutzgesetze, Produkt- und Gefährdungshaftung.

Unser Konzept ist ausgerichtet auf

- eine komprimierte Darstellung der Lerninhalte im Repetitoriumsstil,
- unterrichtsbegleitend und im Selbststudium einsetzbar,
- in prägnanter und aktueller Form,
- aus langjähriger Unterrichtserfahrung
- unter sorgfältiger und vollständiger Beachtung der Fachlehrpläne in der geforderten Reihenfolge.

Da sich die Autoren am Lehrplan bzw. an den abiturrelevanten Bereichen des **Leistungskurses** orientieren, wird zur Differenzierung für den **Grundkurs** im **Inhaltsverzeichnis,** wie folgt, gekennzeichnet:

- **nicht** für den **Grundkurs** relevante Bereiche durch *Kursivschrift*
- **nur** für den **Grundkurs** relevanten Bereiche durch das Symbol ⊗

Sowohl den **Grundkurs,** als auch den **Leistungskurs** betreffenden Teile sind im **Inhaltsverzeichnis** in Normalschrift gehalten.

Zur gezielten Prüfungsvorbereitung befinden sich im Anhang Abituraufgaben mit Lösungen. Eine Aktualisierung dieser Aufgaben sowie der Lerninhalte ist für die weiteren Auflagen vorgesehen.

Viel Erfolg und Spaß bei der Kursarbeit wünscht

das Autorenteam

Inhaltsverzeichnis

1 Recht und Rechtsordnung

1.1 Grundzüge der Rechtsordnung

1.1.1 Rechtliche und andere Verhaltensregeln

Jedes Zusammenleben von Menschen in Gruppen verlangt, dass sich die Mitglieder dieser Gruppe nach bestimmten Verhaltensregeln richten. Diese Regeln oder Normen sind ein entscheidendes Element gesellschaftlicher Strukturen. Man spricht hierbei von **Sozialen Ordnungen** und unterscheidet:

- **Moral**vorstellungen

Man bezeichnet dies auch als Normen der Sittlichkeit. Sie regeln die **innere Einstellung** der Menschen gegenüber ihrer Umwelt und bestimmen damit das Verhalten, z. B. durch Leitlinien wie Treue oder Rücksichtnahme; gesellschaftliche Definition von Gut und Böse; innere Selbstverpflichtung; daher von außen nicht erzwingbar.

- Normen der **Sitte**

Sitten und Gebräuche regeln das Verhalten des einzelnen nach **außen** und haben den Zweck, das Leben in Gemeinschaft überschaubarer und berechenbarer zu machen, z. B. durch Tischsitten. Sittliches Verhalten ist durch sozialen Anpassungsdruck erzwingbar.

- **Rechts**normen

Wie die Normen der Sitte regeln die Rechtsnormen das **äußere Verhalten im Zusammenleben mit anderen Menschen**. Von den anderen sozialen Ordnungen unterscheiden sie sich dadurch, dass ihre Geltung vom Staat erzwungen wird und die Sanktionsinstanz der Gerichte Strafen verhängt. Bei Moralvorstellungen und Sitten erfolgt "Bestrafung" z. B. durch "Gewissensbisse" oder gesellschaftliche Ächtung. *Rechtsnormen = Moralisches Minimum.*

Normen der Sitte und Moralvorstellungen können aber auch rechtliche Verbindlichkeit erlangen; erstere z. B. als "Verkehrssitte" in den §§ 157 u. 242 BGB, letztere als "gute Sitten" in den §§ 138, 226, 817 u. 826 BGB.

Die o. g. Verhaltensregeln sollen in Konfliktsituationen unterschiedliche Interessen und Ansprüche ausgleichen. Sie beantworten die Frage nach richtigem und angemessenem Verhalten und verhindern somit "Faustrecht". Das Recht befindet sich dann im Spannungsfeld zwischen der Einflussnahme auf die persönliche Freiheit und der Gewährung von Schutz. Aus diesem Gegensatz begründet sich die Notwendigkeit einer Rechtsordnung mit Gesetzen und Verordnungen.
"Oft wird es einem sehr verdacht, wenn er Geräusch nach Noten macht." (W. Busch 1879)

1.1.2 Wesen des Rechts und Rechtsbegriff

Der Rechtsbegriff beinhaltet zum einen die Gesamtheit der Rechtsnormen, die im Gemeinwesen "Staat" gelten, zum anderen die Rechtsordnung in ihrer Bedeutung für den einzelnen Bürger. Der Begriff Recht wird somit in einem doppelten Sinne gebraucht:

- als **objektives Recht**, das die Gesamtheit aller Rechtsvorschriften/-normen umfasst, nach denen sich die Menschen in ihren Handlungen untereinander und im Verhältnis zum Staat richten; dies bezeichnet man als **Rechtsordnung** (= bindende Regelung = Soziale Ordnungsmacht)

- und als **subjektives Recht**, das die Befugnisse und Ansprüche darstellt, die durch die Rechtsordnung (= objektives Recht) den Mitgliedern der Gesellschaft zugesprochen sind, d. h. auf die sie Berechtigung haben.

1.1.3 Aufgaben / Funktionen des Rechts

Eine konfliktfreie Gesellschaft ist nicht vorstellbar. Je größer die Gruppe und je vielfältiger das Wirtschaftsleben wird, desto notwendiger aber auch schwieriger wird es, allgemein gültige und von allen anerkannte Regeln bzw. einen gerechten **Interessenausgleich** für alle Beteiligten zu finden. Der Grundwiderspruch stellt sich als Ausgleich zwischen dem Schutzbedürfnis des Bürgers und seinem Freiheitsbedürfnis, das nicht zu Schäden bei anderen Gesellschaftsmitgliedern führen darf, dar (siehe nachfolgend 1.1.4).

Das Recht erfüllt folgende drei Hauptaufgaben/-funktionen:

- Die **Ordnungsfunktion**, d. h. ein geordnetes Zusammenleben der Menschen zu ermöglichen.

- Die Sicherheits-/**Schutzfunktion**, d. h. der Einzelne soll vor Übergriffen anderer bzw. des Staates, oder vor Übervorteilung durch andere, möglichst bewahrt werden.

- Die **Ausgleichsfunktion** (auch **Friedens**-/Konfliktlösungsfunktion), d. h. die Regelung der gesellschaftlichen Beziehungen soll unter Verzicht auf Gewalt erfolgen und zum billigen und gerechten Interessenausgleich führen.

Daneben kann auch noch von der Abschreckungs-/Straffunktion und der Erziehungsfunktion gesprochen werden.

1.1.4 Gerechtigkeit als Ziel und Maßstab des Rechts

In Verfolgung dieser Aufgaben obliegt es dem Recht, gerechte Lösungen zu finden. Dabei prägen die jeweiligen weltanschaulichen Grundpositionen die Vorstellung von Gerechtigkeit. Diese ändern sich mit der gesellschaftspolitischen Entwicklung und dem gesellschaftlichen Wertewandel - man denke nur an die "gerechte" Aufteilung von Ernteerträgen im feudalistischen Lehenswesen im Vergleich zu derjenigen einer kapitalistischen Landwirtschaft in einer freiheitlich-demokratischen Grundordnung (vgl. 1.5). Es gibt also keine absolute, sondern nur eine relative Gerechtigkeit.
Diese relative Gerechtigkeit als Maßstab des Rechts definiert sich über folgende Merkmale bzw. Prinzipien als Ausgleich zwischen Freiheits- und Schutzbedürfnis:

- Die **Gleichheit** bzw. Gleichbehandlung; Art. 3 GG stellt klar, dass alle Menschen vor dem Gesetz gleich sind.
  Gleiches ist gleich, Ungleiches ungleich zu behandeln (Art. 3 GG; Gegenteil: Nürnberger Gesetze 1935)

- Die **Billigkeit** bzw. **Einzelfallgerechtigkeit**; da jeder Mensch ein Individualist ist, wird der gleiche Sachverhalt nach der psychischen, intellektuellen, sozialen etc. persönlichen Situation beurteilt. Folglich muss der gleiche Tatbestand unterschiedlich behandelt werden. Im Steuerrecht etwa wird ein Lediger in Steuerklasse I bei gleichem Einkommen höher besteuert, als ein Verheirateter in Steuerklasse III/IV. (Zum Weiterdenken: Warum wird diese Vorzugsbehandlung auch gut verdienenden verheirateten Doppelverdienern ohne Kinder gewährt?)
  Jedem ist das Seine zu gewähren (Art. 9 GG), d. h. nicht mehr, nicht weniger, nur das, was ihm zusteht.

- Die **Rechtssicherheit**; damit Recht als sicher empfunden wird, muss es überschaubar und vorhersehbar sein, denn Unkenntnis schützt nicht vor Rechtsfolgen. Wenn dies nicht der Fall ist, z. B. in Teilbereichen der Einkommensteuergesetzgebung, herrscht Rechtsunsicherheit. Bei der Festsetzung von Verordnungen, Gesetzen etc. muss in Kauf genommen werden, dass sie auch von Minderheiten als ungerecht empfunden werden (s. o.).

Zusammenfassend: Um das Hauptziel "Gerechtigkeit" erreichen zu können, muss die Rechtsordnung bestimmte Eigenschaften und Bedingungen erfüllen, nämlich sie muss

- demokratisch sein,
- einsichtig sein,
- zweckmäßig sein,
- vorhersehbar sein,
- rechtssicher sein,
- überschaubar sein,
- durchsetzbar sein.

1.2 Rechtsquellen und Merkmale des Rechtsstaates

1.2.1 Rechtsphilosophische Grundlagen

Die Theorie des **Rechtspositivismus** geht davon aus, dass das Recht ausschließlich vom Staat oder anderen Hoheitsträgern festgelegt (positum (lat.) = gesetzt) wird. Damit kennt der Rechtspositivismus die Rechtsgrundlage der Gerechtigkeit nicht (s. u. Naturrecht). Die Grundsätze "Gesetz ist Gesetz" und "Recht ist, was dem Staat nützt" führen dazu, dass der Staat bei der Gesetzgebung nicht an ethische Rechtsprinzipien gebunden ist. Der norm-setzende Wille des Staates gibt jedem Gesetz seine Legitimation. Im Umkehrschluss bedeutet dies, dass als Unrecht nur das gilt, was vom Staat dafür angesehen wird - durch diese Rechtsphilosophie war der Schießbefehl an der früheren Grenze BRD/DDR "gerechtfertigt" oder auch NS-Gesetze wie das nachfolgende:

Reichsgesetzblatt Jg. 1935, Teil I

Gesetz zum Schutz des deutschen Blutes und der deutschen Ehre vom 15.9.1935

§ 1 (1) Eheschließungen zwischen Juden und Staatsangehörigen deutschen und artverwandten Blutes sind verboten ...

§ 5 (1) Wer dem Verbot nach § 1 zuwiderhandelt, wird mit Zuchthaus bestraft.

Im Gegensatz zu den Rechtspositivisten gehen die Vertreter des **Naturrechts** davon aus, dass es ein höheres Recht gibt, das über dem Gesetz steht. Das Naturrecht ist von Raum und Zeit unabhängig, bedarf aber aktueller Anpassung und Interpretation, da sich das Rechtsbewusstsein ändert. Es erkennt allgemein gültige unveräußerliche Grund- und Menschenrechte im Rahmen der herrschenden sittlichen Auffassung an.
Dieses Recht leitet sich von der Natur des Menschen ab, genauer von der Überzeugung, dass der Mensch aufgrund seiner Vernunft bzw. seines Verstandes unantastbare und unvergängliche Rechte wie Würde, Freiheit etc. erkennen kann. Die heutige Bedeutung des Naturrechts ist ablesbar im Grundsatz der Vertragstreue (vgl. Kap. 5 "pacta sunt servanda"), der Verfahrensgerechtigkeit (vgl. Strafrecht Kap. 6) und in der Menschenrechtsdiskussion (vgl. kirchliche Anschauungen, Anschauungen von Amnesty International).
Kritiker sehen die Gefahren des Naturrechtsgedankens in seiner alleinigen Anwendung darin, dass er analog jeglicher Änderung der Volksüberzeugung umwandelbar ist.
In den Verfassungen der Bundesrepublik Deutschland (z. B. Art. 1, 2, 20 (3) GG) oder des Freistaates Bayern (z. B. Art. 100) ist explizit auf das Naturrecht Bezug genommen, ebenso in Entscheidungen des Bundesverfassungsgerichts beispielweise vom 12.10.1951: "Das Bundesverfassungsgericht erkennt die Existenz überpositiven, auch den Verfassungsgeber bindenden Rechts an und ist zuständig, das gesetzte Recht daran zu messen" (zitiert nach FUCHS/ SCHELLENBERGER 1982, S. 11).

1.2.2 Rechtsquellen

Wenn die sozialen Verhaltensvorschriften des Rechtssystems schriftlich fixiert wurden, spricht man von **geschriebenem bzw. kodiertem bzw. gesetztem Recht**. In normenhierarchischer Anordnung (von den ranghöchsten Rechtsquellen ausgehend) setzt sich das kodifizierte Recht in der Bundesrepublik Deutschland wie folgt zusammen:

- **Grundgesetz** (GG) und **Verfassungen** der Bundesländer (= Gesetz im formellen Sinne; Verfahrensrecht)

- **Bundes- und Landesgesetze** (= Gesetze im materiellen Sinne; regeln die Sache selbst; begründen Verpflichtungen, verleihen Berechtigungen)

- **Rechtsverordnungen** von Bundes- und Landesregierungen bzw. nachgeordneten Verwaltungsbehörden (= Verordnungen im materiellen Sinne)

- **Satzungen** von Körperschaften des öffentlichen Rechts (z. B. Gemeinden oder Universitäten) im Rahmen der ihnen verliehenen Autonomie.
  *Privatrechtliche Vereine schaffen mit ihren Vereinssatzungen kein objektives Recht, da nur die freiwilligen Vereinsmitglieder von diesen **Vereinbarungen** betroffen sind.*

Materielle Rechtsquellen als Ausdruck des sich wandelnden Rechtsbewusstseins der Bevölkerung können Veränderungen der formellen Rechtsquellen bewirken (s. Umweltgesetzgebung).
Mit der zunehmenden politischen und wirtschaftlichen Verflechtung der Staaten wächst der Einfluss des internationalen auf das nationale Recht - in der Europäischen Union beispielsweise ist bei der Umsetzung von EU-Richtlinien die jeweilige nationale Legislative hinsichtlich der inhaltlichen Ausgestaltung der Gesetze stark eingeschränkt (vgl. Kapitel 5).

Neben den vom Staat gesetzten Vorschriften existieren Rechtsvorstellungen, die aus langdauernder Übung und Tradition innerhalb einer abgegrenzten Gemeinschaft gewachsen sind, das **Gewohnheitsrecht**.

Die so genannten "FIS-Regeln" (s. u.) beruhen auf bzw. sind Gewohnheitsrecht. Im juristischen Streitfall sind sie Maßstab dafür, ob ein Unfall durch schuldhaftes Verhalten verursacht wurde. Das Oberlandesgericht München schreibt hierzu in einem Urteil vom 20.7.1984: "Anders als im Straßenverkehr gibt es für den Verkehr auf der Skipiste keine normierten Verhaltensanforderungen, sondern nur verbindliche Verhaltensregeln. In der Praxis orientiert sich die deutsche (und z. B. auch österreichische) Rechtsprechung für die Bewertung des Verhaltens der Beteiligten an Skiunfällen an den Verhaltensregeln für Skifahrer der FIS vom Mai 1967."
Mit Inkrafttreten einer abweichenden gesetzlichen Regelung oder der Herausbildung eines entgegenstehenden Gewohnheitsrechts würde die Geltung der FIS-Regeln als Beurteilungsmaßstab für richterliche Rechtsprechung, d. h. als Gewohnheitsrecht, beendet.

FIS-Verhaltensregeln (Auszüge)

für Skifahrer	**für Langläufer**
Nr. 3: Wahl der Skispur Der von hinten kommende Skifahrer muss seine Fahrspur so wählen, dass er vor ihm fahrende Skifahrer nicht gefährdet.	Nr. 5: Gegenverkehr Bei Begegnungen hat jeder nach rechts auszuweichen. Der abfahrende Langläufer hat Vorrang.
Nr. 4: Überholen Überholt werden darf von oben oder unten, von rechts oder links, aber immer mit einem Abstand, der dem überholten Skifahrer für alle seine Bewegungen genügend Raum lässt.	Nr. 6: Stockführung Beim Überholen, Überholt werden und bei Begegnungen sind die Stöcke eng am Körper zu führen.
Nr. 7: Aufstieg und Abstieg Ein Skifahrer, der aufsteigt oder zu Fuß absteigt, muss den Rand der Abfahrt benutzen.	Nr. 8: Freihalten der Loipen Wer stehen bleibt, tritt aus der Loipe. Ein gestürzter Langläufer hat die Loipe möglichst rasch freizumachen.

Im Gegensatz zum angloamerikanischen Rechtswesen sind Gerichtsentscheidungen, die sogenannten **Präzedenzfälle** (case law = Fallrecht), keine Rechtsquellen.
Da das Recht aber niemals für alle denkbaren Fälle in einer zunehmend komplexer werdenden sozialen Wirklichkeit Lösungen bereithalten kann, spielen (v. a. höchstrichterliche) Verallgemeinerungen von Einzelfallentscheidungen als **Richterrecht** eine große Rolle. Diese Entscheidungen sind zwar nicht bindend gegenüber untergeordneten Gerichten, werden aber aufgrund der Möglichkeit, gegen abweichende Entscheidungen Rechtsmittel einlegen zu können, weitestgehend beachtet.

1.2.3 Merkmale des Rechtsstaates

Zusammenfassend sollen die Aspekte, die einen Rechtsstaat im Sinne des Grundgesetzes der Bundesrepublik Deutschland charakterisieren, dargestellt werden (vgl. Art. 20 (3) GG):

- Gewaltenteilung, Teilung staatlicher Macht:
  (horizontal) zwischen Legislative, Exekutive und unabhängiger Judikative und (vertikal) zwischen Zentralgewalt (Bund) und Ländern.

- Bindung der Legislative an die verfassungsmäßige Ordnung (Vorrang der Verfassung), der Exekutive und Judikative an Gesetz und Recht.

- Bindung aller Staatsgewalt an positive Grundrechte als unmittelbar geltendes Recht.

- Anerkennung eines übergesetzlichen Naturrechts.

- Festschreibung der rechtsstaatlichen Prinzipien im unveränderlichen Verfassungskern.

  Der unveränderliche Verfassungskern wird im Art. 79 (3) GG deutlich: Danach sind die Grundrechte der Artikel 1 bis 19 GG in ihren Grundsätzen nicht veränderbar, ebensowenig dürfen das Staatsstrukturprinzip des Art. 20 GG ("demokratischer und sozialer Bundesstaat"), die Gliederung des Bundes in Länder (allerdings nicht deren Anzahl) und die Mitwirkung der Länder bei der Gesetzgebung verändert werden.

- Expliziter Schutz wichtiger Rechtsgüter bzw. Bürgerrechte (vgl. Kap. 6), v. a. der Rechtsgleichheit und des lückenlosen gerichtlichen Rechtsschutzes, der Gleichberechtigung bzw. des Diskriminierungsverbotes z. B. "Homo-Ehe"), der Persönlichkeitsrechte (z. B. Leben, Gesundheit, Ehre), der Vermögenswerte (z. B. Eigentum, Besitz) und der Gemeinschaftswerte (z. B. Ehe, Koalitionsfreiheit, Religionsausübung).

- Verfassungsgerichtsbarkeit.

1.3 Gliederung des Deutschen Rechts

Üblicherweise wird das Recht nach den jeweils sich gegenüberstehenden Rechtssubjekten in **Öffentliches Recht** (jus publicum) und **Privatrecht** (jus privatum) eingeteilt.
Das Öffentliche Recht regelt die *Rechtsbeziehungen der Bürger zum Staat* nach dem Grundsatz der Über- und Unterordnung, das Privatrecht die *Rechtsbeziehungen der Einzelnen* zueinander nach dem Grundsatz der Gleichordnung.

Privatrecht z. B.	**Öffentliches Recht** z. B.
- Bürgerliches Recht - Handels- und Gesellschaftsrecht - Banken-, Börsen-, Wertpapierrecht - Immaterialgüterrecht z. B. Urheberrecht	- Völkerrecht - Staats- und Verfassungsrecht - Umweltrecht - Verwaltungsrecht z. B. Schul-, Verkehrsrecht, Sozialrecht (v. a. Sozialversicherungsrecht) - Steuer- u. Finanzrecht - Strafrecht - Prozessrecht (Strafprozessrecht, Zivilprozessrecht).
- Arbeitsrecht - (Vermischung beider Rechtsgebiete)	

Das wichtigste Gesetz des Privat- oder Zivilrechts ist das am 1. Januar 1990 in Kraft getretene **Bürgerliche Gesetzbuch (BGB)** – siehe 2.1. Das BGB enthält die für alle Personen gleichermaßen gültigen Rechtssätze/-normen.

1.4 Gang der Gesetzgebung und Aufbau der Gerichtsbarkeit

Zur Wiederholung (Sozialkunde 10. Klasse) nachfolgend der "Entstehungsweg" eines Gesetzes in der Bundesrepublik Deutschland.

Da Selbstjustiz ("Justiz" = Rechtswesen/-pflege und Rechtsprechung bzw. die damit befassten Behörden) grundsätzlich verboten ist, liegen die Justizhoheit (Justizmonopol) und die Gerichtshoheit in Deutschland ausschließlich beim Staat (**staatliches Gewaltmonopol**).
In der Gerichtsbarkeit (= jede richterliche Tätigkeit im Rahmen unserer Rechtsordnung) wird unterschieden in Verfassungs-, ordentliche und besondere Gerichtsbarkeit:

Verfassungs-gerichtsbarkeit	Ordentliche Gerichtsbarkeit	Besondere Gerichtsbarkeit
• Bundesverfassungs-gericht (Zuständigkeit: Verstöße gegen das Grundgesetz) • Verfassungsgerichte der Länder (Zuständigkeit: Verstöße gegen Länderverfassung)	• Zivilgerichtsbarkeit (Zuständigkeit: Streitigkeiten zwischen Bürgern) Unterscheidung in: streitige und freiwillige Gerichtsbarkeit– Näheres vgl. Kap. 6 und 7 • Strafgerichtsbarkeit (Zuständigkeit: Straftaten)	• Arbeitsgerichtsbarkeit (Zuständigkeit: Streitigkeiten aus Arbeitsverhältnissen) • (Allgemeine) Verwaltungs-gerichtsbarkeit (Zuständigkeit: öffentliche Streitigkeiten, v. a. Bürger gegen Behörden) • Finanzgerichtsbarkeit (Zuständigkeit: Streitigkeiten mit Finanzverwaltung) • Sozialgerichtsbarkeit (Zuständigkeit: Streitig-keiten mit Organen der Sozialen Sicherung)

Die verschiedenen Gerichtsbarkeiten sind hierarchisch aufgebaut, d. h. es werden Instanzen unterschieden (vgl. Kap. 6 u. 7).

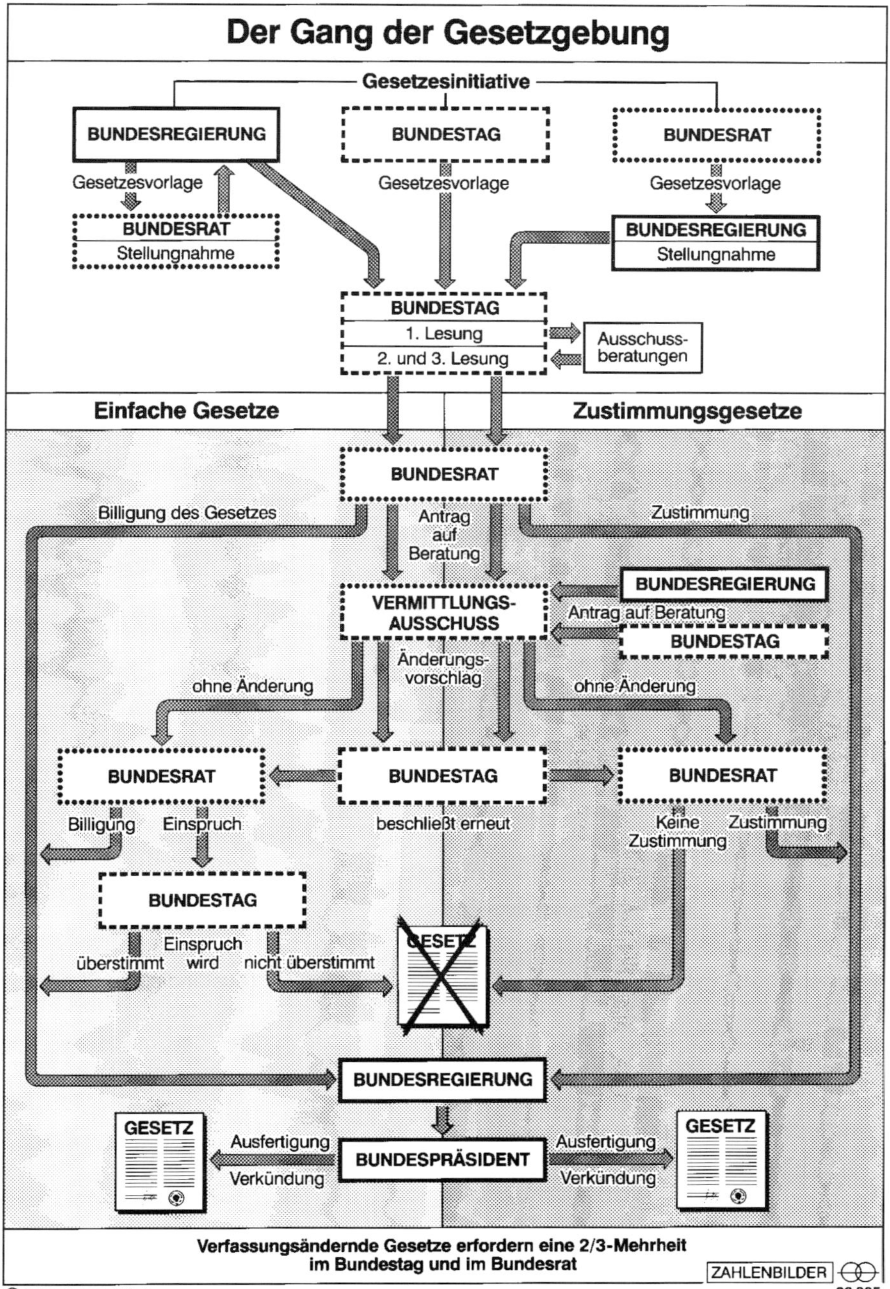
Der Gang der Gesetzgebung
Gesetzesinitiative
BUNDESREGIERUNG
BUNDESTAG
BUNDESRAT
Gesetzesvorlage
BUNDESRAT
Stellungnahme
Gesetzesvorlage
Gesetzesvorlage
BUNDESREGIERUNG
Stellungnahme
BUNDESTAG
1. Lesung
2. und 3. Lesung
Ausschuss-beratungen
Einfache Gesetze
Zustimmungsgesetze
BUNDESRAT
Billigung des Gesetzes
Antrag auf Beratung
Zustimmung
BUNDESREGIERUNG
VERMITTLUNGS-AUSSCHUSS
Antrag auf Beratung
BUNDESTAG
Änderungs-vorschlag
ohne Änderung
ohne Änderung
BUNDESRAT
BUNDESTAG
BUNDESRAT
Billigung
Einspruch
beschließt erneut
Keine Zustimmung
Zustimmung
BUNDESTAG
Einspruch überstimmt wird
nicht überstimmt
GESETZ
BUNDESREGIERUNG
GESETZ
Ausfertigung
Verkündung
BUNDESPRÄSIDENT
Ausfertigung
Verkündung
GESETZ
Verfassungsändernde Gesetze erfordern eine 2/3-Mehrheit im Bundestag und im Bundesrat
ZAHLENBILDER
66 005

1.5 Fortentwicklung des Rechts

Der technische und der sozio-ökonomische Wandel in der Gesellschaft und der damit verbundene Wertewandel (z. B. Wandel vom Rechtsstaat zum Rechtsmittelstaat, soziale Durchlässigkeit der Gesellschaft) führen zur Notwendigkeit, neue Konfliktfelder lösen zu müssen (z. B. Internet-Kriminalität). Gesetzgeber und rechtsprechende Gewalt (Gerichte) sind gefordert, die Lücken z. B. im Bürgerlichen Gesetzbuch zu schließen, v. a. durch Gesetzesänderungen und ergänzende Gesetze. Diese sind aufgrund der Konzeption des BGB im sozioökonomischen Wertgefüge des ausgehenden 19. Jahrhunderts zwangsweise vorhanden, und werden durch die Schuldrechtsmodernisierung weitgehend geschlossen.
Auch Änderungen im Rechtsbewusstsein verlangen nach neuen materiellen Rechtsquellen, die zunächst im Richterrecht angesiedelt sind. Danach entstehen wiederum formelle Rechtsquellen (s. o.), auch in Form von Nebengesetzen.

Beispiele für die Fortentwicklung des Rechts:

- Schuldrechtsreform
- Stärkerer Mieterschutz mit speziellen Gesetzen
- Notwendigkeit des Umweltschutzes (z. B. Veränderungen im BGB wie § 906 (1))
- Regelung der fortschreitenden Europäischen Einigung
- Datenschutzgesetz
- Straßenverkehrsrecht
- Schutz vor Computer- und Internetkriminalität
- Reform der Zivilprozessordnung
- Steuerrecht
- Sozialrecht (vgl. Sozialgesetzbuch)
- Bekämpfung des Terrorismus
- Einwanderungsgesetz

2 Rechtstechnische Grundlagen

2.1 Die Rechtsnormen und der Aufbau des BGB

Von der Legislative verabschiedete und schriftlich niedergelegte rechtliche Regelungen werden als **Rechtsnormen** oder **Rechtssätze** bezeichnet, die für alle verbindlich sind.

Die Anzahl an rechtserheblichen Vorgängen des Lebens (Sachverhalte) ist unerschöpflich und wird, bedingt durch die sozioökonomische Entwicklung, immer weiter zunehmen (vgl. Kap. 5). Völlig unübersichtlich wäre es, für alle diese Vorgänge konkrete Einzelfallregelungen wie den nachstehenden "Fallobstparagraphen" zu treffen (vgl. 1.2):

§ 911 BGB. (Überfall) [1]Früchte, die von einem Baum oder einem Strauch auf ein Nachbargrundstück hinüberfallen, gelten als Früchte dieses Grundstücks. [2]Diese Vorschrift findet keine Anwendung, wenn das Nachbargrundstück dem öffentlichen Gebrauch dient.

Da konkrete Einzelfallregelung für alle rechtserheblichen Vorgänge ein Gesetzeswerk aufblähen und wohl auch undurchschaubar machen würde, muss die Zahl der Normen reduziert werden (**Reduktionsproblem**). Im deutschen Recht geschieht dies, in dem man die Tatbestandsmerkmale einer Rechtsnorm möglichst abstrakt formuliert, um diese Norm auf eine Vielzahl konkreter Sachverhalte anwenden zu können. Damit wird der Gesamtumfang des Regelwerkes reduziert. Zudem hat der teilweise sehr **hohe Abstraktionsgrad** den vorteilhaften Nebeneffekt, dass gesellschaftlicher bzw. wirtschaftlicher Wandel (vgl. Kap. 1.5) keine permanente Revision der Gesetze notwendig macht.
Unterschiedliche Sachverhalte müssen durch gleiche abstrakte Formulierungen der Rechtsnorm erfasst werden, z. B. alle Arten von Kauf durch die §§ 433 bzw. 145/147.

Zwei wichtige Arten von Rechtsnormen müssen im BGB unterschieden werden:

a) **Definitionsnormen bzw. Definitionen** legen den Begriffsinhalt fest; so bestimmt etwa § 90 den Begriff "Sache", § 97 "Zubehör", § 1 den Beginn der Rechtsfähigkeit des Menschen oder § 1923 (2) die Erbfähigkeit des Ungeborenen.

b) **Anspruchsnormen** verschaffen einer Privatperson ein Durchsetzungsrecht für "Ansprüche" im Sinne eines "Tuns" oder "Unterlassens" an eine andere Person (damit sind sie auch Gebots- und Verbotsnormen) – zur Definition. des Begriffes "Anspruch" vgl. § 194.

Die Anspruchsnormen gliedern sich in zwei Teile, den **Tatbestand** mit seinen Tatbestandsmerkmalen und die **Rechtsfolge**. Die Tatbestandsmerkmale geben die Voraussetzung(en) an, die Rechtsfolge ist die Konsequenz. Dies kann auch als **Wenn-dann-Beziehung** dargestellt werden, d. h. sind die Tatbestandsmerkmale erfüllt, dann tritt die Rechtsfolge ein, z. B. nach § 125 (S. 1): Ein Rechtsgeschäft, welches der durch Gesetz vorgeschriebenen Form ermangelt, ist nichtig.

Rechtsnorm	**Tatbestand bzw. Tatbestandsmerkmal(e)** "Wenn.........."	**Rechtsfolge(n)** "Dann......"
§ 105 (1) BGB	Geschäftsunfähiger	Willenserklärung nichtig
§ 433 (1)	Kaufvertrag	Verkäufer muss dem Käufer: • Sache übergeben, • das Eigentum daran verschaffen, • frei von Rechts- und Sachmängeln
§ 433 (2)	Kaufvertrag	Käufer muss: • den vereinbarten Kaufpreis bezahlen, • die gekaufte Sache abnehmen

Die Tatbestandsmerkmale einer Norm können durch "Und" - Beziehungen oder "Oder"-Beziehungen verknüpft sein (s. § 823, vgl. unten Normenanalyse).
Um die Fälle zu erfassen, die unter eine bestimmte gesetzliche Regelung fallen sollen, bedient sich das BGB der **abstrahierend-generalisierenden Methode**, d. h. an die Stelle des konkreten Beispiels (kasuistische Methode) tritt der abstrakt-generelle Begriff, der eine Vielzahl von Anwendungsfällen und m. E. auch sozio-ökonomische Veränderungen abdecken kann.
Diese Begriffe können als sogenannte **"Generalklauseln"** so unbestimmt sein, dass der Richter eine Wertung vornehmen muss (siehe nachfolgender Text), z. B. bei Formulierungen wie "gute Sitten" (vgl. 1.1.1), "Treu und Glauben" (§§ 157, 242 - vgl. Kap. 5) oder "wichtiger Grund" (§ 626).

Jura-Studenten wird das Schummeln erschwert
(aus Süddeutsche Zeitung vom 28.04.1998)

Angehenden Juristen hat das Oberlandesgericht München die Mogelei bei den Staatsexamen erschwert. Es verbot einem Verlag, einige sogenannte Studierhilfen derart zu gestalten, dass sie bekannten Gesetzessammlungen täuschend ähnlich sehen. Der Verleger hatte sich nämlich folgenden Gag einfallen lassen: Seine "Spickzettel" gleichen in Format, Lochung und Papierqualität den Loseblattsammlungen des "Schönfelder" oder "Sartorius" wie ein Ei dem anderen. Diese Gesetzestexte sind für Juristen und daher auch für Jura-Studenten unentbehrlich und dürfen auch bei den Prüfungen verwendet werden. Da sogar Schriftgröße und Untergliederung der Schummelblättchen den Seiten in den Paragraphenwälzern haargenau entsprechen, haben Prüfer selbst beim Durchblättern von "verdächtigen" Bänden praktisch keine Chance, den Unterschleif zu entdecken.
Das Oberlandesgericht: Der Vertrieb der Studierhilfen verstößt in dieser konkreten Aufmachung gegen die guten Sitten.
(Aktenzeichen: 6 U 5813/96)

Zur Verbesserung der Systematik und zur Vermeidung von Wiederholungen bedient sich das BGB zweier Techniken:
Vorschriften, die für mehrere Regelungsbereiche zutreffen, werden vorangestellt bzw. **"Vor-die-Klammer-gezogen"**, dies gilt für den "Allgemeinen Teil" (Erstes Buch des BGB, gültig für die Bücher 2-5), ist aber auch in den einzelnen Büchern verwirklicht.
Durch **Verweisungen** wird ausgedrückt, dass auf einen bestimmten Fall Tatbestand und Rechtsfolge oder nur die Rechtsfolge einer anderen Norm angewandt wird (z. B. § 951 mit Verweis auf § 812); dabei geht allerdings oft die Übersichtlichkeit verloren.

Das Bürgerliche Gesetzbuch (BGB)

Erstes Buch – *Allgemeiner Teil* (§ 1 - § 240):

Definition der Begriffe und Regelungen, die für das ganze BGB gelten.

Zweites Buch – *Schuldrecht/Recht der Schuldverhältnisse* (§ 241 - § 853):

Regelung möglicher Ansprüche einer Person gegen eine andere; v. a. Vertragsrecht und Schuldverhältnisse kraft Gesetz, einzelne Schuldverhältnisse wie Kauf, Tausch, Miete ..., Ausgleich rechtswidrig erlittener Schäden. *Von den Teilbereichen des BGB spielt das Schuldrecht im täglichen Leben die wichtigste Rolle.*

Drittes Buch – *Sachenrecht* (§ 854 - § 1296):

Regelung der Zuordnung einer Sache zu einer Person, z. B. Eigentum und Besitz.

Viertes Buch – *Familienrecht* (§ 1297 - § 1921):

Regelung der besonderen Rechtsbeziehungen, die sich durch die Familie ergeben, d. h. Verwandtschafts-, Ehe- und Kindschaftsrecht.

Fünftes Buch - *Erbrecht* (§ 1922 - § 2385):

Regelung der Rechtsnachfolge für das Vermögen einer Person nach ihrem Tode, v. a. Erbfolge, Testament.

Generell gelten die Paragraphen des Zweiten bis Fünften Buches nur für den Rechtsbereich, in denen sie sich jeweils befinden!

2.2 Arbeitstechniken

2.2.1 Die Subsumtionstechnik

Bei der Lösung von Rechtsfällen muss meist geprüft werden, ob ein Anspruch vorliegt oder nicht. Der entscheidende Schritt hierbei ist, den Lebensvorgang/Fall (sog. Sachverhalt) mit dem Tatbestand und seinen Tatbestandsmerkmalen einer Norm/eines Paragraphen zu vergleichen. Der Sachverhalt wird gleichsam der Rechtsnorm untergelegt oder untergeordnet (subsumiert; Rechtstechnik = Subsumtion). Nur wenn alle Tatbestandsmerkmale durch den vorgegebenen Sachverhalt erfüllt sind, tritt die Rechtsfolge ein.

Fall :
Frau Hertha A. unternimmt mit ihrem damaligen Freund Heiner B. einen Einkaufsbummel. Da Heiners permanente Freudenausbrüche über die neue Bademode Hertha stark nerven, gibt sie ihm einen Klaps auf den Mund, der neben einer aufgeplatzten Lippe auch zwei lockere Zähne verursacht. Die Lippe muss genäht und ein Zahnarzt konsultiert werden. Herr B. will daraufhin von Frau A. Schadensersatz nach § 823 (1) BGB aus Unerlaubter Handlung.

Subsumtion: Sind **alle** Tatbestandsmerkmale des § 823 (1) BGB durch den Sachverhalt erfüllt?

Tatbestandsmerkmale *§ 823 (1) BGB - Unerlaubte Handlung*	**Durch den Sachverhalt** (*"Streit beim Einkaufsbummel"*) **erfüllt?**
• Vorsatz oder Fahrlässigkeit: Verschulden?	Ja, da zumindest fahrlässig: Subsumtion § 276 (2) BGB
• Verletzung des Körpers ... ?	Ja, da Lippe aufgeplatzt und Zähne gelockert.
• Eintritt eines Schadens?	Ja, da Arztrechnungen bezahlt werden müssen; evtl. auch Verdienstausfall, bleibende Scharte in der Lippe ...
• Ursächlicher Zusammenhang (Kausalität) zwischen Eintritt des Schadens und der schädigenden Handlung (hier: Verletzung)?	Ja, da Freudenausbrüche die o. a. Schäden nicht verursachen können, wohl aber die Handlung der Hertha A.
• Widerrechtlich?	Ja, da keine Rechtfertigungsgründe, wie z. B. Notwehr aus dem Sachverhalt erkennbar sind: Subsumtion § 227 (2) BGB.

Rechtsfolge: Da alle Tatbestandsmerkmale konkret erfüllt sind, hat Frau Hertha A. Herrn Heiner B. Schadensersatz zu leisten. Nach § 249^2 BGB bedeutet dies die Erstattung der Arztrechnungen und evtl. Schmerzensgeld nach § 253 (2) BGB (Immaterieller Schaden).
Anders formuliert: Da die Tatbestandsmerkmale des § 823 (1) erfüllt sind, hat Herr Heiner B. gegen Frau Hertha A. Anspruch auf Schadensersatz aus Unerlaubter Handlung i.S.d. § 823 (1) i.V.m. den §§ 276 (2) (Fahrlässigkeit), 249 (2) (Schadensersatz-Umfang), evtl. i.V.m. § 253 (2) (Immaterieller Schaden: „Schmerzensgeld").

(Zu diesem Fall genauer Kapitel 5)

2.2.2 Zitierweise

Normen/Paragraphen werden üblicherweise mit ihren Fachausdrücken zitiert (z. B. § 433 (2): vereinbarter Kaufpreis) sowie mit Angabe des Absatzes und, wenn notwendig, mit Angabe des Satzes (entweder durch Hochstellung "^{2} " oder als "S. 2").

Ansprüche werden wie oben dargestellt formuliert.

Allgemeine Formulierung der Rechtsfolge:

... [Person] hat Anspruch auf ... [etwas] aus ... [einer Rechtsnorm] gegen ... [Person].

Die vorausgehende Subsumtion unterlegt den Tatbestandsmerkmalen die Daten aus dem Sachverhalt (z. B. vgl. oben: Frau A. hat den Körper des Herrn B. fahrlässig und widerrechtlich durch einen Klaps auf den Mund verletzt, gemäß §§ 276 (2), 823 (1), § 249 (2)).

EXKURS

Bei der Lösung von Rechtsfällen können verschiedene Darstellungen verwendet werden:

- **grafische** Darstellung (evtl. mit Hilfe einer Lösungsschablone)
- Ausschließlich **verbale** Darstellung
- "Mischform"

Zeichenerklärung für grafische Darstellung mit Hilfe der Lösungsschablone:

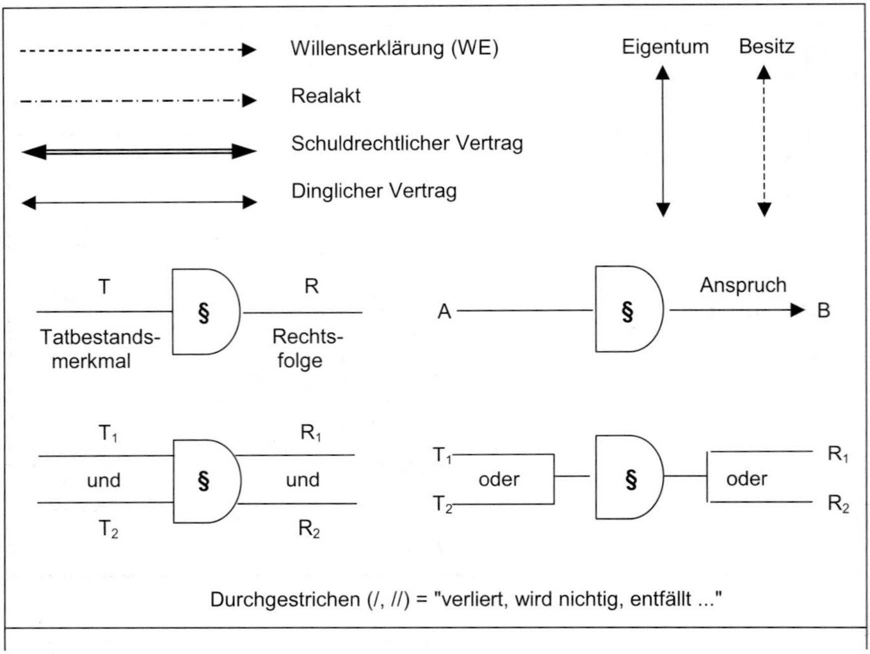

2.2.3 Normenanalyse, Normenverknüpfung

Beispiel einer Normenanalyse (Darstellung von Tatbestandsmerkmalen und Rechtsfolge):

- in **verbaler** Form vgl. oben 2.2.1 Subsumtion des § 823 (1),
- in **graphischer** Form zur "Unerlaubten Handlung" § 823 (1):

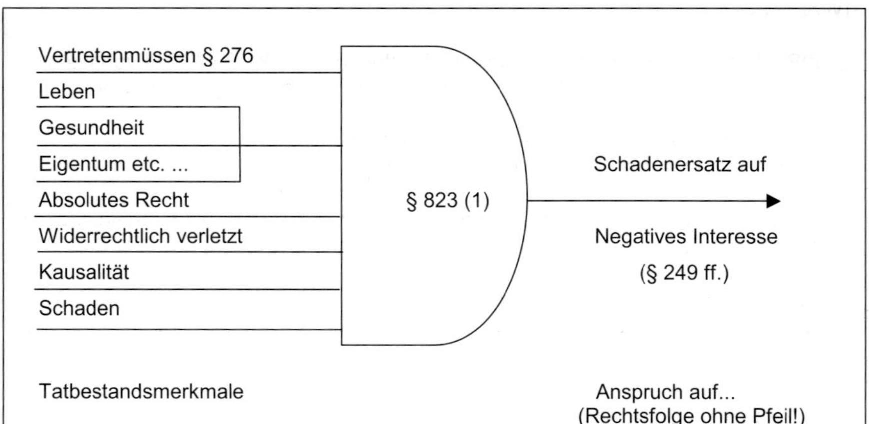

Beispiel einer Normenverknüpfung:

- in **verbaler** Form vgl. oben in 2.2.1 Rechtsfolge im "Hertha/Heiner-Fall",
- in **graphischer** Form zur "Anfechtung wegen Irrtums" § 119 (1) (nähere Ausführungen hierzu in Kap. 3):

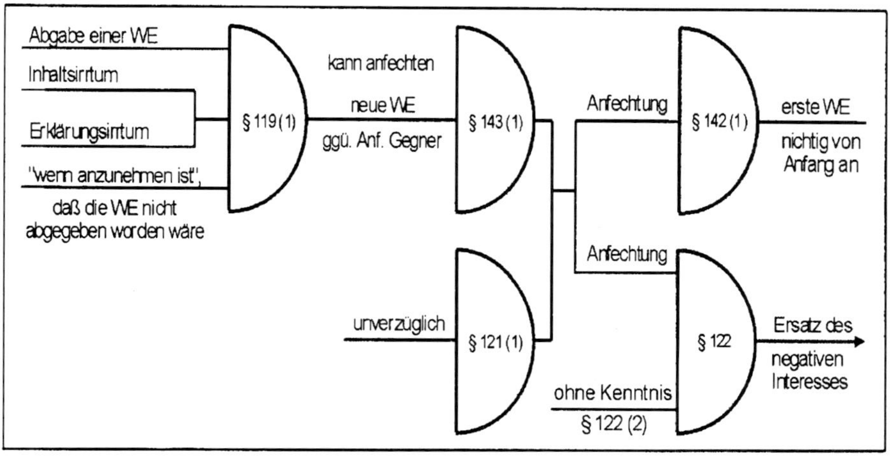

EXKURS

Allgemeine Anleitung zur Lösung von Rechtsfällen

1. Erfassen des Sachverhaltes (Was ist geschehen?)
   Genaues Durcharbeiten der Fallschilderung, Hervorheben rechtserheblicher Tatsachen

2. Feststellen, welche Frage gelöst werden soll bzw. welche Streitpunkte existieren (Wer will was von wem?)

3. (Auf)Suchen von in Betracht kommenden Rechtsnormen (Wer will was von wem woraus?) Verwendung der Übersicht zu den Anspruchsgrundlagen (siehe 5.2)

4. Feststellen der Tatbestandsmerkmale der Rechtsnorm(en)
   (Welche Voraussetzungen müssen erfüllt sein?)

5. Prüfung, ob diese Tatbestandsmerkmale durch den vorliegenden Sachverhalt erfüllt sind (Subsumtion)

6. Feststellen der Rechtsfolgen (Wer kann was von wem woraus verlangen?)

2.3 Das Abstraktionsprinzip

2.3.1 Das Abstraktionsprinzip als Arbeitstechnik im deutschen Recht

Die in 2.1 dargestellte Unterscheidung des BGB zwischen schuldrechtlichen und sachenrechtlichen Rechtsgeschäften führt dazu, dass ein Rechtsgeschäft stets aus mindestens zwei selbstständigen rechtlichen Vorgängen besteht:

- Dem schuldrechtlichen **Verpflichtungsvertrag**, der für wenigstens eine der am Rechtsgeschäft beteiligten Personen eine Verpflichtung begründet. Dieser Vertrag ist ein **Verpflichtungsgeschäft**, das als **Kausalgeschäft** die Grundlage für die Erfüllung der eingegangenen Verpflichtung(en) bildet. In dieser Eigenschaft wird ein juristisches Band zwischen Person(en)/Partei(en) geknüpft, das eine **relative Rechtsmacht** darstellt. Die Regelung der verschiedenen Verpflichtungsgeschäfte (z. B. Kaufvertrag) erfolgt im II. Buch, den Schuldverhältnissen.

- Dem sachenrechtlichen **Einigungsvertrag**, der die vorhandenen Eigentumsrechte an bestimmten Rechtsobjekten unmittelbar ändert - entbehrlich, wenn keine Eigentumsübertragung an der Sache erfolgen soll - in direktem Zusammenhang mit der realen Tathandlung (**Realakt**), der **Übergabe**, wodurch das Besitzrecht an der Sache übergeht. Die Übergabe zur Verschaffung des Besitzrechts an einer Sache findet nur allein für sich dann statt, wenn keine Eigentumsübertragung erfolgen soll (z. B. Leihe).

  Übereignung = Einigung + Übergabe.

  Die Übereignung - oder nur Besitzverschaffung - wird als **Erfüllungsgeschäft** bezeichnet (die eingegangenen Verpflichtungen werden erfüllt) oder als **Verfügungsgeschäft** (über eine Sache wird wirksam verfügt). Damit wird ein sachenrechtliches Band zwischen Person(en)/Partei(en) und einer Sache geknüpft, das eine **absolute Rechtsmacht** darstellt.
  Die Übereignung an beweglichen Sachen (Mobilien) ist grundsätzlich geregelt in einer einzigen Norm, dem § 929 BGB. Für Immobilien gelten Sondervorschriften.

Somit kann das **Abstraktionsprinzip** wie folgt **charakterisiert** werden:

- **Wesen** des Abstraktionsprinzips:

  Juristische Trennung einer wirtschaftlichen Einheit, z. B. der Kaufhandlung, in Verpflichtungs- und Verfügungsgeschäft.

- **Bedeutung** des Abstraktionsprinzips:

  "Verfügung vor Verpflichtung", d. h. Vorrang der Verfügung über eine Sache vor der vorangegangenen, evtl. fehlerhaften Verpflichtung; damit wird der Schutz der absoluten Rechtsmacht an einer Sache bevorzugt vor der relativen Rechtsmacht. Also: Stärkung des Eigentumsrechts, um Sicherheit im Rechtsverkehr (Rechtssicherheit) zu gewährleisten. Der deutsche Weg, das Reduktionsproblem zu lösen (vgl. oben: mehrere schuldrechtliche Kausalgeschäfte, aber nur eine verfügungsgeschäftliche Regelung).

- **Niederschlag** des Abstraktionsprinzips:

  Im BGB: Trennung von Schuldrecht / Buch II (Verpflichtung) und Sachenrecht / Buch III (Verfügung). Juristisches Eigenleben der jeweiligen Verträge!

Zusammenfassung:

Schuldrechtlicher Verpflichtungsvertrag und sachenrechtliches Erfüllungsgeschäft sind voneinander unabhängig und in ihrer rechtlichen Wirksamkeit **getrennt zu beurteilen**. Diese "Spezialität" des deutschen Rechts wird als **Abstraktionsprinzip** bezeichnet, da das Verfügungsgeschäft als abstraktes Rechtsgeschäft auch dann gültig ist, wenn es ohne rechtlichen Grund erfolgt. Mängel des schuldrechtlichen Vertrags beeinträchtigen das sachenrechtliche Erfüllungsgeschäft nicht (und umgekehrt). Fehlt aber der rechtliche Grund (vgl. Begriff "Kausalgeschäft"), so besteht i.d.R. ein Rückforderungsrecht, d. h. ein Herausgabeanspruch, hinsichtlich der erbrachten Leistung(en), z. B. nach den Regelungen der "Ungerechtfertigte[n] Bereicherung" §§ 812 ff BGB. Verpflichtungsgeschäft und Verfügungsgeschäft(e) führen somit ein Eigenleben. Erst im "Nachhinein" können rechtliche Fehlentwicklungen korrigiert und ein gerechter Interessenausgleich herbeigeführt werden.

2.3.2 Anwendung des Abstraktionsprinzips

Der häufigste Lebensvorgang in entwickelten Volkswirtschaften ist der **Kauf** bzw. Verkauf; nach dem Abstraktionsprinzip des deutschen Rechts besteht er aus drei Rechtsgeschäften, die zeitlich zusammenfallen oder zu getrennten Terminen abgewickelt werden können:
(Angenommen wird der Barkauf von Lebensmitteln, also von beweglichen Sachen § 90 BGB)

- **Der Abschluss des Kaufvertrages (KV)**; eine Sache ist mit Abschluss des KV gekauft. Der KV ist ein **Verpflichtungsgeschäft** (vgl. oben), das durch Antrag (§ 145 BGB) und Annahme (§ 147 BGB) zustande kommt und mit dem Käufer und Verkäufer bestimmte Pflichten eingehen, die umgekehrt Ansprüche (Rechtsfolgen) begründen. Nach § 433 (1) ist der Verkäufer verpflichtet, dem Käufer das Eigentum an der Sache zu verschaffen (d. h. hier an den Lebensmitteln) und diese zu übergeben frei von Sach- und Rechtsmängeln, d. h. dem Käufer auch den Besitz an den Lebensmitteln zu verschaffen. Der Käufer dagegen ist verpflichtet, die Sache (hier: die Lebensmittel) abzunehmen und den vereinbarten Kaufpreis zu zahlen gem. § 433 (2). In Kurzform: KV §§ 145, 147, 433 (1) und (2).

- **Die Übereignung der Sache** (hier: der Lebensmittel) gem. Einigungsvertrag §§ 145, 147, 929 i.V.m. § 854 Realakt, womit der Käufer Eigentümer und Besitzer an den Lebensmitteln wird.

- **Die Übereignung des Geldes** (des vereinbarten Kaufpreises) gem. Einigungsvertrag (EV) §§ 145, 147, 929 i.V.m. § 854 Realakt, womit der Verkäufer Eigentümer und Besitzer am Geld wird.

Rechtsnorm	Tatbestandsmerkmale	Rechtsfolge
§ 929[1] BGB	• Einigung • Übergabe (Besitzverschaffung; § 854[1] BGB)	Das Eigentum an ... wird übertragen

Die **Übertragung des Eigentums** setzt also jeweils voraus, dass

- durch Antrag (§ 145) und Annahme (§ 147) eine Einigung (§ 929[1]) erzielt bzw. ein Einigungsvertrag geschlossen wird, dass das Eigentum an Sache bzw. Geld zu diesem Zeitpunkt übertragen werden soll,
- die Übergabe bzw. die Besitzverschaffung (§§ 929[1] u. 854(1)) von Sache und Geld erfolgt.

Der **Gesetzgeber** wollte mit dem Abstraktionsprinzip nicht (nur) Rechtsfälle wie den Kauf verkomplizieren, sondern **ging von folgenden Überlegungen aus:**

- Die Sicherheit bzw. die **Verlässlichkeit im Rechtsverkehr** wird erhöht, wenn die Wirksamkeit der Verfügung Vorrang vor den möglichen Mängeln des Verpflichtungsgeschäfts hat (s. o.).
- Durch die Bindung der Verfügung an einen leicht feststellbaren Tatbestand wird die **Durchschaubarkeit von Rechtsfällen** vereinfacht.

Speziell für den Kaufvertrag bringt das Abstraktionsprinzip u. a. die **Möglichkeiten**

- **noch nicht hergestellte Sachen zu verkaufen** oder
- einen **Kauf unter Eigentumsvorbehalt zu vereinbaren**, wobei der Eigentumsvorbehalt im schuldrechtlichen Grundgeschäft (§§ 145, 147, 433, 449 BGB) verankert werden, aber auch die Übereignung unter der aufschiebenden Bedingung der vollständigen Kaufpreiszahlung erfolgen kann (§§ 145, 147, 929, 158(1); 929, 854(1)).

Allerdings ist der Schutz des Gläubigers eben durch das Abstraktionsprinzip nur bedingt, da zum einen bei rechtswirksamer Weitergabe durch den Schuldner (Verfügung durch Nichtberechtigten) das Eigentum des Gläubigers erlischt (z. B. § 932 BGB), zum anderen das Eigentum auch durch einen Realakt erworben werden kann, z. B. durch Vermischung einer unter "einfachem" Eigentumsvorbehalt stehenden Sache mit einer anderen (§ 948 BGB).

Anmerkung: Um den besonderen Bedürfnissen des Wirtschaftslebens Rechnung zu tragen, wurde der erweiterte Eigentumsvorbehalt (auch. Kontokorrentvorbehalt) und der verlängerte Eigentumsvorbehalt entwickelt, die bezüglich der dargestellten Problematik größere Sicherheiten für den Vorbehaltsverkäufer bieten.

2.4 **Fallbeispiele zum Abstraktionsprinzip** (Graphische Darstellung mit Lösungsschablone)

a) Aufnahme/Gewährung eines Sachdarlehens

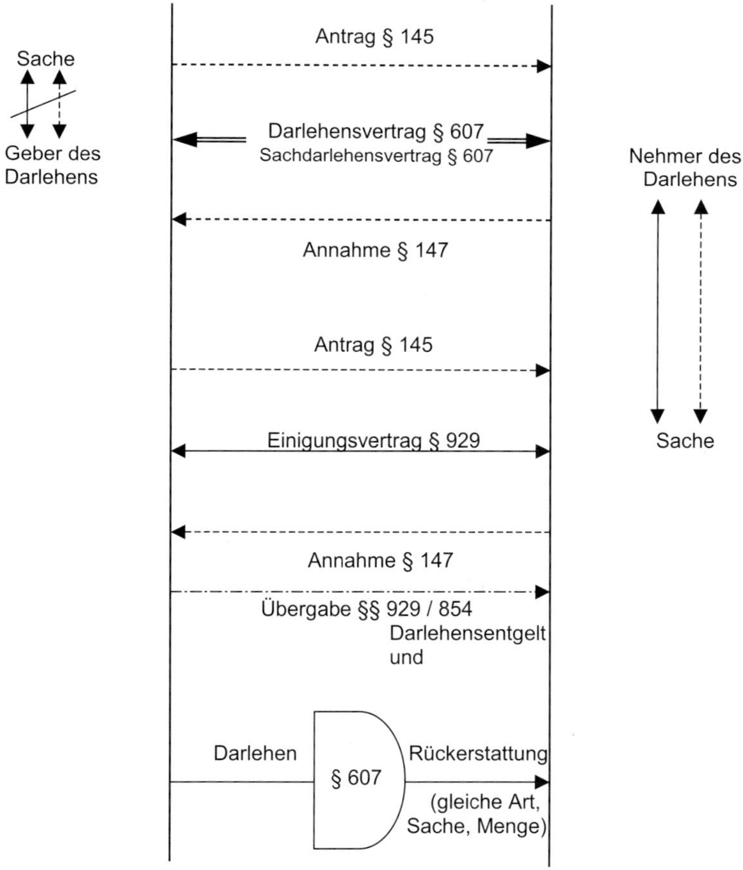

b) Kauf mit Anfechtung

Karl K. bestellt bei Buchhändlerin V. das Taschenbuch "Die Reise nach Taschkent VIII" und zahlt den Preis von EUR 24,80 sofort. Zu Hause bemerkt er, dass er Band VIII schon im Bücherregal stehen hat und er Band IX ursprünglich bestellen wollte, was er V. unverzüglich mitteilt. Band IX ist aber vergriffen und V. will ihm den schon per Fax bestellten Band VIII partout zukommen lassen und natürlich auch das Geld behalten. Daraufhin ficht K. den Kaufvertrag wegen Irrtums (§ 119 (1) BGB) an und will "seine" EUR 24,80 zurück.

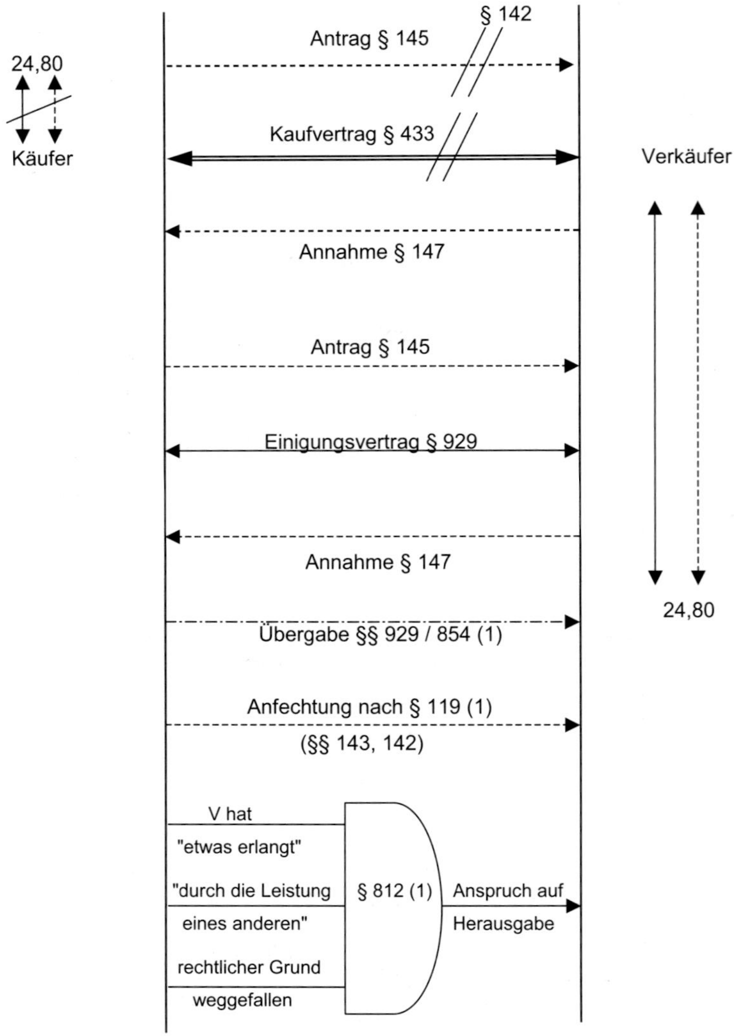

c) Miete einer Sache

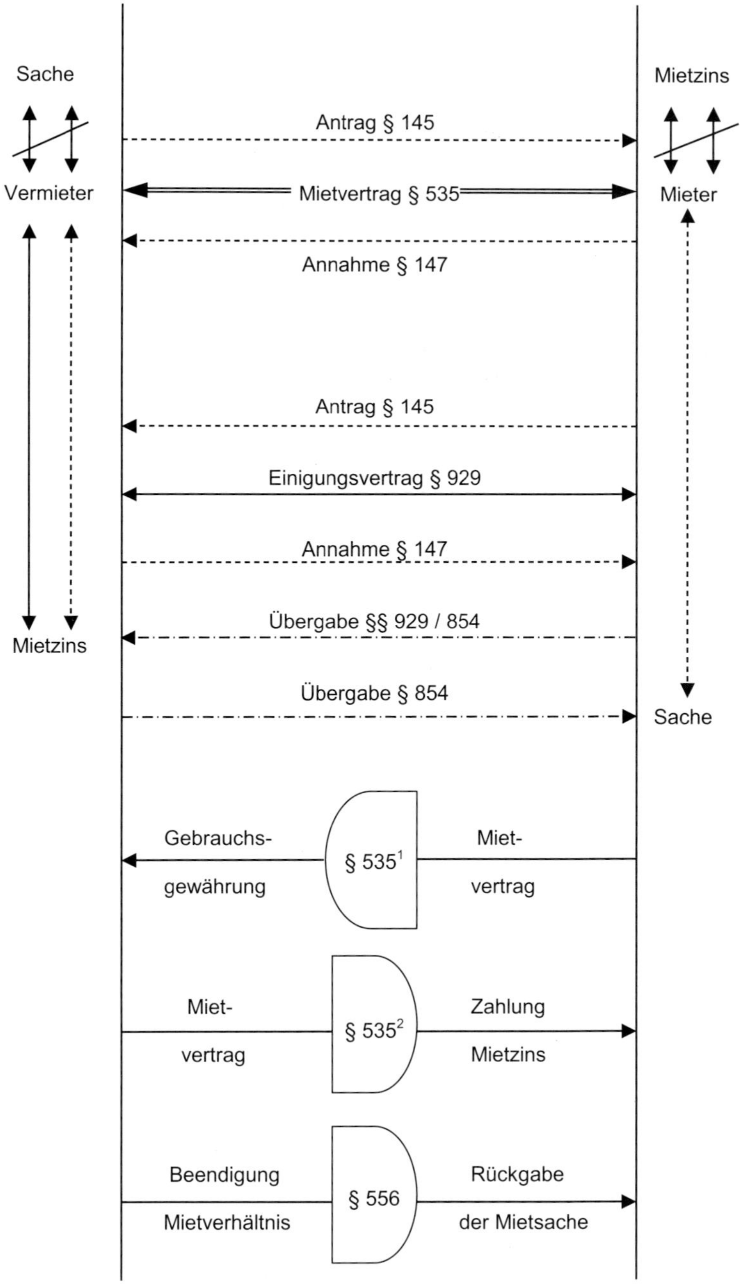

3 Rechtssubjekte und Rechtsgeschäfte

Im nachfolgenden Text werden mit Paragraphen ohne Zusatz eines Gesetzes immer Rechtsnormen des Bürgerlichen Gesetzbuches angesprochen.

3.1 Rechtsfähigkeit der Rechtssubjekte

Als Rechtssubjekte werden Personen oder Vereinigungen bezeichnet, die subjektive Rechte und Pflichten aus dem objektiven Recht für sich ableiten können, d. h. Träger von Rechten und Pflichten sind.

3.1.1 Natürliche Personen

Als natürliche Personen werden alle **Menschen** bezeichnet. Ihre Rechtsfähigkeit beginnt gemäß § 1 mit der **Vollendung der Geburt**.
Das bedeutet beispielsweise, dass der 8 Monate alte Werner B. Erbe eines bebauten Grundstücks werden kann und damit u. a. die Räum- und Streupflicht für den am Haus entlangführenden Gehsteig hat, die allerdings von seinem gesetzlichen Vertreter wahrgenommen werden muss. B ist jedoch noch nicht verfügungsberechtigter Eigentümer der Immobilie, da B geschäftsunfähig ist; die entsprechenden Willenserklärungen sind von seinem gesetzlichen Vertreter abzugeben.

Fall:
Herr Erwin-Remigius M. setzt seinen langjährigen Lebensgefährten, den Kater Waldemar, zum Alleinerben ein. Kann dieser die Erbschaft nach dem Tod von Erwin-Remigius antreten?

Rechtsnorm	Tatbestandsmerkmale mit Subsumtion	Rechtsfolgen
§ 1	• Mensch? Auch wenn Waldemar E.-R. sehr nahe stand, wird er juristisch nicht zum Menschen (§ 90a[3] legt fest, dass auf Tiere die für Sachen geltenden Bestimmungen anzuwenden sind, wenn z. B. deren Erbfähigkeit im Gesetz nicht vorgesehen ist). • Vollendung der Geburt? Ja, aber da **alle** Tatbestandsmerkmale gem. §§ 1 und 90 a erfüllt sein müssen, ohne rechtliche Bedeutung.	Kater Waldemar ist keine natürliche Person und kann die Erbschaft folglich nicht antreten.

Fall:
Frau Reingart H. hat vor ihrem Tod ihre(n) noch ungeborene(n) Nichte/Neffen ... (laut Ultraschall ca. 17. Woche) zum Alleinerben eingesetzt. Kann diese(r) die Erbschaft antreten?

Rechtsnorm	Tatbestandsmerkmale mit Subsumtion	Rechtsfolgen
§ 1	• Mensch? Zweifellos ja.	
§ 1923 (2) (Erb-fähigkeit)	• Vollendung der Geburt? Tatbestandsmerkmal nicht erfüllt, aber § 1923. • Noch nicht lebend, aber bereits gezeugt? Tatbestandsmerkmal erfüllt vgl. § 1923 (2).	Neffe/Nichte ... kann die Erbschaft antreten.

3.1.2 Juristische Personen

Neben den natürlichen Personen kennt das Gesetz auch so genannte juristische Personen (JP), d. h. **Zusammenschlüsse von Personen oder Vermögensmassen** (Zweckvermögen) mit vom Gesetz anerkannter eigener Rechtspersönlichkeit, d. h. **eigener Rechtsfähigkeit**. Die JP kann, abgesehen von den nur einer natürlichen Person zustehenden Rechten bzw. Rechtsgeschäften (z. B. Staatsangehörigkeit, Eheschließung), im Rechtsleben wie eine natürliche Person auftreten. Sie ist von der **Gründung bis zur Auflösung rechtsfähig**, wobei diese Vorgänge dokumentiert werden müssen, z. B. bei der Aktiengesellschaft durch **Eintragung** bzw. **Löschung** im **Handelsregister**, das beim Amtsgericht geführt wird. Neben dieser so genannten **Normativbestimmung** kann der JP (v. a. des öffentlichen Rechts) die Rechtsfähigkeit auch **durch staatlichen Hoheitsakt** (Gesetz, Verwaltungsakt) **verliehen** werden.

Die JP handelt durch Organe, die sich aus natürlichen Personen zusammensetzen, aber nicht in ihrem Handeln für die JP als natürliche Personen haften. Beispielsweise haftet für nicht grob fahrlässig oder vorsätzlich getroffene falsche Entscheidungen des Vereinsvorstands, die im Namen des Vereins erfolgen und im Rahmen der ihm zustehenden Kompetenzen liegen, die JP mit ihrem eigenen Vermögen (§ 31). Der Vorstand haftet jedoch persönlich gegenüber der Mitgliederversammlung, wenn ihm Entlastung verweigert wird. Der Bestand der JP ist von Mitgliederfluktuationen unabhängig, darf jedoch bei eingetragenen Vereinen nicht unter drei Personen sinken (vgl. § 73 (1)).

Juristische Personen im Überblick

- **des Privatrechts**
  - **Rechtsfähige Vereine:**
    - Idealvereine nach §§ 21, 55 ff., *Gesangsverein e. V.* Vereine mit wirtschaftlichem Zweck nach Handelsrecht bzw. Spezialgesetzen wie Aktienges. *z. B. gemeinnützige AG, GmbH* oder nach § 22 durch staatliche Verleihung (Konzession), *z. B. Erzeugergemeinschaften,*
  - **Privatrechtliche Stiftungen** (= auf Dauer verselbständigte Vermögensmasse), *z. B. Familienstiftungen, Stiftung Volkswagenwerk*
- **des öffentlichen Rechts**
  - **Körperschaften:**
    - Gebietskörperschaften, *z.B. Gemeinden, Landkreise*
    - Personalkörperschaften, *z. B. Industrie- u. Handelskammern, Religionsgemeinschaften, Hochschulen*
  - **Anstalten** *z. B. (Öffentl.-rechtl.) Rundfunk- und Fernsehanstalten, Bundesversicherungsanstalt*
  - **Öffentl.-rechtl. Stiftungen** *z. B. Stiftung Preußischer Kulturbesitz*

3.2 Die Handlungsfähigkeit

Von der (passiven) Rechtsfähigkeit muss die (aktive) **Handlungsfähigkeit**, d. h. der selbstständige Erwerb von Rechten bzw. die Begründung von Pflichten durch eigene Handlungen unterschieden werden. Man unterscheidet Geschäfts- und Deliktsfähigkeit.

3.2.1 Geschäftsfähigkeit

Unter Geschäftsfähigkeit versteht man die rechtliche Fähigkeit, wirksame Rechtsgeschäfte selbstständig / durch eigenes Handeln vorzunehmen. Während jeder Mensch mit seiner Geburt rechtsfähig wird, sieht die Rechtsordnung vor, dass er erst dann, wenn er die Konsequenzen seines (wirtschaftlichen) Handelns erkennen und für die rechtlichen Folgen einstehen kann, voll geschäftsfähig wird. Damit ist die Geschäftsfähigkeit grundsätzlich an das Lebensalter "gekoppelt".

Drei Stufen der Geschäftsfähigkeit sind im deutschen Recht verankert:

- **Geschäftsunfähigkeit:**

  Geschäftsunfähige Personen können nicht rechtswirksam handeln, ihre Willenserklärungen (WE) sind lt. § 105 (1) nichtig. Jegliches Rechtsgeschäft kann nur

der gesetzliche Vertreter für den Geschäftsunfähigen abschließen. Nach § 104 sind geschäftsunfähig:
- Kinder unter sieben Jahren und
- Personen, die sich in einer dauerhaften "Störung der Geistestätigkeit" befinden
- sowie volljährige Geschäftsunfähige soweit sie Geschäfte des täglichen Lebens tätigen, die mit Mitteln bewirkt werden, die nicht als geringwertig zu bezeichnen sind (§ 105 a).

- **Beschränkte Geschäftsfähigkeit (§§ 106 – 113):**

Beschränkt geschäftsfähig sind nach § 106 die Minderjährigen (§ 2) zwischen dem vollendeten 7. und 18. Lebensjahr.
Grundsätzlich bedarf der Minderjährige zum Abschluss eines Rechtsgeschäftes der **Einwilligung** seines gesetzlichen Vertreters (§§ 107, 183).

Exkurs: Das BGB verwendet den Begriff ***"Zustimmung"*** *(vgl. §182), wenn eine Person mit der WE einer anderen Person einverstanden sein muss, damit die WE rechtswirksam wird. Dabei wird unterschieden:*

- *die* ***Einwilligung*** *als vorherige (= vor Abgabe der zustimmungsbedürftigen WE) Zustimmung (§ 183)*
- *Die* ***Genehmigung*** *als nachträgliche (= nach Abgabe der zustimmungsbedürftigen WE) Zustimmung (§ 184).*

Wenn die Einwilligung des gesetzlichen Vertreters nicht vorliegt, sind die Willenserklärungen des Minderjährigen und damit der Vertrag **schwebend unwirksam** gemäß § 108 (1) - Ausnahme rechtlicher Vorteil, vgl. unten § 107. Wirksam wird es/er durch die nachträgliche **Genehmigung** durch den gesetzlichen Vertreter (wenn dieser vom Vertragspartner dazu aufgefordert wird, muss er die Genehmigung nach § 108 (2) innerhalb von zwei Wochen erklären, sonst gilt sie als verweigert). Wenn in der Schwebezeit der Minderjährige allerdings volljährig wird, ist das Rechtsgeschäft bzw. die Willenserklärung voll wirksam gemäß § 108 (3) - Dazu vgl. auch „Widerrufsrecht des anderen Teils" § 109.

Ausnahmen von der beschränkten Geschäftsfähigkeit:

- Wenn der Minderjährige gemäß § 107 **nur einen rechtlichen Vorteil** erlangt, z. B. bei Eigentumserwerb im Rahmen einer Schenkung oder eines Kaufs (Erfüllungsgeschäft: Übereignung der Sache). Wenn keine Verpflichtung zur Gegenleistung vom Minderjährigen eingegangen wird, ist auch das Verpflichtungsgeschäft ohne Zustimmung des gesetzlichen Vertreters von Anfang an wirksam, sonst vgl. oben § 108 (1).

- Im Rahmen des **Taschengeldes gem. § 110,** d. h. bei Rechtsgeschäften **mit zweckbestimmten Mitteln** (vom gesetzlichen Vertreter oder mit dessen Zustimmung von Dritten überlassen) oder **mit Mitteln zur freien Verfügung**. Dabei geht man davon aus, dass für Rechtsgeschäfte, die ein Minderjähriger gewöhnlicherweise tätigt (z. B. nicht der Zigarrenkauf durch einen 8jährigen), eine **generelle Einwilligung** (Generalkonsens) des gesetzlichen Vertreters vorliegt. Zu beachten ist auch, dass der Minderjährige seine Leistung bewirkt, d. h. restlos erbracht haben muss, was normalerweise nur für **Bargeschäfte**, nicht z. B. für Ratenkäufe gilt – sonst gilt: das Rechtsgeschäft ist bis zur

Genehmigung schwebend unwirksam, § 108, 182, 184; nach Bewirkung, also nach vollständiger Bezahlung wieder Regelung gem. § 110. Ausnahme: Einwilligung der Eltern und des Vormundschaftsgerichts bewirken die Wirksamkeit des gesamten Rechtsgeschäftes von Anfang an. Eine weitere Verfügung des Minderjährigen über die mit Taschengeld erworbenen Gegenstände ist nicht möglich, d. h. er kann z. B. das Fahrrad nicht (ohne explizite Zustimmung des gesetzlichen Vertreters) wieder verkaufen – vgl. oben: rechtlicher Nachteil für den Minderjährigen.

- Nach § 112 ist der Minderjährige, wenn er durch gesetzlichen Vertreter (mit Genehmigung des Vormundschaftsgerichtes) zu einem **selbstständigen Erwerbsgeschäft ermächtigt** wurde, für Geschäfte, die zum Betrieb dieses Erwerbsgeschäftes (z. B. Wareneinkauf, Anmietung einer Lagerhalle) notwendig sind, voll geschäftsfähig.

- Nach § 113 gilt, dass der Minderjährige, wenn er zur **Eingehung eines Arbeitsverhältnisses ermächtigt** wurde, voll geschäftsfähig ist für alle Rechtsgeschäfte, die mit der Eingehung, der Aufhebung und der Erfüllung dieses Arbeitsverhältnisses zusammenhängen. Nicht explizit eingeschlossen ist die freie Verfügung über das Arbeitsentgelt.

- **Volle Geschäftsfähigkeit:**

Nach § 2 wird die natürliche Person mit der Vollendung des 18.Lebensjahres volljährig und damit voll geschäftsfähig.

Prüfschema Geschäftsfähigkeit

Tatbestand	Rechtsfolgen
Geschäftsunfähigkeit a) **Kinder 0-6 Jahre** (§ 104, 1. BGB) b) **Sonstige Geschäftsunfähige** (§ 104, 2. § 105 a BGB)	Alle Willenserklärungen sind **nichtig** (§ 105). – Handelt es sich nicht um geringwertige Mittel gem. § 105 a, dann sind die Willenserklärungen des volljährigen Geschäftsunfähigen nichtig.
Volle Geschäftsfähigkeit ab 18. Lebensjahr (§ 2 BGB)	Rechtsgeschäfte werden **wirksam** abgeschlossen
Beschränkte Geschäftsfähigkeit **Minderjährige 7-17 Jahre** (§§ 106-113 BGB)	
a) **zustimmungsbedürftige** Rechtsgeschäfte (siehe §§ 182 ff. BGB)	
• **Einwilligung** (§ 183) des gesetzlichen Vertreters (§ 107)	Rechtsgeschäft **wirksam**
• **Keine Einwilligung** des gesetzlichen Vertreters (§§ 107-109, evtl. auch mit Vormundschaftsgericht §§ 1643, 1821, 1822)	**Schwebende Unwirksamkeit** des Rechtsgeschäfts (§ 108, (1))
→ wenn **Genehmigung** (§ 184):	Rechtsgeschäft **wirksam**
→ wenn **Verweigerung:**	Rechtsgeschäft **unwirksam**
b) **nicht zustimmungsbedürftige** Rechtsgeschäfte	
• nur **rechtlicher Vorteil** (§ 107)	Rechtsgeschäft **wirksam**
• **Taschengeldgeschäfte** (§ 110)	Rechtsgeschäft **wirksam**
• Rechtsgeschäfte beim **Betrieb eines Erwerbsgeschäfts** (§ 112) oder	Rechtsgeschäft **wirksam**
• im **Dienst- u. Arbeitsverhältnis** (§ 113), wenn Minderjähriger grundsätzlich dafür ermächtigt.	Rechtsgeschäft **wirksam**
c) Sonderfälle:	
• Ratengeschäft § 110	Bzgl. Ratengeschäft: Rechtsgeschäft **unwirksam**, evtl. über § 108 bis zur Bewirkung, dann § 110.
• einseitige Rechtsgeschäfte §111	
• volljährige Geschäftsunfähige	Bzgl. Volljährige Geschäftsunfähige: Rechtsgeschäft **wirksam** bei Bagatellgeschäften gem. § 105 a

3.2.2 Deliktsfähigkeit (und Strafmündigkeit)

Während bei der Geschäftsfähigkeit die Frage der Wirksamkeit rechtsgeschäftlicher Willenserklärungen im Blickpunkt steht, geht es daneben auch um die Frage, ob man bzw. wer **für Folgen schuldhaften Handelns einstehen muss**. Solche Handlungen werden als **"Unerlaubte Handlungen"** (vgl. 27. Titel des Buches II des BGB) oder Delikte bezeichnet – die **zivilrechtliche Verantwortung** dafür bezeichnet man als **Deliktsfähigkeit**.
Strafmündigkeit bzw. **Straffähigkeit** meint dagegen die **strafrechtliche Verantwortlichkeit**, auf die in Kap. 6 noch näher eingegangen wird – generell liegt die Altersgrenze bei der Strafmündigkeit höher als bei der Deliktsfähigkeit.

Prüfung der Deliktsfähigkeit
Voraussetzung: Es wurde ein Schaden durch eine Person verursacht

- **Schädiger ist voll deliktsfähig** (über 18 Jahre und keine Ausschlussgründe nach § 827, wie z. B. Bewusstlosigkeit oder Geisteskrankheit;
  Rechtsfolge: Schädiger muss Schadensersatz leisten.
  Anmerkung: Rausch (Drogen/Alkohol) gilt nicht als Ausschlussgrund, da man bei "Selbstzufügung" desselben Fahrlässigkeit unterstellt; Ausnahme: unverschuldet in diesen Zustand geraten.

- **Schädiger ist bedingt deliktsfähig**
  - 7 bis 17 Jahre: Einsicht in die Erkenntnis der Verantwortlichkeit ist vorhanden, § 828 (3). Weiterhin sind 7 – 9-Jährige bei Vorsatz für einen Schaden verantwortlich, den sie bei einem Unfall mit einem Kfz, einer Schienenbahn oder einer Schwebebahn verursacht haben, § 828 (2).
    Rechtsfolge: Schädiger muss Schadensersatz leisten.
  - Einsicht vorhanden und zusätzlich wurde die Aufsichtspflicht, z. B. der Eltern, verletzt (§ 832);
    Rechtsfolge: Schädiger und Aufsichtsperson haften gemeinsam als Gesamtschuldner (§ 840).
  - Einsicht nicht vorhanden
    Rechtsfolge: Schädiger wird wie deliktsunfähige Person behandelt § 828 (3).

- **Schädiger ist deliktsunfähig**
  - gemäß § 828 (1) – unter 7 Jahre, § 828 (2) – 7-9 Jahre bei nicht vorsätzlich verschuldeten Unfällen mit einem Kfz etc., § 828 (3) – 7-17 Jahre, wenn die zur Erkenntnis der Verantwortlichkeit erforderliche Einsicht fehlt;
  - Aufsichtspflicht (§ 832) verletzt;
    Rechtsfolge: Aufsichtsperson muss Schadensersatz leisten
  - Aufsichtspflicht (§ 832) nicht verletzt,
    Rechtsfolge: Aufsichtsperson muss keinen Schadensersatz leisten;
    aber: Prüfung, ob der Schädiger über genügend eigene Mittel verfügt, wenn ja, dann muss der Schädiger aus sog. Billigkeitshaftung (§ 829) Schadensersatz leisten (Billigkeitshaftung tritt auch ein, wenn die schadensersatzpflichtige Aufsichtsperson zahlungsunfähig ist).

Exkurs: Die Regelungen zur Geschäfts- und Deliktsfähigkeit sind dann nicht anwendbar, wenn durch eigene Handlungen rein tatsächliche Rechtsfolgen (s. u.) herbeigeführt werden. Dieses Erlangen rein tatsächlicher Erfolge wird als **Realaktsfähigkeit** bezeichnet, die jedem zusteht, der eigene Handlungen vornehmen kann.

Exkurs: Rechtlich bedeutsame Lebensaltersstufen

Alter	Rechte und Pflichten (der natürlichen Person)
Ab Geburt	• **Rechtsfähigkeit** • Parteifähigkeit (= Fähigkeit, zu klagen und beklagt zu werden)
Ab 6 Jahre	• Schulpflicht
Ab 7 Jahre	• **beschränkte Geschäftsfähigkeit** • **beschränkte Deliktsfähigkeit**
Ab 12 Jahre	• keine Religionsänderung ohne Zustimmung des Kindes
Ab 14 Jahre	• Religionsmündigkeit • **Strafmündigkeit nach Jugendstrafrecht**
Ab 16 Jahre	• beschränkte Testierfähigkeit (= Fähigkeit, ein rechtsgültiges Testament zu errichten; "beschränkt", weil nur über den Notar möglich) • Eidesfähigkeit • Ehemündigkeit mit Zustimmung der Eltern und des Vormundschaftsgerichts • Ausweispflicht
Ab 18 Jahre	• **volle Geschäftsfähigkeit** • **volle Deliktsfähigkeit** • **Strafmündigkeit als Heranwachsender** (vgl. Kap. 6) • volle Testierfähigkeit • Ehemündigkeit • Prozessfähigkeit • aktives und passives Wahlrecht • Wehr-/Zivilpflicht (nur Männer!)
Ab 21 Jahre	• **volle Strafmündigkeit**, d. h. Bestrafung immer nach Erwachsenenstrafrecht

3.3 Rechtsgeschäfte

Als **Rechtsgeschäft** bezeichnet man den **Tatbestand**, der mit einer **bewussten Handlung** (Willenserklärung, vgl. 3.4.) erreicht wird und an den die Rechtsordnung den **Eintritt** des in der WE bezeichneten bzw. angestrebten **Erfolges** knüpft.

Ein **Vertrag** ist ein Rechtsgeschäft, das auf **zwei oder mehreren WEs** beruht, die auf den gleichen rechtlichen Erfolg gerichtet sind, anders ausgedrückt, der erklärte Wille der Vertragspartner muss **übereinstimmen**.

Vom Rechtsgeschäft muss der **Realakt** (vgl. 4.5) unterschieden werden. Dieser ist eine **Tathandlung**, mit der die Rechtsordnung Rechtsfolgen verbindet, unabhängig von der Frage, ob diese gewollt sind oder nicht **(willensunabhängiger Eintritt einer Rechtsfolge).**

Beispiele für Realakte:
- **Erwerb des Besitzes (§ 854 (1))** und Besitzaufgabe (§ 856)
- Eigentumserwerb /Änderung der Eigentumsverhältnisse durch Verbindung, Vermischung und Verarbeitung von Sachen (§§ 946-948, 950)
- Eigentumserwerb durch Ersitzung (§§ 937-945, 872)
- Eigentumserwerb durch Fund (§§ 965-984, v. a. 973).

3.3.1 Rechtsgeschäfte nach Art der Mitwirkung beteiligter Rechtssubjekte

1. **Einseitige Rechtsgeschäfte:**
   (Nur eine Willenserklärung notwendig)

   a) **Empfangsbedürftig**, z. B. Kündigung, Anfechtung, Rücktritt, Aufrechnung, Vollmacht

   b) **Nicht empfangsbedürftig**, z. B. Testament, Auslobung

2. **Mehrseitige Rechtsgeschäfte (Verträge):**
   (Voraussetzung: übereinstimmende WEs von zwei oder mehr Personen)

   a) **Verpflichtende (schuldrechtliche) Verträge** (§§ vgl. 3.3.2)
   (Begründung von Verpflichtungen zur Vornahme einer Verfügung oder sonstigen Handlung)

   - **einseitig verpflichtende**, z. B. Schenkung, Bürgschaft

   - **unvollkommen zweiseitig verpflichtende**, z. B. Auftrag, Leihe

   - (vollkommen) **zweiseitig verpflichtende (= gegenseitige) Verträge,** z. B. Kauf, Tausch, Miete, Dienstvertrag, Werkvertrag

   b) **Verfügende (sachenrechtliche) Verträge**
   (Herbeiführung von Rechtsänderungen, Verfügungen über dingliche Gegenstände und Rechte) , z. B. Zession/Abtretung von Forderungen (4.4.4), Übertragung von Eigentum

   c) **Familienrechtliche Verträge**, z. B. Eheschließung

   d) **Erbrechtliche Verträge,** z. B. Erbvertrag

Zu 2 a): Die verpflichtenden Verträge (Verpflichtungsgeschäfte) können auch in

- Umsatzverträge, z. B. Kaufvertrag,
- Gebrauchsüberlassungsverträge, z. B. Mietvertrag und
- Arbeitserbringungsverträge, z. B. Dienstvertrag

eingeteilt werden. Viele Arten von Verpflichtungsgeschäften sind aber damit nicht zuordenbar, so z. B. die Bürgschaft oder Spiel/Wette.

3.3.2 Wichtige Verträge des täglichen Lebens

Vertragsart	Vertragsinhalt/-beschreibung
Kaufvertrag (§§ 433 ff.)	Veräußerung von Sachen und Rechten gegen Bezahlung
Tauschvertrag (§ 480)	Gegenseitige Übereignung von Sachen, Geld oder Rechten
Schenkungsvertrag (§§ 516 - 534; insbes. § 518)	Unentgeltliche Zuwendung aus dem eigenen Vermögen an eine andere Person
Mietvertrag (§§ 535 - 580a)	Zeitlich befristete Überlassung einer Sache (Gebrauchsgewährung) gegen Zahlung eines vereinbarten Mietzinses
Pachtvertrag (§§ 581 - 597)	Zeitlich befristete Überlassung von Sachen und Rechten zur Nutzung ("Fruchtziehung") gegen Zahlung eines vereinbarten Pachtzinses
Darlehensvertrag (Geld) (§§ 488 - 498)	Zeitlich befristete Überlassung eines Geldbetrags u.U. gegen Zinszahlung Sonderform: **Verbraucherdarlehensvertrag** (Darlehensvertrag zwischen Verbraucher und Unternehmer nicht über 200 Euro Nettodarlehensbetrag)
Sachdarlehensvertrag (§§ 607 - 609)	Zeitlich befristete Überlassung von vertretbaren Sachen (entgeltlich) gegen Rückgabe gleichartiger Sachen. Konsensualvertrag
Leihvertrag (§§ 598 - 606)	Zeitlich befristete Überlassung einer Sache zum unentgeltlichen Gebrauch; Rückgabe derselben Sache
Dienstvertrag (§§ 611 - 630)	Leistung von erfolgsunabhängigen Diensten gegen Bezahlung, wenn keine weisungsgebundene Abhängigkeit besteht
*Davon zu unterscheiden: arbeitsrechtlicher **Arbeitsvertrag***	*Leistung von erfolgsunabhängigen Diensten gegen Bezahlung, wenn weisungsgebundene Abhängigkeit besteht*

Werkvertrag (§§ 631 ff.)	Herstellung eines Werkes gegen Bezahlung, wenn der Besteller den Stoff liefert
§ 651: Sonderregelung für **Werkvertrag** (früher Werklieferungsvertrag); hier: Anwendung des Kaufrechts gem. § 433	Lieferung herzustellender oder zu erzeugender beweglicher Sachen: Anwendung des Kaufrechts; bei nicht vertretbaren Sachen Werkvertragsrecht
Geschäftsbesorgungsvertrag (§§ 675-676 h) inkl. Überweisungsvertrag, Zahlungsvertrag, Girovertrag	Entgeltliche Geschäftsbesorgung in Form eines Dienst- oder Werkvertrages

3.4 Die Willenserklärung

Wichtigster Bestandteil eines Rechtsgeschäftes ist die Willenserklärung. Eine Definition ist weder im BGB noch in einem anderen Gesetz festgeschrieben. Die WE muss auf die **Herbeiführung eines Rechtserfolges gerichtet** sein und enthält, wenn wir vom Begriff ausgehen, einen objektiven und einen subjektiven Bestandteil. Äußerlich feststellbar (= objektiver Tatbestand) muss eine **Erklärung** kundgetan werden, die eindeutig als rechtsgeschäftliche Handlung erkennbar ist. Den hinter der Erklärung stehenden **Willen** einer Person, eine Rechtsfolge zu erreichen, nennt man den subjektiven oder inneren Tatbestand.

3.4.1 Der objektive Tatbestand (hier: Form der Willenserklärung)

Die Erklärung als objektiver Tatbestand kann in verschiedenen Formen abgegeben werden:

- Durch **mündliche** Äußerung als häufigster Form einer WE im alltäglichen Rechtsleben. In Einschränkung der Vertragsfreiheit kann der Gesetzgeber vorsehen (s. u. 3.4.5), dass die Erklärung(en) vor bestimmten Personen geleistet werden müssen, z. B. nach § 11 Ehegesetz der Eheschließungswille vor dem Standesbeamten.

- Durch **schriftliche** Äußerung, die bei zweiseitigen Rechtsgeschäften aus Beweisgründen zu empfehlen ist und die der Gesetzgeber für bestimmte Rechtsgeschäfte zwingend vorschreibt, teilweise sogar mit notarieller Beurkundung (s. u. 3.4.5).

- Einsatz von **Fernkommunikationsmitteln** (§ 312 b), wie z. B. Telefon, E-Mail, Rundfunk-, Tele- und Mediendienste.

- Durch **schlüssiges** oder **konkludentes** Handeln (auch "schlüssiges Verhalten"), d. h. wenn der Adressat der WE aus dem Verhalten des Erklärenden (das allerdings sozialtypisch sein muss) ohne Zweifel auf dessen Willen schließen kann, z. B. wenn Sie wortlos einen Linienbus besteigen.

- In **Ausnahmefällen** auch durch **Schweigen**, allerdings nur dann, wenn das Gesetz die "Rechtserheblichkeit" des Schweigens festgelegt hat, z. B. §§ 108 (2)[2], 177 (2), 516(2)[2] BGB oder 362 HGB. Generell darf bloßes Schweigen nicht als WE gewertet werden.

3.4.2 Der subjektive Tatbestand

Der subjektive / innere Tatbestand der WE, der eigentliche "Wille", zerfällt in drei Bestandteile:

- Dem **Handlungswillen**, d. h. das äußere Verhalten des Erklärenden steht mit seinem Willen in Einklang (beispielsweise nicht gegeben, wenn jemand auf einer Kunstauktion einschläft und dabei aufgrund eines schlechten Traumes abwehrend die Hand hebt, was der Auktionator als Gebot ansieht).

- Dem **Erklärungswillen**, d. h. der Erklärende ist sich bewusst, dass er gerade eine Erklärung, die Rechtsfolgen nach sich zieht, abgibt (beispielsweise nicht gegeben, wenn jemand im Zustand der Volltrunkenheit sein Mountain-Bike mit der Bemerkung "kannste hab'n, brauch's nicht mehr" dem Barkeeper "schenkt" und diesem – 518 (2)! – den Schlüssel gibt).

- Dem **Rechtsbindungswillen** (auch: **Geschäftswille**), d. h. der Erklärende will einen bestimmten rechtlichen Erfolg herbeiführen, er will sich rechtlich binden (beispielsweise nicht gegeben, wenn jemand sich auf einer Bestellkarte verschreibt und einen „Drehfehler" beim Aufschreiben der Bestellnummer begeht).

Exkurs: Die **Auslegungsgrundsätze von Willenserklärungen** (und Verträgen)

Auslegung im rechtlichen Bereich meint, den Sinn von Willenserklärungen zu deuten.
Dabei stellt das BGB einige allgemeine Regeln bereit:

- Nach § 133 ist der **wirkliche Wille zu erforschen**, z. B. muss bei unklaren Formulierungen in einer Bestellung nachgefragt werden

- Nach §§ 157, 242 u. 346 HGB muss die "**Verkehrssitte**" und der **Handelsbrauch**" berücksichtigt werden, d. h. dass geschäftliche Umgangsstandards berücksichtigt werden.

- Nach §§ 157, 242 sind Verträge nach dem Grundsatz von "**Treu und Glauben**" auszulegen, d. h. das in jeder rechtlichen Beziehung steckende Vertrauensverhältnis muss gewahrt werden, z. B. dürfen nicht fehlende Regelungen in Verträgen ohne Rücksprache mit dem Vertragspartner "ergänzt" werden.

3.4.3 Das Wirksamwerden der Willenserklärung (Abgabe und Zugang) und das Zustandekommen von Verträgen

3.4.3.1 Das Wirksamwerden der Willenserklärung

Eine WE, die sich an einen anderen richtet, ist dann als wirksam anzusehen, wenn sie **abgegeben** und dem anderen **zugegangen** ist (**§ 130 (1)** gilt zwar nur für die WE gegenüber **Abwesenden**, wird aber, da das BGB dazu keine expliziten Regelungen enthält, gegenüber **Anwesenden analog** angewandt).

Abgabe liegt vor, wenn der Erklärende die WE so "auf den Weg gebracht" hat, dass sie nach allem Dafürhalten beim Empfänger ankommen muss. Geprüft werden muss allerdings, ob die WE den Verfügungsbereich des Erklärenden überhaupt mit dessen

Willen verlassen hat (z. B. könnte ein noch nicht vollendeter Brief von der Haushälterin zur Post gebracht worden sein).

Zugang bedeutet, dass die WE in den **Verfügungs-/Machtbereich des Adressaten gelangt** sein muss und dass damit gerechnet werden kann, dass nach den Gepflogenheiten des Rechts- bzw. des Geschäftslebens dieser sie zur Kenntnis nimmt (ob er sie tatsächlich zur Kenntnis nimmt, ist nicht von Bedeutung). Insbesondere ist der **rechtzeitige Zugang** der WE zu prüfen, wenn Fristsetzungen vorliegen, z. B. nach §§ 147-150 für die Annahmeerklärung. Nach Gerichtsentscheiden ist der "Zugang" normalerweise durch Einschreiben mit Rückschein nachgewiesen, noch sicherer wäre allerdings eine persönliche Zustellung durch einen Boten. Weitere Möglichkeiten: Z. B. Zustellung durch Telekopie, elektronische Kommunikationsmittel.

Der Zeitpunkt des Wirksamwerdens einer WE ist auch von Bedeutung für das Widerrufsrecht des Erklärenden – nach § 130 (1)[2] muss der Widerruf vor oder mit (= gleichzeitig) dem Zugang der Erklärung zugehen.

Neben den **empfangsbedürftigen** WEs, für welche die bisherigen Ausführungen gelten, gibt es auch **nicht empfangsbedürftige** WEs, zu deren Wirksamkeit es keines "Zugangs" bedarf, z. B. das Testament (§§ 2064 ff.). ("Zugang" ebenfalls entbehrlich bei § 151: die Annahmeerklärung ist nach Verkehrssitte nicht zu erwarten oder der Antragende hat darauf verzichtet).

Prüfschema Rechtswirksamkeit der Willenserklärung

Voraussetzungen (Tatbestandsmerkmale)	Rechtsfolge
1. **Objektiver Tatbestand**; direkte oder konkludente Erklärungshandlung + 2. **Subjektiver Tatbestand:** a) Handlungswille und b) Erklärungsbewusstsein und c) Geschäftswille + 3. **Abgabe** + 4. **Zugang** (§ 130 (1)); entbehrlich bei § 151	wirksame Willenserklärung mit Rechten und Verpflichtungen für den Erklärenden

3.4.3.2Das Zustandekommen von Verträgen

Ein Vertrag als zweiseitiges Rechtsgeschäft kommt durch die WEs der Vertragspartner zustande, die (Definition vgl. § 151) als **Antrag** (§ 145) und **Annahme** (§ 147) bezeichnet werden. Nur wenn Antrag (Angebot) und Annahme **übereinstimmen**, ist ein Vertrag geschlossen (grundsätzliche Regelungen in §§ 145-156 – vgl. Kap. 2 "Vor-die-Klammer-Ziehen").

Wer einem anderen einen **Antrag** zum Vertragsabschluss macht, ist daran **gebunden** (§ 145), auch über den Tod oder die Geschäftsunfähigkeit hinaus (§ 153). **Keine Anträge** sind Schaufensterauslagen, Zeitungsanzeigen, Kataloge etc., da sie an die Allgemeinheit und nicht an eine bestimmte Person gerichtet sind und der Geschäftswille fehlt – sie sind als **Aufforderung zur Abgabe eines Antrags** bzw. Angebots zu betrachten.

Ausnahmen von der Bindung an den Antrag

- Wenn der Antragende durch so genannte "**Freizeichnungsklauseln**" ("freibleibend", "solange Vorrat reicht" etc.) die Bindung an den Antrag gemäß § 145 ausgeschlossen hat.

- Wenn der Antragende gegenüber Abwesenden gemäß § 130 **rechtzeitig widerruft**.

- Wenn unter **Anwesenden keine sofortige Annahme** erfolgt (§§ 146, 147 (1)) – der Antrag ist damit "erloschen". Eine verspätete Annahme gilt als neuer Antrag (§ 150 (1)).

- Wenn der einem Abwesenden gemachte Antrag **nicht innerhalb einer angemessenen Frist** (= Postweg – bitte selbst berechnen!) angenommen wurde gemäß § 147 (2).

- Wenn die Annahme **nicht innerhalb** einer vom Antragenden **gesetzten Frist** erfolgt (§ 148). *Bei den beiden letzten Fällen gilt wie oben, dass eine verspätete Annahme als neuer Antrag (§ 150 (1)) anzusehen ist; allerdings muss § 149 ("regelmäßige Beförderung") geprüft werden, d. h. wenn z. B. durch einen Streik der Postboten die Annahme nicht fristgerecht eintrifft* ***und*** *dies dem Annehmenden nicht mitgeteilt wird, gilt die Annahme als nicht verspätet.*

- Wenn der **Antrag** gemäß § 150 (2) **abgeändert** angenommen wurde (⇒ neuer Antrag).

- Trivial, aber zur Vollständigkeit noch angeführt: Der Antrag erlischt, wenn er abgelehnt wird. (§ 146) - damit ist der Antragende an ihn natürlich nicht mehr gebunden.

- Vgl. auch Schein- und Scherzgeschäfte (§§ 117, 118)

Bestimmungen über die Annahme (§§ 147 – 152)

Antrag und Annahme müssen in **allen** wesentlichen Punkten übereinstimmen (Konsens). Mangelnde Übereinstimmung von Antrag und Annahme (Dissens) führt dazu, dass kein Vertrag abgeschlossen ist. Man unterscheidet zwei Fälle:

- **Offener Einigungsmangel** (§ 154); dabei sind sich die Parteien der Unvollständigkeit ihrer Erklärungen bewusst, z. B. wenn beim Kauf eines Sportbootes zwar über den Kaufpreis Einigung besteht, über die Zahlungsweise aber später noch genauere Vereinbarungen getroffen werden sollen – ein Vertrag ist noch nicht abgeschlossen.

- **Versteckter Einigungsmangel** (§ 155); dabei fallen Antrag und Annahme ungewollt auseinander, z. B. wenn ein Ägypter und ein Engländer einen Kaufvertrag in "Pfund" abschließen, jeder aber die Währung seines Landes meint.

3.4.4 Nichtigkeit und Anfechtbarkeit von Willenserklärungen

Auch unmissverständlich erklärte WEs können fehlerhaft sein und damit ohne rechtliche Wirkung, d. h. die WEs und damit das Rechtsgeschäft sind **nichtig**. Man unterscheidet zwei Fälle:

- In bestimmten Fällen wird durch das **Gesetz** eine Willenserklärung als "von Anfang an unwirksam" = **nichtig ex nunc** erklärt, d. h. die Willenserklärung erlangt zu keiner Zeit Rechtswirksamkeit.

- In anderen Fällen, z. B. bei irrtümlich abgegebenen Willenserklärungen, überlässt es das Gesetz dem Erklärenden, die Wirksamkeit seiner Willenserklärung durch **Anfechtung** zu beseitigen. Die WE wird dadurch "rückwirkend unwirksam" = **nichtig ex tunc**.

3.4.4.1Gesetzliche Nichtigkeitsgründe von Willenserklärungen im Überblick

- **Gründe in der Person** (Geschäftsunfähiger: §§ 104, 105, 105 a; Minderjähriger, dem Genehmigung verweigert wurde: §§ 108, 184; Minderjähriger, der einseitiges Rechtsgeschäft ohne Einwilligung vornimmt: § 111).

- Geheimer Vorbehalt (§ 116), wenn der Vorbehalt dem Erklärungsgegner bekannt ist.

- **Scheingeschäft** (§ 117 (1)), z. B. bei Ausweisung zu niedriger oder überhöhter Kaufpreise, um Steuern zu hinterziehen. Für das verdeckte Rechtsgeschäft gilt § 117(2).

- **Scherzgeschäft** (§ 118); wenn der Erklärende geglaubt hat, dass der Erklärungsgegner erkenne, dass die WE nicht ernsthaft gemeint war. (Evtl. Schadensersatzpflicht des Erklärenden auf das "Vertrauensinteresse" = negatives Interesse nach § 122).

- **Sittenwidriges Rechtsgeschäft** (§ 138 (1)), wenn das Rechtsgeschäft "gegen das Anstandsgefühl aller billig und gerecht Denkenden" verstößt (s. o. Auslegungsgrundsätze).

- **Wucher** (§ 138 (2)), wenn jemand aus Unerfahrenheit, wegen einer persönlichen Zwangslage etc. zu einer Leistung verpflichtet wird, die in einem auffälligen Missverhältnis zur Gegenleistung steht.

- **Gesetzliches Verbot** (§ 134), wenn Verträge sich über bestehende Gesetze hinwegsetzen; gleichgesetzt ist das **gesetzliche** (§ 135) oder **behördliche** (§ 136) **Veräußerungsverbot.**

- **Formverstoß** bzw. **Formmangel** (§ 125), wenn die vom Gesetzgeber für ein bestimmtes Geschäft vorgesehene Form des Abschlusses nicht eingehalten wird (vgl. 3.5).

3.4.4.2Anfechtbarkeit (vgl. 3.4.2. Subjektiver Tatbestand)

In bestimmten Fällen (vgl. Bindung an den Antrag, § 145) erscheint es unbillig, eine Person an die von ihr abgegebene Willenserklärung gebunden zu halten. In den §§ 119 ff. hat der Gesetzgeber die Tatbestände definiert, bei deren Vorliegen dem Erklärenden die Möglichkeit der **Anfechtung** zugebilligt wird. Man unterscheidet:

- **Inhaltsirrtum** (§ 119 (1), 1. Alternative);
  hier verbindet der Erklärende mit dem gewählten Ausdruck eine falsche bzw. vom Empfängerhorizont abweichende Bedeutung, d. h. der Erklärende weiß, was er will, aber er weiß nicht, was seine Erklärung tatsächlich bedeutet.

  Beispiel: X bestellt bei Y 500 Schock Eier, wobei X unter "Schock" 20 Stück versteht, Y aber nach der wirklichen Wortbedeutung die dreifache Menge liefert.

- **Erklärungsirrtum** (§ 119 (1), 2. Alternative);
  hier fallen Wille und Erklärung bei der Abgabe der Willenserklärung unbewusst auseinander – der Erklärende will eigentlich etwas anderes erklären (= Irrtum in der Erklärungshandlung).
  Typische Fälle: Verschreiben, Versprechen, Vergreifen, Verhören.

- **Eigenschaftsirrtum** (§ 119 (2);
  hier irrt der Erklärende "über solche Eigenschaften der Person oder der Sache, die im Verkehr als wesentlich angesehen werden". Subsumiert werden muss dabei, ob "Eigenschaften" im Sinne von wertbildenden bzw. wertsteigernden Merkmalen vorliegen und ob diese Eigenschaften "verkehrswesentlich" sind, d. h. ob die Vorstellung vom Vorhandensein einer Eigenschaft gerade für das abgeschlossene Geschäft von Bedeutung ist.
  Beispiel: Antiquar V. verkauft an K. eine Louis-XVII.-Kommode, die er für eine Nachbildung hält, für 1.495,-- EUR. Es stellt sich jedoch heraus, dass es sich um ein Original im Wert von EUR 800.000,-- handelt.

- **Übermittlungsirrtum** (§ 120);
  hier sind drei Möglichkeiten gegeben:
  - der Übermittlungs**bote** gibt eine Erklärung unrichtig weiter, d. h. dem Empfänger geht eine vom Erklärenden nicht gewollte Willenserklärung zu;
  - die richtige Erklärung wird an den falschen Empfänger weitergegeben;
  - der Bote übermittelt absichtlich falsch.

Unter dem Begriff **Irrtum** allgemein versteht man folglich ein unbewusstes Auseinanderfallen von Wille und Erklärung; der Willensmangel muss kausal für die Abgabe der WE sein.

Alle **Anfechtungen wegen Irrtums** (§§ 119, 120) müssen **unverzüglich** ("ohne schuldhaftes Zögern") **nach Kenntnis des Anfechtungsgrundes** erfolgen (§ 121 (1) und (2)).

Für die Prüfung, ob ein Irrtum vorliegt, sind folgende Fragen zu klären:
1. *Wie lautet die Erklärung?*
2. *Welchen Willen hatte der Erklärende im Zeitpunkt der Abgabe?*
3. *Weichen Erklärung und Wille unbewusst voneinander ab?*
   (vgl. Definition "Irrtum").

- **Arglistige Täuschung** (§ 123 (1), 1. Alternative);
  Voraussetzungen:
  - **Der Erklärende wird getäuscht;**
  - **Arglist des Täuschenden (= Erschleichen einer WE);**
  - **Ursächlicher Zusammenhang zwischen Täuschung u. Abgabe WE.**

- **Widerrechtliche Drohung** (§ 123 (1), 2. Alternative);
  liegt vor, wenn der Erklärende durch die Androhung eines Übels zur Abgabe der WE bestimmt worden ist.
  - Nicht als widerrechtliche Drohung gilt: Drohung mit gesetzlichen Mitteln.

Die **Anfechtung wegen arglistiger Täuschung oder widerrechtlicher Drohung muss binnen Jahresfrist** erfolgen (§ 124 (1)), wobei § 124 (2) festlegt, wie diese Frist im Einzelfall zu berechnen ist.
Nicht vom Gesetz gedeckt wird der **Irrtum im Motiv** bzw. im Beweggrund für die Abgabe einer WE, d. h. dieser ist kein Anfechtungsgrund. Der Erklärende geht dabei von einem falschen Umstand aus, Vorstellungen und Wirklichkeit fallen auseinander, nicht Wille und Erklärung.
Weiterhin: Bestätigung des RG (§ 144).

Beispiel: Herr Meier kauft für seinen Wellensittich Bibi Lakritzbonbons; zu Hause angekommen, stellt er fest, dass der Kater der Nachbarin Bibi gefressen hat. Meier kann den Kaufvertrag über die Lakritzbonbons nicht rückgängig machen (und muss sie selbst verspeisen).

Für alle Anfechtungsmöglichkeiten gilt, dass gemäß § 143 eine **Anfechtungserklärung gegenüber dem Anfechtungsgegner wirksam abgegeben** werden muss.

Die **Rechtsfolgen** der Anfechtung sind:

- Für alle Anfechtungsmöglichkeiten:

  Rückwirkende Nichtigkeit der Willenserklärung (§ 142 (1)).

- Nur in Fällen der Irrtumsanfechtung:
  Gültigkeit des Abstraktionsprinzips.

Pflicht zum **Schadensersatz** desjenigen, durch dessen Irrtum der Schaden erstanden ist. Das Gesetz schützt den geschädigten Erklärungsgegner soweit, wie er auf die Richtigkeit der abgegebenen WE vertrauen durfte. § 122 spricht deshalb für die Fälle der §§ 119 und 120 dem Geschädigten den Ersatz des Schadens zu, den er erleidet, weil er auf die Erklärung vertraute (**Vertrauensschaden / negatives Interesse** nach § 122, vgl. 5.5), evtl. Herausgabeansprüche.

- Nur in Fällen der Anfechtung gem. § 123:
  Aussetzung der Wirkung des Abstraktionsprinzips, d. h. Nichtigkeit aller WEs. Herausgabeanspruch § 985. Evtl. Schadensersatzanspruch §§ 823, 826. Evtl. Ansprüche §§ 434, 435, 437 ff. (Ansprüche des Anfechtenden = Unterschied zu Anfechtung nach § 119ff).

Prüfschema Anfechtung
Grundbedingung: Wirksames Schuldverhältnis (§ 311), z. B. Kaufvertrag (§ 433).

Voraussetzungen (Tatbestand)	Rechtsfolge
1) **Anfechtungsgrund** a) Inhaltsirrtum (§ 119 (1), 1. Alternative) oder b) Erklärungsirrtum (§ 119 (1), 2. Alt.) oder c) Eigenschaftsirrtum (§ 119 (2) oder d) Übermittlungsirrtum (§ 120) oder e) Arglistige Täuschung (§ 123 (1), 1. Alt.) oder f) Widerrechtliche Drohung (§ 123 (1), 2. Alt.) 2) **Anfechtungserklärung** (§ 143 (1) und (2)) 3) **Wahrung der Anfechtungsfrist** (§§ 121 (1),124 (1))	**Rechtsgeschäft bzw. Rechtsgeschäfte von Anfang an nichtig (§ 142 (1))**; bei Irrtumsanfechtung Ersatz des Vertrauensschadens (§ 122)

3.5 Vertragsfreiheit und ihre Grenzen

Vertragsfreiheit = **Entscheidungsfreiheit jedes einzelnen**, ob und mit wem, welchen Inhalts und in welcher Form er Verträge abschließt **(Ableitung aus der Privatautonomie, § 311)**. Generell ist die Vertragsfreiheit und die mit ihr zusammenhängende Wettbewerbsfreiheit durch Art. 2 (1) GG garantiert, wobei hier auch die allgemeinen Einschränkungen, dass die Rechte anderer nicht verletzt und nicht gegen die verfassungsmäßige Ordnung und gegen das Sittengesetz verstoßen werden darf, aufgeführt sind.

Die **Vertragsfreiheit wird unterschieden in**:

- Die **Abschlussfreiheit** ("ob");
  Ausnahmen z. B. bei öffentlichen Monopolen wie Verkehrs- und Versorgungsbetrieben, die einem Abschlusszwang (Kontrahierungszwang) unterliegen, d. h. mit jedem, der ihre Geschäftsbedingungen akzeptiert, einen Vertrag abschließen müssen. Die Entscheidungsfreiheit, mit wem man eine vertragliche Bindung eingeht, nennt man **Partnerwahlfreiheit**.

- Die **Gestaltungsfreiheit** bietet die Möglichkeit, Inhalte der Rechtsgeschäfte in der Regel selbst bestimmen zu können, z. B. nach den Interessen und Bedürfnissen der Vertragspartner. Dazu gehört z. B. die Möglichkeit zur Schaffung neuer Vertragsformen wie Leasing oder "Geschlossene Immobilienfonds".
  Grenzen in §§ 134 (gesetzliches Verbot) und 138 (Verstoß gegen die guten Sitten).

- Die **Formfreiheit** (s. o. 3.4.1); das BGB bindet die Gültigkeit vieler Rechtsgeschäfte an die Wahrung einer bestimmten Form – diese Rechtsgeschäfte sind sonst nichtig nach § 125. Man unterscheidet folgende Formvorschriften:

  - Die **Schriftform** nach §§ 126/126 a-b (eigenhändige Unterschrift bzw. notariell beglaubigtes Handzeichen, elektronische Form und Textform).
    Einzuhalten z. B. bei: Mietvertrag, wenn Vertragsdauer von mehr als einem Jahr (§ 550); Bürgschaftserklärung (§ 766); eigenhändiges Testament (§ 2247).

  - Die **Notarielle Beurkundung** nach § 128.
    Einzuhalten z. B. bei: Kauf von Grundstücken (§ 311 b); Schenkungsversprechen (§ 518); Erbvertrag § 2276).

  - Die **öffentliche Beglaubigung** nach § 129.
    Einzuhalten z. B. bei: Vereinsanmeldung (§ 77); Bestimmung des Testamentsvollstreckers durch einen Dritten (§ 2198).

Verstöße gegen die vom Gesetz vorgeschriebene Form haben Nichtigkeit des Rechtsgeschäfts (§ 125) zur Folge.

Zusammenfassung des Kapitels

Grundsätzlich muss geklärt werden, ob ein (vertraglicher) **Anspruch entstanden** ist. (Verändert nach BRAUNSCHNEIDER 1995)

Prüfschema:

Voraussetzungen eines Vertrages

	(Wichtige §§)	
↓		↓
ANTRAG / Angebot?	145-156	**ANNAHME?**
↓		↓
Willenserklärung? (Wirksamkeit?)	116-118	**Willenserklärung? (Wirksamkeit?)**
↓		↓
Geschäftsfähigkeit?	104-113	Geschäftsfähigkeit?
↓		↓
Abgabe?	(evtl. Vertretung/Vollmacht 164-181)	Abgabe?
↓		↓
Zugang?	130-132, v. a. 130 (1), 147-150; entbehrlich bei 151	Zugang?
↓		↓
Anfechtung?	119-124, 142-144	Anfechtung?
↓		↓

Willenserklärungen aufeinander bezogen und übereinstimmend ?

↓

Kein Verstoß gegen gesetzliche Nichtigkeitsgründe?

⇓

Anspruch entstanden

4 Eigentum und Besitz

4.1 Rechtsobjekte

Begriff: Rechtsobjekte sind Gegenstände oder Rechte, an denen eine Person/Partei einen Rechtsanspruch / Rechtsansprüche bzw. eine Berechtigung hat (= subjektives Recht).

Allgemeine Unterscheidung: Körperliche Gegenstände (= Sachen) und nicht körperliche Gegenstände (= z. B. Rechte).

Arten der Rechtsobjekte (Übersicht):

Rechtsobjekte

- **Sachen** (§ 90) - Tiere (§ 90 a) (= Körperliche Gegenstände)
  - *Bewegliche Sachen* (= **Mobilien**)
    - **Vertretbare Sachen (§ 91)**
    - **Nicht vertretbare Sachen**
  - *Unbewegliche Sachen* (= **Immobilien**) (Grundstücke, Gebäude, Schiffe)
- **Rechte** (Forderungen; sonstige Rechte, z. B. Patente)

Vertretbare Sachen (§ 91)	**Nicht vertretbare Sachen**
Die Sachen sind nach Zahl, Maß oder Gewicht bestimmbar.	Bei nicht vertretbaren Sachen handelt es sich um Einzelstücke.
Schuldet man eine vertretbare Sache, so handelt es sich um eine **Gattungsschuld**. Es ist eine Sache mittlerer Art und Güte zu leisten (vgl. § 243 (1));	Schuldet man eine nicht vertretbare Sache, so handelt es sich um eine **Stück- oder Speziesschuld.** Die Sache selbst muss geleistet werden;
Bsp.: Konfektionsanzug.	Bsp.: Gebrauchtwagen.

Besonderheiten bei "Sachen":

- **Konkretisierte Gattungsschuld:** Wird aus der Gattung eine bestimmte Gruppe oder ein bestimmter Gegenstand herausgehoben bzw. ausgesondert, so entsteht eine derartige Schuld, die wie eine Stückschuld zu behandeln ist.

- **Wesentliche Bestandteile:**

  - § 93: Bestandteile einer Sache, die nicht voneinander getrennt werden können, ohne dass dieser oder der andere Teil zerstört oder in seinem Wesen verändert wird.

  - § 94: Wesentliche Bestandteile eines Grundstücks oder Gebäudes sind die Bestandteile, die mit dem Grundstück fest verbunden sind (vgl. Kap. 4.5.1). Dazu: vgl. auch § 96 (Rechte).

  - § 99: Früchte einer Sache = Erzeugnisse und sonstige Ausbeute aus einer Sache; z. B. Ei, Honig, Milch; bzw. bei Rechten, z. B. Anspruch aus Darlehensvertrag (Gelddarlehen), Zinsen. Dazu vgl. § 953 (Eigentümer der Muttersache).

  - § 97: **Zubehör** = bewegliche Sachen, nicht Hauptsache, dienen nur dem wirtschaftlichen Zweck der Hauptsache, z. B. Lampen in einem Gebäude.

4.2 Eigentum und Besitz

4.2.1 Begriffsabgrenzung

"Eigentum": Unter den dinglichen Rechten (*absolute Rechtsmacht*) steht das Eigentum an hervorragender Stelle als umfassendstes Herrschaftsrecht einer Person/Partei über eine Sache (= Totalherrschaft).
Gem. § 903 darf der Eigentümer einer Sache, soweit nicht das Gesetz oder Rechte Dritter entgegenstehen mit der Sache nach Belieben verfahren (= positive Wirkung des Eigentums) und andere von jeder Einwirkung auf die Sache ausschließen (= negative Wirkung des Eigentums).

"Besitz": Der Besitz ist die *tatsächliche Herrschaft* über eine Sache (vgl. § 854: tatsächliche Gewalt) = körperliche Gewalt i.S.d. § 90, § 90a, d. h. besitzfähig sind nur Sachen.
Beendigung des Besitzes durch Aufgabe oder Verlust der tatsächlichen Gewalt (vgl. § 856 (1)),
jedoch nicht durch eine nur vorübergehende Verhinderung der Ausübung der Gewalt (vgl. § 856 (2)).

4.2.2 Besitzarten, Rechtsstellung des Besitzers

Besitzarten/-formen:

- ***Unmittelbarer Besitz*** *(§ 854):* Unmittelbare Herrschaft über eine Sache (vgl. oben Besitzdefinition).

- ***Mittelbarer Besitz*** *(§ 868):* Besitzmittlungsverhältnis = eine Berechtigung zum Besitz, die gegenüber dem Eigenbesitzer wirksam ist, wobei der Eigenbesitzer (vgl. Begriff unten) ebenfalls zum Besitz berechtigt ist.

- ***Eigenbesitz*** *(§ 872):* Der Besitzer einer Sache übt die tatsächliche Herrschaft so aus, als gehöre ihm die Sache (= " ... als ihm gehörend"); vgl. tatsächlicher oder vermuteter Eigentümer.

- ***Fremdbesitz*** *(vgl. § 872 im Umkehrschluss):* Ausübung der Herrschaft über eine Sache für einen anderen, den Eigenbesitzer. D. h. Fremdbesitzer = unmittelbarer Besitzer; Eigenbesitzer = mittelbarer Besitzer. Besonderheit des Fremdbesitzes = fehlerhafter Besitz. Z. B. ist ein Dieb ein deliktischer Fremdbesitzer, da er den Willen zum Besitz bzw. zur Aneignung an der fremden Sache hat (vgl. §§ 858, 861, 992 Haftung des deliktischen Besitzers).

- ***Alleinbesitz****:* Alleinige Ausübung der Herrschaft über eine Sache durch den Besitzer.

- ***Mitbesitz*** *(§ 866):* Besitzausübung erfolgt gemeinschaftlich im entsprechenden Verhältnis (Hinweis: Anführung nur der Vollständigkeit halber).

- ***Teilbesitz*** *(§ 865):* Vgl. Wohnungseigentum; Besitzausübung nur über einen Teil der Sache (§§ 858 - 864).

- ***Besitzdiener*** *(§ 855):* Ausübung der Herrschaft über eine Sache für einen anderen in Weisungsgebundenheit. (Hinweis: Anführung nur der Vollständigkeit halber).

Rechtsstellung des Besitzers:

- Bei ***Störung oder Verletzung*** des Besitzrechts: Anspruch auf Klage auf Unterlassung, Beseitigung der Störung (§ 862).

- Bei ***unberechtigter Besitzentziehung***: Anspruch auf Selbsthilferecht (= Besitzwehr, vgl. Notwehr § 227) bei verbotener Eigenmacht, auch bei Ertappen auf frischer Tat (§§ 858, 859); dazu Anspruch auf Wiedereinräumung des Besitzes (= Besitzkehr, § 861).

- Bei ***Besitzvermutung***: Eigentumsvermutung zugunsten des Besitzers einer beweglichen Sache (vgl. § 1006) - vgl. Gutgläubiger Eigentumserwerb Kap. 4.4.2.

Exkurs:

Besitzerwerb:	Durch Rechtsgeschäft, durch Erbe (§ 857), Realakte (vgl. Kap. 4.5.1).
Besitzverlust:	Durch Freiwilligkeit (bewusste Aufgabe des Besitzes); durch Unfreiwilligkeit (z. B. durch Diebstahl, vgl. "Abhandenkommen").
Besitzschutz:	Vgl. §§ 858, 859 - vgl. oben.

4.3 Eigentumsordnung im deutschen Recht: Inhalt und Grenzen

4.3.1 Garantie des (Privat-)Eigentums

Das Eigentum wird geschützt in Artikeln des Grundgesetzes und der Bayerischen Verfassung:

- Art. 2 GG: Zur freiheitlichen Entfaltung des Individuums gehört die Garantie des Privateigentums vgl. Art. 14 (1) - (3) GG).
- Art. 14 (1) - (3) GG: Gewährleistung (Garantie) von Eigentum und Erbrecht, Sozialpflichtigkeit des Eigentums (vgl. unten) und Enteignungsmöglichkeit (vgl. unten).
- Art. 20 GG: Eigentumsgarantie im Rahmen der verfassungsmäßigen Ordnung (Schlussfolgerung).
- Art. 103 BV: Gewährleistung von Eigentum und Erbrecht.
- Art.158 BV: Sozialbindung des Eigentums.
- § 903 BGB: Befugnisse des Eigentümers (Verfahrensgrundsatz, Ausschlussgrundsatz).
- § 823 BGB: Schutz des Eigentums vor unerlaubter Handlung (Schadensersatzpflicht).
- § 123 (1), (2) StGB: Privatsphärenschutz (Hausfriedensbruch).
- § 242 StGB: Schutz beweglicher Sachen vor Entwendung.

Eigentumsordnung als ordnungspolitisches Element der sozialen Marktwirtschaft gem. GG: Vgl. Art. 14 und 15 GG. Ziel der Eigentumsordnung ist ein funktionierender Wettbewerb auf Anbieter- und Nachfragerseite, dazu vgl. Band Volkswirtschaft, Kap. 1, 1.2.3.

4.3.2 Sozialpflichtigkeit und Sozialisierung des Eigentums

Das Eigentum befindet sich im Spannungsverhältnis zwischen Individualinteresse und Gemeinwohl:
Einerseits Eigentumsgarantie andererseits die Verpflichtung, das Eigentum auch zum Wohle der Allgemeinheit einzusetzen, wobei auch Einwirkungen hinzunehmen sind.
Der Eigentümer eines Grundstücks z. B. muss eine Sozialbindung des Eigentums hinnehmen gem. Art. 14 (2) GG, wonach ihn das Eigentum verpflichtet und dem Wohl der Allgemeinheit dienen soll. Verschärfend ist eine gesetzlich geregelte Enteignung nach Art. 14 (3) möglich mit entsprechender geregelter Entschädigung.
Weiterhin ist eine Sozialisierung des Eigentums möglich, d. h. eine Überführung in Gemeineigentum (= Vergesellschaftung des Eigentums) oder in eine andere Form der Gemeinwirtschaft (vgl. Art. 15). Dies ist nur möglich bei Grund und Boden, Naturschätzen und Produktionsmitteln im Rahmen des Art. 14 (3), vgl. dazu auch die Entschädigung. Vgl. auch Art. 158 BV.

4.3.3 Schutz des Eigentums

Dingliche Ansprüche ergeben sich aus der Verletzung des Eigentums (Eigentumsrecht vgl. § 903 BGB):

- Herausgabeanspruch bei Entzug oder Vorenthaltung des Eigentums (vgl. § 985 BGB).
- Abwehranspruch auf Beseitigung der Beeinträchtigung und der Möglichkeit der Unterlassungsklage (vgl. § 1004 BGB).
- Anspruch auf Schadensersatz bei Beschädigung bzw. Vernichtung des Eigentums (vgl. §§ 989, 990).
- Anspruch auf Herausgabe der Nutzungen bzw. Früchte (vgl. § 987) .

Schuldrechtliche Ansprüche ergeben sich aus den Vorschriften über die unerlaubte Handlung §§ 823 ff und/oder aus einem Überlassungsvertrag.
Strafrechtliche Ansprüche z. B. aus §§ 123 und 242 StGB – vgl. oben.

4.3.4 Grenzen des Eigentums

Zivilrechtliche Beschränkungen des Eigentums bestehen

- im Nachbarschaftsrecht;
- im Notstandsrecht (vgl. oben);
- im Verbot der missbräuchlichen Ausübung des Eigentums;
- im Schikaneverbot.
- vertragliche Rechte Dritter, § 903 BGB

Im **öffentlichen Interesse** bestehen **Schranken des Eigentums** (= Pflichtbindung des Eigentums)

- im Naturschutzrecht und Umweltrecht;
- im Baurecht;
- im Verkehrsrecht und bei Anliegerbauten an Straßen;
- im öffentlichen Nachbarrecht (z. B. Aufstellung von Flächennutzungsplänen, Festlegung von Grenzabständen);
- im Gemeingebrauch von öffentlichen Wegen und Gewässern;
- in der Sozialbindung (vgl. oben).

4.4 Eigentumserwerb an beweglichen Sachen [1] - Durch Rechtsgeschäft -

Eine kausalgeschäftliche Grundlage, in der sich die Vertragsparteien zur Übereignung verpflichten, bedarf der Erfüllung. Die Erfüllung ist gem. Abstraktionsprinzip ein eigenes Rechtsgeschäft (= Erfüllungs- oder Verfügungsgeschäft). Der Eigentumsübergang erfolgt durch Einigung (= Rechtsgeschäft), §§ 145, 147, 929 und durch Übergabe (= Realakt), § 854. Im folgenden werden Besonderheiten des Eigentumserwerbs durch Rechtsgeschäft dargestellt.

4.4.1 Eigentumsvorbehalt

Gültigkeit: Nur bei **Mobilien** anwendbar.
Begriff/Wesen: Besondere **Abrede** beim Kaufvertrag zur (Waren-)Kreditsicherung, nach der sich der Verkäufer das Eigentum an der verkauften Ware bis zur vollständigen Bezahlung des Kaufpreises vorbehält (= **aufschiebende Bedingung, § 158 (1)**).

Strukturschema:

Unbedingter Kaufvertrag (§§ 145, 147, 433)
und
schuldrechtlicher Vertrag § 449 über einen Eigentumsvorbehalt i.d.R. in Schriftform
(= *Vorbehaltsabrede*)

↓

Übergabe der Sache gem. § 854
(Keine Übereignung!)

↓

Käufer = unmittelbarer Fremdbesitzer (§ 854);
Verkäufer = Eigentümer und mittelbarer Eigenbesitzer (§§ 903, 868, 872)

↓

Einigungsvertrag unter aufschiebender Bedingung
§§ 145, 147, 158 (1), 929
(Schwebezeit)

↓

Erwerb des Anwartschaftsrechts (= Anspruch = selbständiges dingliches Recht) auf Eigentumsübertragung
für den Käufer (§ 161) =
Abwehrrecht gegen den Verkäufer bei unberechtigtem Besitzentzug während der Schwebezeit

Rechtsfolgen des Eigentumsvorbehalts

- für den **Verkäufer**:
  - Kein Verfügungsrecht über die verkaufte Sache während der Schwebezeit. Übertragung des Eigentums auf den Käufer nach vollständiger Zahlung des Kaufpreises;

- für den **Käufer**:
  - bei vollständiger Zahlung des Kaufpreises innerhalb der vorgesehen Frist: Eigentums-erwerb (automatisch ohne Zusatzvertrag);
  - bei Nichtzahlung oder nicht vollständiger Zahlung oder Zahlungsverzug: Ansprüche des Verkäufers auf Rücktritt vom Vertrag, dann Anspruch auf Herausgabe der gekauften Sache, vgl. §§ 449 (1), (2) und 323 Herausgabe der gekauften Sache (Herausgabeanspruch des Eigentümers nach § 985) und evtl. Entschädigungsanspruch für Abnutzung und/oder Beschädigung der Vorbehaltssache (vgl. §§ 823, 249 ff, 251).

Eigentumsvorbehalt beim Handelskauf

- **Erweiterter Eigentumsvorbehalt** (= Kontokorrentvorbehalt bei gegenseitiger Aufrechnung von Forderungen): Eigentumsübertragung erst nach vollständiger Zahlung aller Verbindlichkeiten des Schuldners (also: dieser und weiterer Schulden an einen Gläubiger) bzw. Ausgleich des Kontos zwischen Schuldner und Gläubiger. Sicherung bei Weiterverarbeitung durch Forderungsabtretung nach § 185 (Weiterveräußerung).

- **Verlängerter Eigentumsvorbehalt:** Der Käufer ist über die Vorbehaltssache verfügungsberechtigt, tritt aber das noch zu erstellende Endprodukt an den Lieferanten ab (= vorweggenommene Sicherungsübereignung).

- § 946 "geht vor" bzw. verdrängt Eigentumsvorbehalt (Verbindung mit einem Grundstück).

4.4.2 Gutgläubiger Erwerb vom Nichtberechtigten

Begriff/Wesen: Erwerb einer Sache vom Nichtberechtigten, der dem Berechtigten gegenüber eine Eigentumsvermutung haben muss (vgl. § 1006); d. h. der Erwerber hat Vertrauen in die Veräußerungsbefugnis des Verkäufers (= Gutgläubigkeit).

Beispiel: A leiht B seinen Fernseher, weil dessen Gerät defekt ist. B, der in Geldschwierigkeiten steckt, verkauft das Gerät und übereignet es an den ahnungslosen C.

Lösung und Rechtsfolge:

Leihvertrag zwischen A und B §§ 145, 147, 598; Rückgabe gem. § 604 (3).
Kaufvertrag zwischen B und C §§ 145, 147, 433; Einigungsvertrag (Fernseher) - s. a. Einigungsvertrag (Geld) zwischen B und C §§ 145, 147, 929; inkl. Realakt § 854. D. h. C müsste Eigentümer und Besitzer am Fernseher sein.

Subsumtion: C ist gutgläubig gegenüber B gem. §§ 1006, 932 (1); kein Ausschließungsgrund gem. § 932 (2), d. h. C wusste nichts von der Nichtberechtigung des B und konnte auch davon nichts wissen, d. h. Ausschluss grober Fahrlässigkeit § 276. Weiterhin Ausschluss des § 935 (1): Der Fernseher ist nicht abhanden gekommen, gestohlen worden oder verloren gegangen.

Rechtsfolge: C ist Eigentümer und Besitzer am Fernseher geworden.
Wichtigster Anspruch A gegen B: § 816 (1) Herausgabe des durch die Verfügung erlangten (hier: des angemessenen Kaufpreises). – Weitere Ansprüche: §§ 604 (3), 818, 823.

Besonderheiten des gutgläubigen Erwerbs

- § 932 (2): ein gutgläubiger Erwerb ist nicht möglich (Bösgläubigkeit, d. h. dem Erwerber ist bekannt und hätte aufgrund der Wahrnehmung seiner Obliegenheitspflicht bekannt sein müssen, dass der Veräußerer nicht zum Verkauf berechtigt ist und ihm die Sache nicht gehört);

- § 935 (2): bei gestohlenem Geld oder Inhaberpapieren bzw. Sachen, die im Rahmen einer öffentlichen Versteigerung veräußert werden, ist gutgläubiger Erwerb möglich;

- § 816 (1) S. 2: kein gutgläubiger Erwerb bei unentgeltlicher Übereignung einer Sache; d. h. der ursprüngliche Eigentümer kann die Sache herausverlangen;

- keine Gutgläubigkeit gegenüber der Geschäftsfähigkeit Minderjähriger.

4.4.3 Besitzkonstitut

Begriff/Wesen: Grundlage ist ein konkretes Rechtsverhältnis zwischen Erwerber und Veräußerer, mittels dessen der Veräußerer im unmittelbaren Besitz der verkauften Sache bleibt, die Übergabe allerdings ersetzt wird durch eine Vereinbarung zwischen dem bisherigen Eigentümer und dem Erwerber, dass der Erwerber mittelbarer Besitzer wird und jederzeit in der Lage ist, körperliche Gewalt auf die Sache auszuüben.
Regelung: § 930 i.V.m. § 929.

Beispiel: A verkauft B seinen Fotoapparat, möchte jedoch am nächsten Tag mit diesem Gerät auf der Hochzeit seiner Schwester Bilder "schießen"; auch B ist auf der Hochzeit anwesend. B soll sofort am nächsten Tag unmittelbarer Besitzer des Fotos werden.
D. h. B wurde gem. §§ 145, 147, 929 Eigentümer am Foto, die Übergabe wurde durch Vereinbarung ersetzt gem. § 930.

Zu diesem Thema: Vgl. auch Fälle mit dem Beispiel der Sicherungsübereignung [aber: weder im Grund- noch im Leistungskurs Gegenstand der Besprechung].

4.4.4 Exkurs: Abtretung (Zession)

Begriff/Wesen: Eine Forderung kann von dem (alten) Gläubiger durch Vertrag mit einem neuen Gläubiger auf diesen übertragen werden (Abtretung).

Rechtsgrundlage: § 398.

Beispiel: A tritt als Unternehmer zur Aufnahme eines Kredits bei einer Bank die Forderungen, die er gegen den Kunden B hat, ab.
D. h. durch den Zessionsvertrag tritt die Bank als neuer Gläubiger gegenüber B auf.
Nicht abtretbare Forderungen: U. a. Schmerzensgeld (§ 253) i.V.m. einer unerlaubten Handlung, § 823, sowie unpfändbare Forderungen.

4.5 Eigentumserwerb an beweglichen Sachen [2] - Kraft Gesetzes -

Der Eigentumserwerb an beweglichen Sachen kraft Gesetzes (= Realakt oder besondere gesetzliche Bestimmung) unterscheidet sich grundsätzlich vom Eigentumserwerb durch Rechtsgeschäft.

Begriff/Wesen "Realakt":

- Reine Tathandlungen;
- Rechtserfolg ohne Willenserklärungen;
- Rechtsfolgen werden vom Gesetz an bestimmte Tathandlungen geknüpft (Zielgerichtetheit der Handlung).

4.5.1 Verbindung, Vermischung, Verarbeitung (Realakte)

- **Verbindung**, § 946: Beispiel: Während des Urlaubs hat mein Nachbar ohne meine Einwilligung auf meinem Grundstück eine Garage errichten lassen. Rechtsfolge: Die Garage wurde wesentlicher Bestandteil (§ 94) meines Grundstücks, wenn dieses Gebäude fest mit meinem Grund und Boden verbunden ist, d. h. die Garage geht mit der Tathandlung der Errichtung in das Eigentum des Grundstückseigentümers, also in mein Eigentum, über. Wesentliche Bestandteile eines Grundstücks sind z. B. auch Gegenstände, die fest mit dem auf dem Grundstück errichteten Gebäude verbunden sind, d. h. Bausand, Bretter, die auf einem Grundstück gelagert sind, sind keine wesentlichen Bestandteile.

- **Vermischung,** § 948**:** Beispiel: Ein Eiergroßhändler bezieht Eier von verschiedenen Eierfarmen. Die Eier sortiert er nach Größe, Gewicht, Farbe etc. und verpackt sie, entsprechend ausgezeichnet, in Kartons. Die vermischten Eier werden unter seinem Firmennamen angeboten. - Rechtsfolge: Der Großhändler wurde durch Vermischung Eigentümer an den gesamten Eiern, auch wenn er diese noch nicht bezahlt hat. Eine nachträgliche Trennung der Eier nach Lieferanten wäre mit unzumutbaren Kosten verbunden. Die bisherigen Eigentümer werden Miteigentümer an den Eiern im Lager im Verhältnis des Wertes ihrer Lieferungen (vgl. dazu §§ 948 (2), 947).

- **Verarbeitung**, § 950: Ein Hobby-Künstler erhält von mir einen Bogen Zeichenpapier, auf dem er eine Aquarellmalerei anfertigt. - Rechtsfolge: Das Papier ist in sein Eigentum übergegangen, denn er hat das Papier umgebildet und eine neue bewegliche Sache hergestellt. Der Wert der Umbildung (bzw. Verarbeitung eines Stoffes) ist in diesem Fall nicht wesentlich geringer als der Wert des Papiers.

In Folge von Verbindung, Vermischung, Verarbeitung entsteht für eine Partei ein Rechtsverlust (= Eigentumsverlust), der gem. § 951 in Geld oder i.S.e. ungerechtfertigten Bereicherung zu ersetzen ist.

4.5.2 Exkurs: Verschiedene Realakte bzw. Eigentumserwerb durch Gesetz

- **Ersitzung §§ 937 ff:** Eine gestohlene CD wurde mir geschenkt. Der Diebstahl war mir unbekannt. Ab 10 Jahren des nicht angefochtenen Besitzes an der CD bin ich Eigentümer geworden.

- **Aneignung §§ 958 - 964:** Ein Bienenschwarm wird herrenlos und zieht in eine fremde besetzte Wohnung ein. D. h. das Eigentum und die sonstigen Rechte am eingezogenen Schwarm stehen dem Eigentümer dieser Bienenwohnung zu.

- **Fund §§ 965 ff, insbes. § 973:** Ein Finder erwirbt das Eigentum an einer abhanden gekommenen Sache sechs Monate nach der Abgabe des Fundes bei der entsprechenden Behörde, wenn der Empfangsberechtigte nicht vorher bekannt geworden ist.

- **Schatzfund § 984:** Eine verborgene Sache, deren Eigentümer nicht mehr ermittelbar ist, gehört je zur Hälfte dem Entdecker und dem Eigentümer der Sache, in welcher der Schatz verborgen war.

- **Erbschaft § 1922** als Gesamtrechtsnachfolge.

- **Erwerb mit Mitteln des Kindes § 1646 (1):** Das Kind wird an Sachen, die mit seinen Mitteln erworben worden sind, Eigentümer, obwohl die Eltern in seinem Namen handelten.

4.6 Eigentumserwerb an unbeweglichen Sachen

Strukturschema zur Kaufhandlung bei Immobilien:

a. ***Kaufvertrag***

§§ 145, 147, 433;
zusätzliche **Formvorschrift**:
§§ 311b (1), 128 Notarielle Beurkundung.

b. ***Übereignung der Immobilie***

Einigung:
Auflassung §§ 145, 147, 925, 925 a, 873 (= Einigung des Veräußerers und Erwerbers vor der zuständigen Stelle); notarielle Beurkundung §§ 925, 925 a, 311b (1) S. 1, 128;

Übergabe:
Eintragung ins Grundbuch § 873. Öffentlicher Glaube des Grundbuchs § 892 (1): Er erstreckt sich auf alle Angaben zur Rechtslage des Grundstücks.

c. ***Übereignung des Kaufpreises (Geld)***

Einigung: §§ 145, 147, 929

Übergabe: §§ 854, 929.

Exkurs
Neue Bestimmungen für Teilzeit-Wohnrechteverträge §§ 481 ff.

5 Anspruchsgrundlagen

5.1 Grundsätzliche Bestimmungen zu Schuldverhältnissen

5.1.1 Begriff "Schuldverhältnis", grundsätzliche Regelung im BGB und Abgrenzung

Begriff "Schuldverhältnis" (im folgenden abgekürzt mit SV):
SV = Rechtlich relevante Beziehung (Rechtsbeziehung) zwischen Personen bzw. Parteien, wobei ein Gläubiger-Schuldner-Verhältnis besteht, vgl. § 241 (1).

Grundsätzliche Regelung im BGB:
Schuldverhältnisse sind im zweiten Buch des BGB geregelt, im „Recht der Schuldverhältnisse" oder kürzer: im „Schuldrecht". **Gemäß § 241 (1)** liegt dann ein Schuldverhältnis vor, wenn eine Person/Partei als Gläubiger berechtigt ist, von einer anderen Person/Partei als Schuldner eine Leistung zu fordern. Genauer: Es besteht ein **Leistungsanspruch** des Gläubigers, d. h. der Gläubiger hat Anspruch auf eine Leistung aus einem SV gem. **Satz 1**. Nach **Satz 2** kann die Leistung nicht nur in einem **Tun**, sondern auch in einem **Unterlassen** [Nicht-Tun oder Nicht-Mehr-Tun] bestehen. Dem steht eine Leistungspflicht des Schuldners gegenüber, d. h. die andere Person/Partei schuldet dem Gläubiger eine bestimmte, in einem SV definierte, Leistung.

Einteilung des Schuldrechts
(Vgl. "Vor - die - Klammer - ziehen" Kap. 2)

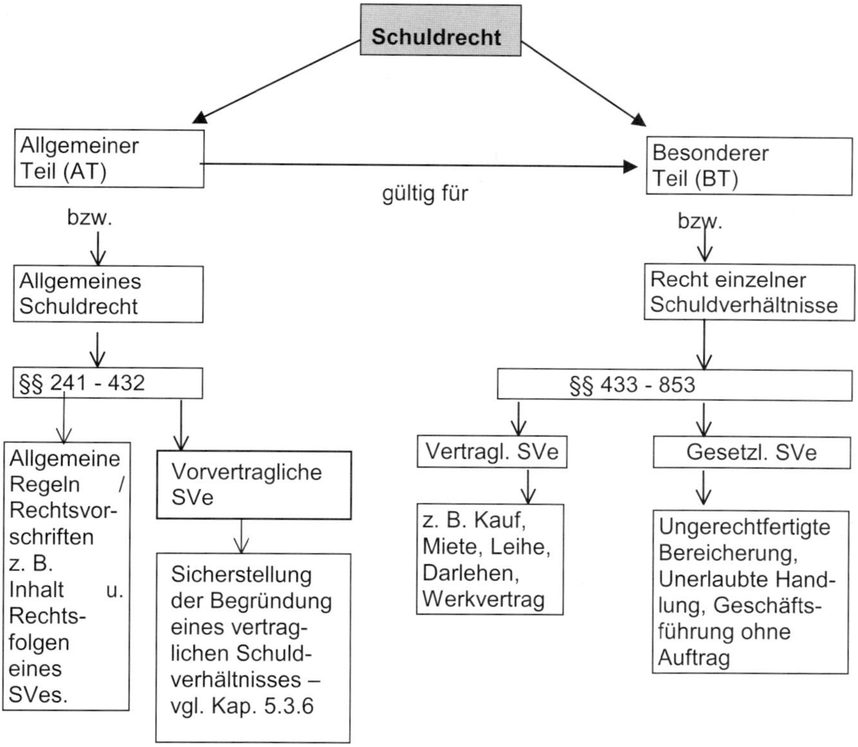

Aus dieser BGB-Einteilung des Schuldrechts ergibt sich eine grobe **Einteilung der Schuldverhältnisse**, in der unterschieden werden

- **SVe nach der Entstehung** bzw. Begründung (vertraglich, vorvertraglich, gesetzlich)
- **SVe nach dem Inhalt** (Leistungspflicht, Nebenpflichten)
- **SVe nach dem Leistungs- oder Erfüllungsort** (Hol-, Bring-, Schickschulden).

Die Norminhalte sind z. T. **dispositiv**, d. h. es besteht für die rechtsgeschäftlich tätigen Personen **Freiheit in der vertraglichen Vereinbarung** (vgl. Vertragsfreiheit und Formfreiheit Kap. 3), **außer** die Interessen einer beteiligten Person/Partei bzw. Dritten unterliegen Sonderregelungen bzw. sind zu schützen (vgl. Formvorschriften, Abschlussgebote, Abschlussverbote, Abschlusszwang, Beschränkungen der Gestaltungsfreiheit).

Beispiele:
SVe nach der Entstehung: Antrag (§ 145) und Annahme (§ 147) als WEs z. B. zur Begründung eines Kaufvertrags oder Tauschvertrags.

Vorvertragliche und gesetzliche SVe vgl. Kap. 5.3.6 und 5.4.

Sve nach dem Inhalt: Bei einer Fertigungsmaschine ist bei Temperaturen unter 5 Grad Celsius eine Zusatzheizung einzuschalten, damit das Gerät einwandfrei arbeitet. Der Verkäufer weist nicht darauf hin. Außerdem ist dieser Hinweis auch in der Betriebsanleitung nur mit großem Aufwand zu finden. Hat der Verkäufer mit der Übergabe einer fehlerfreien Maschine bereits alle Leistungspflichten erfüllt?
Hinweis zur Lösung:
Vgl. unten "Leistungspflichten", hier insbes. Hauptleistungspflicht nach § 433 und Nebenleistungspflicht "Aufklärungspflicht".
Sve nach dem Leistungs- oder Erfüllungsort vgl. unten "Erfüllungsort" (5.3.1).

Abgrenzung: Schuldrecht versus Sachenrecht

Schuldrecht	Sachenrecht
Rechtsbeziehung zwischen Person/Partei und Person/Partei untereinander	Rechtsbeziehung zwischen Person/Partei und Sache
Relative Rechtsmacht	Absolute Rechtsmacht
Grund-/ oder Kausal-/ oder Verpflichtungsgeschäft als Grundlage für sachenrechtliche Erfüllung	Sachenrechtlicher Vertrag zur Erfüllung des schuldrechtlichen Grundgeschäftes (Schuldverhältnisses) = Erfüllungs- bzw. Verfügungsgeschäft

Ein schuldrechtlicher Leistungsanspruch setzt insbesondere bei vertraglichen Schuldverhältnissen den Willen zur rechtlichen Bindung voraus. Anders bei so genannten "**Gefälligkeitsverhältnissen**", gesellschaftlichen Vereinbarungen ohne bindenden Rechtswillen, die keinen Leistungsanspruch beinhalten, allerdings entstehen u. U. Nebenpflichten (vgl. 5.1.2), aus denen Schadensersatzansprüche erwachsen können (z. B. beim Einkaufen oder bei Übernahme der Streu- und Räumpflicht für den kranken Nachbarn).

5.1.2 Begriff "Leistung", Arten der Leistung und der Leistungspflicht sowie sonstige Pflichten aus Schuldverhältnissen

Begriff "Leistung"

I. S. d. § 241 (1) i. V. mit § 194 (= Def. Anspruch) ist eine Leistung ein Tun (Handlung) oder Unterlassen (Nicht-Tun oder Nicht-Mehr-Tun bzw. Vermeidung), zu der ein Schuldner aus einem Schuldverhältnis verpflichtet ist (Leistungspflicht) oder umgekehrt: worauf der Gläubiger Anspruch hat (= Leistungsanspruch = Erfüllungsanspruch - vgl. Kap. 5.3.1).

Der Leistungsanspruch besteht von Person zu Person sowohl bei relativer als auch bei absoluter Rechtsmacht. Geschuldet wird der „Leistungsgegenstand“: Eine Sache, ein Recht, ein bestimmtes Verhalten aus einem vertraglichen oder gesetzlichen Schuldverhältnis.

Arten der Leistung (vgl. Kap. 4.)
Das BGB unterscheidet zwischen zwei grundsätzlichen Arten der Sachleistung:
Der **Stückschuld** (auch: Speziesschuld) und der **Gattungsschuld**, wobei letztere noch weiter differenziert werden kann; die beschränkte Gattungsschuld wurde nur der Vollständigkeit halber aufgenommen. Auf eine weitere Art, die Teilleistung (vgl. § 266), wird nicht eingegangen.

Sonderfall
Unbestellte Leistung (§ 241 a): Gem. (1) wird kein vertraglicher Anspruch begründet; gem. (2) sind gesetzliche Ansprüche nicht ausgeschlossen.

(Sach-) Leistung	
Stückschuld = Speziesschuld	**Gattungsschuld**
Leistung = Sache einmaliger Art; in Anlehnung an § 243 (2) = Leistung einer individuellen Sache als einzelner Gegenstand oder als Gesamtheit (Summe) einzelner Gegenstände; spezielle, individuell einmalige Merkmale einer Sache	Leistung = Sache von mittlerer Art und Güte § 243 (1) i. V. m. §§ 242, 157 (i. S. v. angemessener Wahrung der Gläubigerinteressen) = Leistung einer Sache, die in mehreren Exemplaren vorliegt und i. d. R. einzeln wieder beschaffbar bzw. wieder herstellbar ist; generalisierende Merkmale einer Sache
Sache ist vertretbar gem. § 91 oder nicht vertretbar	Sache ist vertretbar gem. § 91

Sonderformen der Gattungsschuld	
Beschränkte Gattungsschuld **= Vorratsschuld**	**Konkretisierte Gattungsschuld** (§ 243 (2))
Haftung steht der Stückschuld gleich, wenn gesamter bestimmter Vorrat untergeht, aus dem geleistet werden soll (Teilmenge des Vorrats), sonst ist aus der Gattung zu leisten "solange Vorrat reicht"	Individuelle Aussonderung aus einer Gattung. Haftung steht der Stückschuld gleich

Arten der Leistungspflicht sowie sonstiger Pflichten aus Schuldverhältnissen
Durch ein SV werden nicht nur Rechte, sondern insbesondere Pflichten begründet. Das BGB kennt drei Gruppen, unterschieden nach dem **Inhalt** der SVe:

- **Leistungspflichten:** Sie dienen dem Interesse des Gläubigers einer Leistung. Unterschieden werden :

  - ***Hauptleistungspflichten*** als Vertrags-Abschlussgrund; z. B. Kauf § 433**:** Kaufpreiszahlung versus Eigentum - / Besitzverschaffung (Abs. 2 gegen Abs. 1); damit: Begründung rechtsgeschäftlicher / vertraglicher Ansprüche. Weiterhin hat der Verkäufer dem Käufer die Sache frei von Sach- und Rechtsmängeln zu verschaffen.

- ***Nebenleistungspflichten:*** Zusätzliche Leistungen mit dem Ziel, die Erbringung der Hauptleistungspflicht sicher zu stellen. Sie begründen sich i.d.R. aus dem Vertrag, z. B.
  Kaufvertrag § 433: Abnahme der gekauften Sache, Grundlage ist dann § 242 i. V. m. § 157. *Oder* sie begründen sich aus dem Gesetz als Vertragsfolge, z. B. § 402 (Auskunftspflicht). *Oder* Pflicht zur Rücksichtnahme § 241 (2); vgl. oben Bsp. „Aufklärungspflicht".

- **Nebenpflichten:**
  Sie führen keinen Leistungserfolg herbei wie eine Hauptleistungspflicht, sind im Vertrag nicht ausdrücklich geregelt, sollen die sonstigen Rechtsgüter der anderen Vertrags-Person/-Partei schützen und Schäden vermeiden. Sie begründen sich aus §§ 242 (Treu u. Glauben), 157 (Auslegung). Unterschieden werden u. a. Sorgfaltspflichten, Schutzpflichten, Obhutspflichten, Aufklärungspflichten. Bei Verletzung der Nebenpflichten vor Vertragsabschluss bis Vertragsabschluss erfolgt die Ausgleichsregelung über „Nebenpflichtverletzung aus vorvertraglichem SV" (vgl. Kap. 5.3.6), nach Vertragsabschluss über „Nebenpflichtverletzung aus Schuldverhältnis" (vgl. Kap. 5.3.5).

5.1.3 Erlöschen und Änderung von Schuldverhältnissen

5.1.3.1 Erlöschen von Schuldverhältnissen

Erlöschen von SVen durch:		
• **Erfüllung**	• §§ 362 ff	• vgl. Kap. 5.3 "Erfüllung"
• **Hinterlegung**	• §§ 372 ff	• Übergabe der hinterlegungsfähigen geschuldeten Sache an eine öffentliche Hinterlegungsstelle (z. B. Notar), zugunsten des Gläubigers; z. B. bei unklarer Erbfolge. Hinterlegungsfähig sind z. B. Geld, Wertpapiere, nicht Tiere.
• **Aufrechnung**	• §§ 387 ff	• Tilgung von gegenseitigen gleichartigen Forderungen durch Verrechnung; i.d.R. gültig bei gegenseitigen fälligen Geldforderungen.
• **Erlass**	• § 397	• Gläubiger verzichtet durch Vertrag mit dem Schuldner auf seine Forderung.

5.1.3.2 Änderung von Schuldverhältnissen und der Grundsatz "pacta sunt servanda"

Eine Änderung von SVen kann nur durch Vertrag erfolgen (s. § 311), denn grundsätzlich gilt: "pacta sunt servanda".
Dies heißt: Verträge müssen (ein-)gehalten werden i.S.v. Treu und Glauben § 242.
Ausnahmen: Störung (Wegfall) der Geschäftsgrundlage bzw. Unzumutbarkeit i.S.d. § 242 oder Verstoß gegen ein Gesetz § 134 (gesetzliches Verbot). Dieser Grundsatz hat zur Folge, dass aus nicht eingehaltenen vertraglichen Pflichten (= Störung der Erfüllung bzw. der Leistungspflichten etc.) Rechte (= Ansprüche; Def. § 194) entstehen. Beispiele für Leistungsstörungen vgl. Kap. 5 ab 5.3.2 "Ansprüche aus Leistungsstörungen".

5.2 Die Anspruchsgrundlagen des BGB - insbesondere aus Leistungsstörungen bei der Erfüllung von Verträgen

– Eine Übersicht –

Der Begriff "**Anspruch**" ist **definiert im § 194**: "Das Recht, von einem anderen ein Tun oder Unterlassen zu verlangen ..." (nähere Interpretation vgl. auch Kap. 5.1).
Die Einteilung der Anspruchsgrundlagen ergibt sich aus den Überlegungen in Kap. 5.1. Hier insbesondere aus der Einteilung des Schuldrechts, den Begriffen Leistungspflicht und Leistungsanspruch sowie der Entstehung von Schuldverhältnissen.
Besondere Bedeutung im Rahmen der Anspruchsgrundlagen-Differenzierung kommt den Leistungsstörungen bei der Erfüllung von Verträgen zu mit den daraus resultierenden Rechten. Leistungsstörungen widersprechen dem Grundsatz von "pacta sunt servanda" (vgl. Kap. 5.1). Der Vertragspartner, der seine Pflicht(en) verletzt (§ 280 (1)), haftet jedoch nicht immer oder automatisch. Sehr häufig muss überprüft werden, ob ein **Verschulden** seinerseits vorliegt; daraus ergibt sich, ob er die Störung zu vertreten hat oder nicht gem. § 276 i.V.m. anderen Normen (z. B. Schuldnerverzug § 286).

Leistungsstörungen beim Kauf können u.a. sein: (Vgl. Übersicht)

- Die Leistung erfolgt nicht (s. **Unmöglichkeit**);
- die Leistung erfolgt verspätet (s. **Verzug**);
- es wurde schlecht erfüllt = Schlechtleistung = Leistung nicht wie geschuldet – vgl. § 281 (1) S. 1 (z. B. **Sachmängelhaftung**);
- im Rahmen der Erfüllung wurde eine **Nebenpflicht verletzt**;
- der Gläubiger nimmt die angebotene Leistung nicht an (s. **Gläubigerverzug**).

Überblick über die Arten der Pflichtverletzungen

Anspruchsgrundlagen	**Grundlegende Normen**
Rechtsgeschäftliche (= Vertragliche) Ansprüche	
1 *auf Erfüllung*	diverse Schuldverhältnisse
2 *aus Leistungsstörungen*	
2.1 Sachmangel und Rechtsmangel beim Kaufvertrag	§§ 280, 433, 434, 435, 437, 474
2.2 Sachmangel und Rechtsmangel beim Werkvertrag	§§ 280, 633, 634, 635
2.3 Verspätung der Leistung (Verzug):	
• Schuldnerverzug (Zahlungs-, Lieferungsverzug)	§§ 280, 281, 286, 323
• Gläubigerverzug bzw. Annahmeverzug	§§ 281, 293
2.4 Unmöglichkeit	§§ 275, 280, 283, 284, 311, 326
2.5 Nebenpflichtverletzung aus Schuldverhältnissen (ehem. pVV)	§§ 241 (2), 280, 282, 284, 324
3. Nebenpflichtverletzung aus *vorvertraglichem Schuldverhältnis* (ehem. c.i.c.) (Schutzpflichtverletzung)	§§ 241 (2), 280, 311 (2)(3)
4. *Störung (Wegfall) der Geschäftsgrundlage*	§§ 313, 314
Gesetzliche Ansprüche	
4 *Dingliche Ansprüche (= sachenrechtliche Ansprüche)*	
4.1 aus Eigentum	§§ 985, 986, 1004
4.2 aus Besitz	§ 861, 862
5. *Schuldrechtliche Ansprüche*	
5.1 aus unerlaubter Handlung	§§ 249, 276, 823, 826
5.2 aus ungerechtfertigter Bereicherung	§§ 812, 816
5.3 aus Geschäftsführung ohne Auftrag	§§ 677, 687
6. *Sonstige Ansprüche*	
6.1 aus Familienrecht	Buch IV
6.2 aus Erbrecht	Buch V

5.3 Die wichtigsten Anspruchsgrundlagen des BGB im einzelnen [I]
- Rechtsgeschäftliche Ansprüche -

5.3.1 Anspruch auf Erfüllung

Begriff:
Erfüllung = Erlöschen von Schuldverhältnissen § 362.

Begriffserläuterung:
Schuldverhältnisse werden durch Leistungserbringung gemäß ihres Vertragsinhaltes direkt erfüllt, z. B. Kaufvertrag § 433 (= Hauptleistungspflicht, wobei die Nebenleistungspflichten nicht vernachlässigt werden dürfen).

Rahmenbedingungen der Erfüllung:

- §§ 242, 434, 444 Bedeutung von „Treu und Glauben" auch beim Kauf.
- § 315 billiges Ermessen bei Bestimmung der Leistung durch eine Partei (z. B. Preisgestellung bei Heizöl: derzeit gültiger Marktpreis).

Arten der geschuldeten Leistung:

- Gattungsschuld (s. Gattungskauf) (vgl. Kap. 5.1).
- Stückschuld = Speziesschuld (s. Stückkauf) (vgl. Kap. 5.1).

Ausnahmen der direkten Erfüllung:

- *Annahme / Hingabe an Erfüllungs statt (Erfüllungssurrogat):*
  §§ 364 (1), 365: Hingabe von Sachen statt Geld mit Zustimmung des Gläubigers. Der Schuldner haftet für die Sachen wie ein Verkäufer, z. B. für Sachmängel. Das alte Schuldverhältnis erlischt.

- *Annahme / Hingabe erfüllungshalber (Erfüllungssurrogat):* § 364 (2): Hingabe von später fälligen Wechseln, Schecks ö. ä.. Das alte Schuldverhältnis bleibt bestehen bis zur Einlösung der Wechsel, Schecks o. ä.. Zu "o. ä." gehören auch Forderungsabtretungen (Zession) §§ 398, 399, 253.
  Nicht abgetreten werden können "persönliche Forderungen", z. B. Schadensersatzforderungen aus Schmerzensgeld, § 253.

- *Hinterlegung:* §§ 372, 378 (1) (Erfüllungssurrogat); Selbsthilfeverkauf § 383 ff.

- *Leistung an Dritte:*
  §§ 407; 362 (2), 185: z. B. Leistungen an einen vorherigen Gläubiger bei einem Gläubigerwechsel (s. o. Forderungsabtretung) mit befreiender Wirkung für den Schuldner (= Schuldnerschutz).

- *Leistung durch Dritte:*
  §§ 267, 185: Gläubiger muss die erbrachte Leistung akzeptieren mit befreiender Wirkung für den Schuldner (= Schuldnerschutz). Drittleistungserbringung ist nicht möglich bei persönlich zu erbringender Dienstleistung § 613.

- *Aufrechnung § 387 (Erfüllungssurrogat)*

Erfüllungsort:

Erfüllungsort = *Leistungsort* §§ 269, 447 wird definiert durch Übergang der Gefahr (Begriff s. § 446); der Ort wird bestimmt gemäß §§ 269, 270 oder aus den Umständen heraus - z. B. Gasthaus, Werkstatt. Ausnahme § 474 (2).

Die Bestimmung des Leistungs- / Bestimmungsortes erfolgt nach Art der Schulden:

- ***Holschulden**:*
  Grundsätzlich gemäß § 269: Bestimmungs- / Leistungsort = Wohnsitz bzw. Gewerbebetrieb des Schuldners; Gegenstand: i. d. R. Wechsel, Warenschulden; Besonderheit: Bestimmungen wie z. B. "frei Haus" berühren nur Versandkostenübernahme, Transportversicherung o. ä..

- ***Bringschulden**:*
  Grundsätzlich in Anwendung des § 269 (1): (Ort für die Leistung ist aus der Natur des Schuldverhältnisses zu entnehmen) Bestimmungs- / Leistungsort = Wohnsitz des Gläubigers; Beispiel: Heizöllieferung.

- ***Schickschulden***
  Vgl. § 269 (Leistungsort) und § 270 (Zahlungsort).

Der Gefahrübergang erfolgt am Leistungs- bzw. Bestimmungsort; gemäß § 269 (1) kann vertraglich vereinbart werden, was Hol-, Bring- oder Schickschulden sind. Dies ist wichtig insbesondere bei Haftungsfragen (vgl. auch § 447 und § 474 (2)).

Weitere Bestimmungen:

- *Beweismittel* der Erfüllung kann eine *Quittung* sein = schriftliches Empfangsbekenntnis § 368.

- *Leistungszeit* = Zeit der Leistung bzw. Erfüllung:
  Sie kann vertraglich vereinbart werden oder sie ist gesetzlich geregelt (z. B. Miete). Wenn weder vertragliche noch gesetzliche Regelung vorliegt, gilt entweder die Bestimmung "Zug um Zug" (s. "bewirken") gemäß §§ 320, 322 oder die Bestimmung ist "sofort" fällig gemäß § 271 (1). Bei einer Zeitbestimmung kann der Schuldner vor dem Ablauf der Leistungszeit erfüllen (die Leistung bewirken), der Gläubiger kann sie aber nicht vorher verlangen gemäß §271 (2) (vgl. unten "Verzug").

- *Gerichtsstand /Klageort:*
  Die Bestimmung dieses Ortes richtet sich i.d.R. nach dem Leistungsort (s. o.). Bei Mahnverfahren gilt der Ort des Antragstellers (s. ZPO).

- *Vertragsstrafe bei Erfüllungsstörung §§ 339 ff.*

5.3.2 Ansprüche aus Leistungsstörungen (1)
– Die Schlechterfüllung/-leistung als Pflichtverletzung –

5.3.2.1 Überblick über die Arten der Schlechterfüllung/- leistung (hier: Mängelhaftung beim Kauf gem. § 433); Definitionen

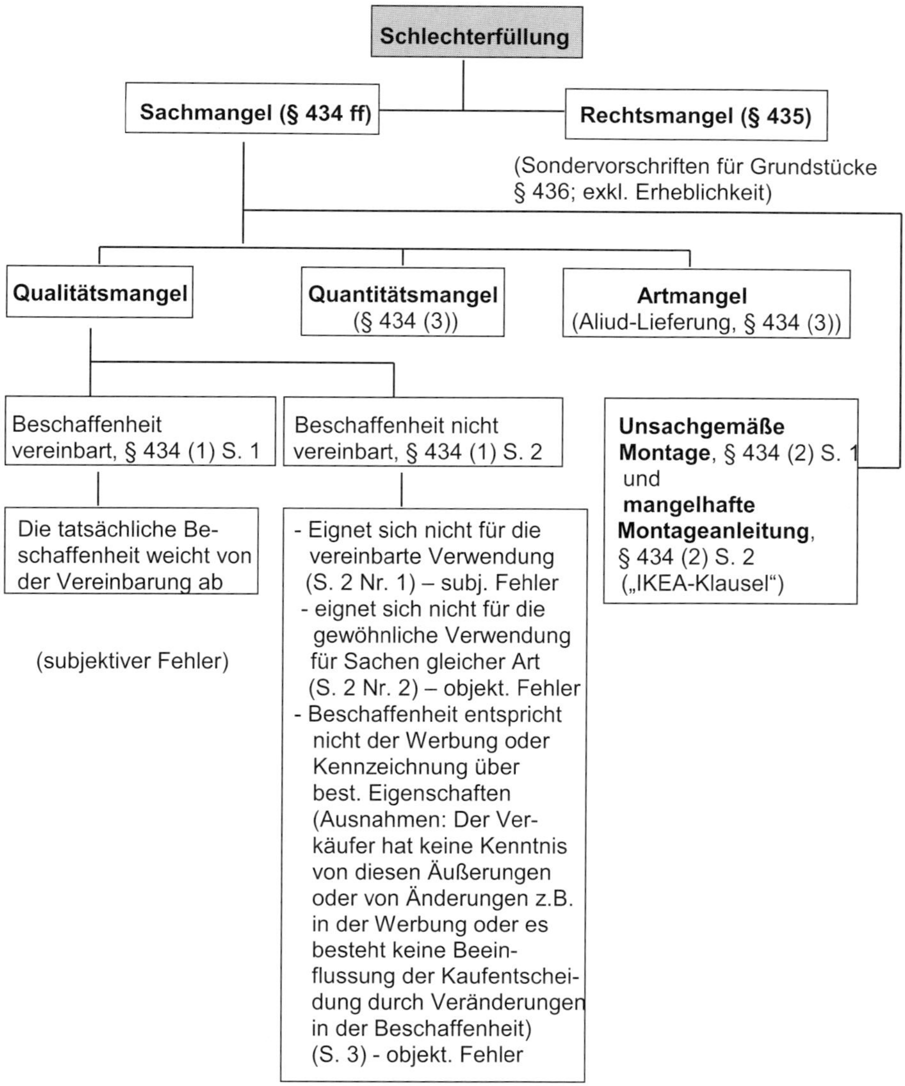

Weitere Einteilungsmöglichkeiten des Sachmangels nach der Erkennbarkeit

- Offener Mangel: Sofort und deutlich bei der Überprüfung der Kaufsache erkennbar.
- Versteckter Mangel: Nicht sofort erkennbar, erst bei Ingebrauchnahme der Sache. **Sonderfall**: Arglistig verschwiegener Mangel.

Definitionen und Einordnung von Schlechterfüllung und Pflichtverletzung

Schlechterfüllung = ungünstige Abweichung von der „Soll-**Beschaffenheit**" der Sache laut Vertragsinhalt.

Pflichtverletzung = Hier: Schlechterfüllung, Mangelfolgeschäden, sonstige Pflichtverletzungen (vgl. entsprechende Kapitel).

Begriff „Beschaffenheit" gem. § 434
Beschaffenheit = Eigenschaften einer Sache gem. Beschreibung, Muster oder Probe vor oder bei Vertragsabschluss, wobei die Beschaffenheit vorhanden sein kann (§ 434 (1) S. 1) oder nicht (§ 434 (1) S. 2).

- Grundlage ist der § 433 (1) S. 2.
- Weitere Grundlage ist ein subjektiver Fehlerbegriff, d. h. keine Unterscheidung zwischen einem Fehler und dem Mangel in der zugesicherten Eigenschaft wie im alten Schuldrecht.
- Es ist unerheblich, ob ein Mangel erheblich ist oder nicht; Ausnahme beim Anspruch auf Rücktritt.
- Der Mangel liegt i.d.R. vor bei Gefahrenübergang; Ausnahme z. B. bei nicht vereinbarter Beschaffenheit, d. h. der Mangel liegt vor bei Abschluss des Vertrags.

5.3.2.2 Der Sachmangel und Rechtsmangel

Möglichkeiten des Gefahrenübergangs (auch Gefahrübergang)

§ 446 S.1: Übergabe der Sache; § 446 S. 3: Annahmeverzug;
§ 447: Versendungskauf: Übergabe an der „... zur Ausführung der Versendung bestimmten Person ..." (z. B. Übergabe an einen Spediteur).

A. Rechte des Käufers bei erkennbaren Mängeln vor Gefahrenübergang

1. Behebbarer Mangel
Der Verkäufer kann den Mangel beseitigen. – Sonderfall: Der Verkäufer verweigert die Leistung endgültig und ausdrücklich; Regelung vgl. Verzug § 286 (2) Nr. 3 mit Schadensersatz statt der Leistung §§ 280 (1), 281 (2).

2. (Bei Vertragsschluss) anfänglich unbehebbarer Mangel
Vgl. Regelungen der Unmöglichkeit § 275 (1) (hier: qualitative Unmöglichkeit), der Vertrag bleibt wirksam und die Beweislast liegt beim Verkäufer (Beweislastumkehr). D. h. der Käufer hat Anspruch auf

- Schadensersatz statt der Leistung, § 311a (2) S. 1 und S. 2 i.V.m. § 281 (1) S. 2, 3; (5),
  § 437 Nr. 3, § 434 **und**

- Rücktritt **bei** Fälligkeit § 326 (2) (außer bei unerheblichem Mangel § 323 (5) S. 2) **bzw.**
- Rücktritt **vor** Fälligkeit gem. § 323 (4), wenn die Voraussetzungen des Rücktritts gegeben sein werden.

Der Käufer kann diese Ansprüche **nicht** geltend machen, wenn er vor Vertragsschluss Kenntnis des Mangels erlangt oder eine Garantieübernahme durch den Verkäufer besteht oder der Verkäufer den Mangel arglistig verschwiegen hat und dieser dem Käufer aufgrund grober Fahrlässigkeit unbekannt geblieben ist, vgl. § 442 (Ausnahme : Grundbucheintrag).
Es besteht ein Erfüllungsanspruch des Käufers, solange er keine o. a. Ansprüche geltend gemacht hat; bis zur Erfüllung kann der Käufer die Zahlung verweigern gem. § 320 (1).

B. Rechte des Käufers bei auftretenden Mängeln nach Gefahrenübergang
(Hier: Nachträglich *behebbare* Mängel)

Grundlage sind die §§ 433, 280, 281, 434, 437.

1. Erste Andienung (Primärleistungspflicht) = primärer Leistungsanspruch aus Kaufvertrag § 433 (Erfüllung)

2. Zweite Andienung (Sekundärrechte) aus Schlechtleistung

Vorrangiges Recht der zweiten Andienung = Nacherfüllung, § 437 Nr. 1
Der Nacherfüllungsanspruch hat Priorität vor den anderen Ansprüchen (vgl. unten). Der Verkäufer hat die Möglichkeit der „ zweiten Andienung“, d. h. er hat das Recht auf einen weiteren Erfüllungsversuch vor Ablauf einer vom Käufer gesetzten angemessenen **(Nach-)Frist, vgl. §§ 281, 323.**

Der Nacherfüllungsanspruch des Käufers gilt grundsätzlich für Stückschuld, Gattungsschuld und konkretisierte Gattungsschuld. Die Aufwendungen der Nacherfüllung gehen zu Lasten des Verkäufers gem. § 439 (2).

Der Nacherfüllungsanspruch beinhaltet entweder das Recht (**Wahlrecht des Käufers**) auf **Nachbesserung** (= Beseitigung des Mangels) **oder** das Recht auf **Ersatzlieferung** (= Lieferung einer mangelfreien Sache, auch: Nachlieferung) gem. § 437 Nr. 1, 439, auch bei **unerheblicher** Pflichtverletzung.

Für die Nachbesserung gilt: Erst nach einem erfolglosen zweiten Versuch des Verkäufers hat der Käufer das Recht auf weitere Ansprüche gem. § 440 S. 2 – vgl. unten.

Für die Ersatzlieferung gilt: Sie ist i.d.R. nicht möglich bei Stückschuld, wobei manche Gerichte diese Möglichkeit auch bei dieser Schuldart in Betracht ziehen, d. h. der Verkäufer soll nach dieser Meinung eine gleichartige Sache anbieten. Nach erbrachter Ersatzlieferung ist der Käufer verpflichtet gem. § 439 (4) die mangelhafte Sache zurück zu gewähren incl. der gezogenen Nutzungen (z. B. die Kosten für den Gebrauch dieser Sache, jedoch nicht die Wertminderung) bzw. einen Wertersatz zu leisten, vgl. dazu die Vorschriften über den Rücktritt §§ 346 – 348. Der Käufer hat **u. U. daneben** noch Anspruch auf Schadensersatz neben der Leistung – vgl. unten.

Der Verkäufer kann die Nacherfüllung verweigern, wenn diese mit unverhältnismäßig hohen Kosten verbunden ist, § 439 (3) oder, wenn Stückschuld vorliegt und eine andere Art der Nacherfüllung möglich ist. Die Kosten der Nacherfüllung trägt der Verkäufer (§ 439 (2)).

3. Nachrangige Rechte der zweiten Andienung
= Rücktritt oder Minderung (§ 437 Nr. 2), Schadensersatz statt dL oder Ersatz vergeblicher Aufwendungen (§ 437 Nr. 3)

Erst nach erfolglosem Ablauf einer (Nach-)Frist kann der Käufer grundsätzlich weitere Ansprüche geltend machen (Schutz des Verkäufers) gem. § 437 Nr. 2 und Nr.3 wie z. B. nach erfolgloser Nachbesserung gem. § 440 – vgl. oben.

Ausnahmen: Ohne (Nach-)Fristsetzung bestehen die Ansprüche *entweder* bei Abmahnung (§ 323 (3)) *oder* wenn der Verkäufer nicht nach erfüllen kann oder will, also beide Arten der Nacherfüllung verweigert *oder* wenn die zustehende Art der Nacherfüllung dem Käufer unzumutbar ist gem. § 440. Dann besteht sofort der Anspruch auf Rücktritt oder Schadensersatz statt der Leistung oder Ersatz vergeblicher Aufwendungen.

Die Ansprüche im Einzelnen:

a. Rücktritt vom Kaufvertrag, § 437 Nr. 2, 1. Alternative

Der Rücktritt ist i.d.R. möglich nach erfolglosem Verstreichen einer angemessenen (Nach-)Frist für die Nacherfüllung (vgl. oben), §§ 323 (1), 440. Die Durchführung des Rücktritts (hier: gesetzlicher Rücktritt) erfolgt gem. § 346 (1). Ausschluss des Rücktritts vgl. § 323 (6).

Eine Fristsetzung zum Rücktritt ist nicht erforderlich unter folgenden Voraussetzungen:

- § 323 (2) Nr.1: Der Verkäufer verweigert die Nacherfüllung ernsthaft und endgültig.
- § 323 (2) Nr. 2: Der Verkäufer hat i. R. e. Fixgeschäfts nicht geleistet.
- § 323 (2) Nr. 3: Sonstige Gründe für einen Rücktritt liegen vor, insbes. wenn der Käufer ein berechtigtes Interesse am Rücktritt hat.
- § 440 S. 1:
    - Die Nacherfüllung wird vom Verkäufer verweigert (vgl. oben; §§ 439 (1), 323)
    - Die Nacherfüllung ist innerhalb der (Nach-)Frist vollständig oder zum Teil fehlgeschlagen.
    - Die Nacherfüllung ist dem Käufer nicht zuzumuten, z. B. aufgrund von Zeitaufwand oder Belästigung.
- § 440 S. 2: Ein zweiter Nachbesserungsversuch verläuft erfolglos, die Nachbesserung ist insges. fehlgeschlagen.
- § 326 (5) i.V.m. § 275 (Unmöglichkeit der Leistung).

Wird der Rücktritt erklärt, erlischt der Erfüllungsanspruch des Käufers; Ausnahme bei arglistiger Täuschung, hier ist die Rücktritts-WE anfechtbar gem. § 123.
Der Rücktritt ist **ausgeschlossen** bei unerheblichen Mängeln gem. § 323 (5) S. 2.

Wird der Rücktritt ausgeübt, müssen die ausgetauschten Leistungen (i.d.R. Sachen bzw. Geld) zurück erstattet werden; die Parteien sind weiterhin von ihrer Leistungspflicht befreit (§ 346 (1)).

Zusätzlich zum/neben dem Rücktrittsanspruch besteht der Anspruch auf **Schadensersatz neben der Leistung**, § 325 – nur bei erheblichen Mängeln.

b. Minderung, § 437 Nr. 2, 2. Alternative

Alternativer Anspruch zum Rücktritt; der Kaufvertrag bleibt bestehen.
Gem. § 441 (1) S. 1 gelten für die Minderung die gleichen Voraussetzungen wie für den Rücktritt (vgl. oben), sie entspricht in ihrer Handhabung einem kleinen Schadensersatz.
Die Minderung ist **auch** anwendbar auf **Rechtsmängel.**

Durchführung der Minderung:

- Berechnungsgrundlage ist der Kaufpreis, der prozentual herabgesetzt wird.
- Die Überzahlung muss vom Verkäufer erstattet werden. Gem. § 441 (4) S. 1 incl. der gezogenen Nutzungen (z. B. Zinsen) gem. §§ 441 (4) S. 2, 346, 347.
- Minderung ist auch bei geringfügigen Mängeln möglich, § 441 (1) S. 2 (unerhebliche Pflichtverletzung).
- Minderung gilt auch bei Aliud-Lieferungen, wenn der Käufer diese behalten möchte.
- Minderung kann nur von allen bzw. gegen alle erklärt werden (z. B. ein Ehepaar als Käufer), § 441 (2).

Ein weiterer Anspruch zusätzlich zur/neben der Minderung kann ein **„Schadensersatz statt einer** (nicht erbrachten) **Teilleistung“** sein, der ebenfalls als kleiner Schadensersatz angesehen wird, vgl. § 281 (1) S. 2.

c. Schadensersatz statt der Leistung, §§ 434, 437 Nr. 3, 1. Alternative

Überblick:

1. Grundlage sind die allg. Vorschriften gem. §§ 280, 281.

2. § 440: Fristsetzung nicht erforderlich.

3. Mögliche Schäden des Käufers bei Sach- und Rechtsmängeln:
   - Die Sache ist weniger wert.
   - Die Sache kann nicht vom Käufer in gewinnbringender Weise verwendet werden.
   - Andere Rechtsgüter werden verletzt, z. B. Mangelfolgeschaden.

<u>Zu Nr. 1</u>

Schadensersatz statt der Leistung bzw. sonstiger Schadensersatz bzgl. des Minderwertes der Sache (vgl. unten).

Bestimmungen:

- § 280 (1): Pflichtverletzung aus einem Schuldverhältnis durch den Verkäufer. Der Schuldner haftet gem. § 276 für Vorsatz und Fahrlässigkeit. Er hat seine Pflichtverletzung i.d.R. zu vertreten, vgl. § 280 (1) S. 2.
  § 280 (1): (Vermutetes) Verschulden des Verkäufers. Der Verkäufer muss sein Nichtverschulden nachweisen (Beweislastumkehr).
  Gem. §§ 276, 280 (1), 443 haftet der Verkäufer immer für einen Mangel unabhängig vom Verschulden, wenn er für die Abwesenheit eines Mangels eintritt. Außerdem gelten Ansprüche – auch ohne Verschulden – aus der Übernahme einer **Beschaffenheits**- oder **Haltbarkeitsgarantie**, vgl. § 443. Neben den Ansprüchen aus einer Garantie-Haftung bestehen Ansprüche aus der Haftung für die Werbung bzgl. der Beschaffenheit oder Haltbarkeit einer Sache sowie gesetzliche Ansprüche (s. o. Übersicht).

- § 281 (1) S. 1: Eine angemessene Nachfrist für die Erfüllung/Leistung oder Nacherfüllung ist erfolglos verstrichen.

- § 281 (1) S. 3: **Erhebliche** Pflichtverletzung; bei unerheblicher Pflichtverletzung Beschränkung der Ansprüche auf Nacherfüllung, Minderung – der **Rücktritt** wird **nicht berührt**.

- § 281 (2), § 440: Nachfristsetzung ist entbehrlich.

- Vgl. auch §§ 283 und 311 a.

Zu Nr. 3

Bei einer Beeinträchtigung sonstiger Rechtsgüter (z. B. *Mangelfolgeschaden*) besteht ein **sofortiger** Schadensersatzanspruch **neben** der Leistung gem. § 280 (1); dieser Anspruch tritt nicht anstelle der Leistung.

Wahlmöglichkeit des Käufers bei einem Schadensersatz-Anspruch (vgl. 5.2)
(Vgl. dazu Ausführungen oben, insbes. Minderung)

- Der Käufer kann die Sache behalten und den Minderwert als Schadensersatz verlangen = **Kleiner Schadensersatz**; entspricht der Minderung, wenn weiter keine Schäden auszugleichen sind.

- Der Käufer kann die Sache zurückgeben und verlangen, so gestellt zu werden, wie wenn erfüllt worden wäre = **Großer Schadensersatz** (vgl. Positives Interesse, §§ 249 ff, aber nicht Naturalrestitution sondern Geldersatz).

- Rücktritt und zusätzlicher Schadensersatz für alle durch die Rückabwicklung entstandenen, noch nicht geregelten Schäden (vgl. § 325 für gegenseitige Verträge), z. B. Kosten des Produktionsausfalls, Mehrkosten für einen Deckungskauf, Mangelfolgeschäden, Körperverletzungen (vgl. Negatives Interesse, §§ 249 ff, aber nicht Naturalrestitution sondern Geldersatz).

Überblick über die Arten des Schadensersatzes

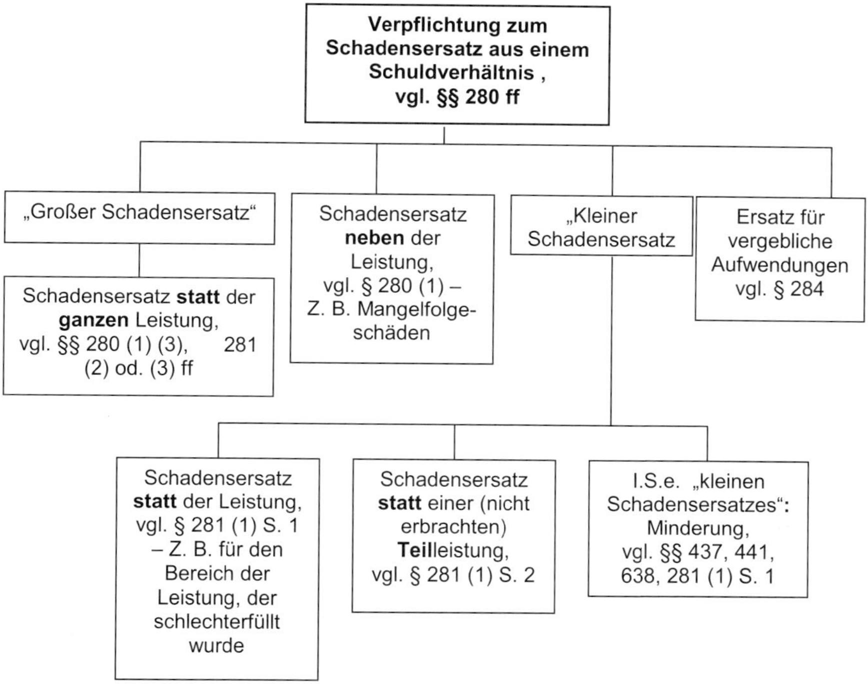

d. Ersatz vergeblicher Aufwendungen, § 437 Nr. 3, 2. Alternative (Gilt ebenfalls als *Schadensersatz*)

Dies kann gem. § 284 verlangt werden, wenn Aufwendungen „... im Vertrauen auf den Erhalt der Leistung gemacht ...“ wurden und mit denen der verfolgte Zweck auch hätte erreicht werden können.

C. Rechte des Käufers bei auftretenden Mängeln nach Gefahrenübergang
(Hier: Nachträglich *unbehebbare* Mängel)

Bei ***nachträglich*** *unbehebbarem Mangel:* Schadensersatz gem. § 437 Nr. 3 i.V.m. Schadensersatz statt der Leistung §§ 280 (1)(3), 283 – *oder:* Ersatz vergeblicher Aufwendungen § 437 Nr. 3 i.V.m. §§ 280 (1), 284.

Überblick: Haftung des Verkäufers nach den §§ 280, 281 und 437

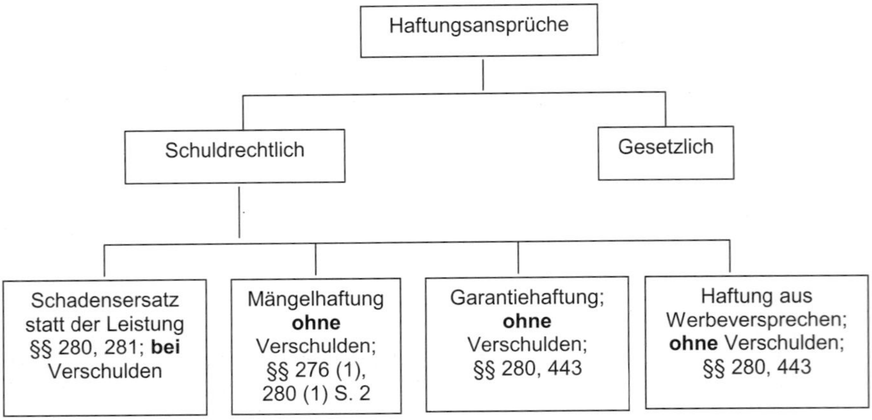

D. Ausschluss oder Beschränkung der Mängelhaftung gem. § 442 (1)

Gründe
Satz 1: Kenntnis des Mangels durch den Käufer bei Vertragsschluss;
Satz 2: Grob fahrlässige Unkenntnis durch den Käufer (Ausnahme: Arglist, Garantie).

Vertraglicher Haftungsausschluss, § 444
Unwirksamkeit einer Vereinbarung bzw. Ausschluss oder Beschränkung der Mängelhaftung bei einer Garantieübernahme für bestimmte Eigenschaften oder arglistigem Verschweigen eines Fehlers durch den Verkäufer; vgl. dazu Thema „Vertragsfreiheit".
Weitere besondere Einschränkungen vertraglicher Vereinbarungen vgl. Thema „Verbrauchsgüterkauf" (s. u.).

E. Sondervorschriften für den „Verbrauchsgüterkauf"
(Spezielle Umsetzung der EU- / EG-Richtlinien)

Die Vorschriften über den Kauf von Verbrauchsgütern gehen über die allgemeinen kaufrechtlichen Normen zugunsten des Verbrauchers hinaus.
Grundlage = § 474 (1); keine Anwendung der §§ 445 (öffentliche Versteigerung) und 447 (Versendungskauf: Das Risiko der Gefahr, § 446, soll derjenige tragen, der dafür auch geeignet ist und Vorsorge treffen kann, z. B. durch eine Versicherung, also der Verkäufer).

Tatbestandsmerkmale (§ 474 (1))

- Ein Verbraucher (§ 13) kauft
- von einem Unternehmer (§ 14)
- eine bewegliche (neue) Sache (§ 90).

Weitere TM:

- Kein Erwerb i.R.e. öffentlichen Versteigerung.
- Kein Grundstückskauf.
- Kein Erwerb von Rechten.
- Kein Vertrag zwischen Unternehmern.
- Kein Vertrag zwischen Verbrauchern (vgl. allg. Kaufrecht).
- Kein Verkauf von einem Verbraucher an einen Unternehmer (vgl. allg. Kaufrecht).

Verbot von Vereinbarungen

- Vereinbarungen, die zum Nachteil des Verbrauchers führen, z. B. Aufhebung/Ausschluss der Ansprüche auf Nacherfüllung, Rücktritt, Minderung, Schadensersatz, sind unwirksam, vgl. § 475 (1) S. 1 (vgl. unten AGBs).

Ausnahmen:

- Schadensersatz wird i.R.d. Verbrauchsgüterkaufrichtlinie **nicht geregelt**; vgl. § 475 (1) S.2, d. h. Ausschluss oder Beschränkung der Käuferrechte ist möglich, aber dazu sind auch die AGB-Regelungen zu beachten, §§ 307 – 309.

- Die Verjährung kann verkürzt werden (§ 475 (2): Für gebrauchte Güter auf 1 Jahr oder für Kauf von Baumaterialien durch einen Verbraucher auf 2 Jahre (ursprünglich 5 Jahre gem. § 438 (1) Nr. 2 – vgl. Kap. Verjährung).

- Im Kaufvertrag kann man eine bestimmte Beschaffenheit des Kaufgegenstandes festlegen: Aber eine Unterschreitung eines allgemein vorgegebenen Zustandes hat der Käufer zu akzeptieren (z. B. Angebot eines Autos zum Schrottwert). Wird in den AGBs jedoch davon unangemessen Gebrauch gemacht, vgl. § 307, dann ist der Vertrag unwirksam.

Beweislastumkehr

Gültig nur beim Verbrauchsgüterkauf.
Gem. § 476 besteht die Vermutung, dass ein Mangel bereits bei Gefahrenübergang vorlag, wenn dieser innerhalb von 6 Monaten seit Gefahrenübergang auftritt. Der Verkäufer muss beweisen, dass dieser Mangel bei Gefahrenübergang noch nicht vorlag, d. h. nach Ablauf von 6 Monaten liegt die Beweislast wieder beim Käufer.

Ausnahmen:
Die Art der Sache steht gegen diese Vermutung (z. B. gebrauchte Sachen) oder die Art des Mangels steht gegen diese Vermutung (z. B. Infektionskrankheiten bei Tieren).

Sonderbestimmungen für Garantien über den § 443 hinaus
§ 477: Einfache, verständliche Sprache (Abs. 1); vgl. auch § 305 c (2) (Zweifel bei der Auslegung von AGBs).

Inhalte der Garantie:

- Hinweis auf gesetzliche Käuferrechte.
- Hinweis, dass diese Garantie die gesetzlichen Rechte nicht einschränkt (§ 477 (1) Nr.1).
- Inhalt, Dauer, räumlicher Geltungsbereich der Garantie; Name und Anschrift des Garantiegebers (§ 477 (1) Nr. 2).

Auch bei einem Verstoß gegen die Bestimmungen des § 477 (1) und (2) bleibt die Garantieerklärung wirksam, (vgl. § 477 (3)), vgl. auch § 306 (1) AGB. U. U. haftet der Verkäufer aus der „Nebenpflichtverletzung aus vorvertraglichem Schuldverhältnis" gem. §§ 311 (2), 241 (2), 280.

Exkurs: Unternehmerregress

Innerhalb der Vertriebskette hat ein Unternehmer, der aufgrund einer mangelhaften verkauften Sache haften muss, ein **Rückgriffsrecht** gegenüber seinem Lieferanten. Vgl. dazu die §§ 478 und 479. Diese Bestimmungen gelten nicht nur im Verhältnis Verbraucher – Letztverkäufer, sondern auch innerhalb der gesamten Vertriebskette, damit der, der für den Mangel verantwortlich ist, für diesen auch haften muss.

Exkurs: Garantie

Grundlage ist der § 443 und als Sondervorschrift – vgl. oben – der § 477 für den Verbrauchsgüterkauf. In § 443 wird unterschieden zwischen der Beschaffenheitsgarantie und der Haltbarkeitsgarantie – vgl. oben.

Abgrenzung: Rechtsansprüche aus Sachmangel gegen Anfechtung

Die Anfechtung gem. § 119 scheidet bei Vorliegen eines Sachmangels aus, wogegen Ansprüche gem. § 123 (Anfechtung wg. arglistiger Täuschung und widerrechtlicher Drohung) erhalten bleiben, ebenso wie die Ansprüche aus unerlaubter Handlung – vgl. oben "Gesetzliche Ansprüche".

F. Der Rechtsmangel

Grundlage sind der § 433 und der § 435. Die Ansprüche aus Sachmangel sind i.d.R. anwendbar auf den Rechtsmangel.

G. Exkurs: Werkvertragsrecht

Sachmängelhaftung gem. §§ 633 (1), 634, 635, 638 i.V.m. §§ 283 oder 311 oder 284.

5.3.3 Ansprüche aus Leistungsstörungen (2) - Schuldnerverzug/Gläubigerverzug (nur LK) -

5.3.3.1 Schuldnerverzug

Begriff

> *Verzug* = Verspätete bzw. verzögerte Leistungserbringung, die der Leistungspflichtige, trotz Möglichkeit der Leistung, zu vertreten hat.

Da der jeweilige Schuldner aus einem gegenseitigen Vertragsverhältnis (z. B. § 433 Kaufvertrag) einerseits als Verkäufer die Leistung (§ 433 (1): Sache übergeben, Eigentum verschaffen), andererseits als Käufer die Zahlung (§ 433 (2): Den vereinbarten Kaufpreis zahlen) schulden kann, werden die Pflichtverletzungen **Lieferungs-/Liefererverzug** und **Zahlungsverzug** als **Schuldnerverzug** bezeichnet.

Abgrenzung von Verzug und Unmöglichkeit

Verzug	**Unmöglichkeit**
• Leistung kann noch vom Leistungspflichtigen erbracht werden. • Leistung ist nachholbar.	• Leistung kann vom Leistungspflichtigen **nicht** mehr erbracht werden. • Leistung ist **nicht** nachholbar. • Vorschriften über die Unmöglichkeit haben Vorrang über die Verzugsregeln.

Grundsätzliche Bestimmungen

Ansprüche gegen den Leistungspflichtigen können u. U. erst dann geltend gemacht werden, wenn der Leistungspflichtige in Verzug gesetzt worden ist. Schuldnerverzug z. B., liegt daher nur vor, wenn bestimmte Voraussetzungen des Verzugs erfüllt sind. Die wichtigsten Voraussetzungen sind u. a. wirksames Schuldverhältnis, Fälligkeit, Mahnung oder Mahnungsersatz und Verschulden. Ausnahmen von diesen Voraussetzungen vgl. Tabelle (Prüfschema).

Ist die Leistung für den Schuldner oder für jedermann unmöglich so ist der Anspruch des Gläubigers auf Leistung ausgeschlossen, § 275 (1). D. h. **die Vorschriften über die Unmöglichkeit haben Vorrang vor Rechtsansprüchen aus Verzug,** also: Prüfung der Unmöglichkeit einer Leistung vor Verzug.

Voraussetzungen des Schuldnerverzugs gem. §§ 280 (1), 286
(Beispiel Kaufvertrag als gegenseitiger Vertrag)

- Prüfschema -		
Voraussetzungen	**Normen**	**Bestimmungen**
Wirksames Schuldverhältnis, z. B. Kaufvertrag	§§ 145, 147, 433 (1) und (2), 311 (1) und (2)	Rechte und Pflichten von Verkäufer und Käufer. Schuldverhältnis wurde durch Vertrag begründet bzw. seine inhaltliche Änderung durch Vertrag vorgenommen. Daher Begründung der Leistungspflicht.
Pflichtverletzung (siehe Nichtleistung)	§ 280 (1)	Schuldner verletzt Pflicht aus Schuldverhältnis
Nichtleistung	§ 286 (1) i.V.m. §§ 241 (1) u. (2) und § 280 (2)	Leistung wurde vom Schuldner gemäß seiner Pflichten aus Kaufvertrag nicht erbracht; Gläubiger ist weiterhin an der Erbringung der Leistung (Erfüllung des KV) interessiert.
Fälligkeit der Leistung	§§ 286 (1), 271	Gläubiger kann Leistung verlangen, Schuldner muss Leistung erbringen; Fälligkeit ergibt sich aus der Parteivereinbarung oder den Umständen (vgl. § 271 (2)), ohne Vereinbarung oder im Zweifel sofortige Fälligkeit der Leistung. Fälligkeit tritt nicht ein bei dem Schuldner zustehender Einrede (z. B. Einrede des nicht erfüllten Vertrags, § 320).

Mahnung	§ 286 (1) S. 1	An den Schuldner gerichtete bestimmte und eindeutige Aufforderung durch den Gläubiger, die geschuldete Leistung zu erbringen; gemahnt werden muss zum Zeitpunkt der Fälligkeit oder nach Fälligkeit. Als Mahnung gelten auch: 2. Rechnung (nicht Kopie oder nochmalige Erstrechnung), Erinnerung, Kontoausgleich. Die erste Mahnung ist kostenlos.
	§ 286 (1) S. 2	Der Mahnung gleich stehen: Erhebung der Klage auf Leistung, Zustellung eines Mahnbescheids i.R.e. gerichtlichen Mahnverfahrens.
	§ 286 (2)	<u>Entbehrlichkeit der Mahnung</u>, d. h. ohne Mahnung tritt Verzug ein, wenn - die Leistungszeit nach dem Kalender bestimmt ist. Als kalendermäßig bestimmt gilt z. B. 1.5., im Laufe des Mai 2002, Ende Mai 2002 (weiter vgl. Kapitel Verjährung, Fristenregelung); - die Leistungszeit von einem Ereignis an nach dem Kalender berechenbar ist; - ernsthafte und endgültige Leistungsverweigerung des Schuldners erfolgt; - aus besonderen Gründen unter Abwägung der beiderseitigen Interessen der sofortige Eintritt des Verzugs gerechtfertigt ist.
	§ 286 (3) (Vermutetes Vertreten müssen gem. Vertragsinhalt)	**Geldforderung:** Spätestens 30 Tage nach Fälligkeit und Zugang einer Rechnung oder gleichwertigen Zahlungsaufstellung, wenn kein Zahlungsziel genannt wurde. Bei Verbraucherverträgen muss gesondert auf die 30-Tage-Frist und ihre Folgen hingewiesen werden.
(Vermutetes) Vertreten müssen (Verschulden)	§ 280 (1)	Pflichtverletzung des Schuldners.
	§ 276	Eigenes Verschulden des Schuldners: Vorsatz, Fahrlässigkeit.
	§ 286 (4)	Kein Verzug, wenn Leistung durch einen Umstand unterbleibt, den der Schuldner nicht zu vertreten hat.
	§ 276 (sinngemäß)	<u>Sonderfall:</u> Gattungsschulden (vgl. §§ 91, 243 (1)) sind immer zu vertreten.

Voraussetzungen des Schuldnerverzugs in **Kurzfassung**

- Wirksames Schuldverhältnis (§§ 241 (1), 241 (2), 311 (1), 311 (2), z. B. 433).
- Pflichtverletzung (§ 280 (1)) als Nichtleistung (§§ 286 (1), 241 (1), 241 (2)).
- Fälligkeit der Leistung (§§ 286 (1), 271).
- Mahnung (§ 286 (1), Ausnahme: § 286 (2); Geldschulden § 286 (3)).
- Vertreten müssen (§§ 276, 280 (1), 286 (4); Gattungsschulden § 276 sinngemäß).

Juristisches Ergebnis
Sind die o. a. Voraussetzungen erfüllt, dann ist der Schuldner in Verzug gem. § 286. Rechtsfolgen können eintreten. Ist der Schuldner nicht in Verzug, können keine Rechtsfolgen eintreten, d. h. der Verzug ist ein Rechtsinstitut.

Rechtsfolgen aus dem Schuldnerverzug

Die Rechtsfolgen sind gültig für den Liefererverzug und den Zahlungsverzug, wobei für den letzteren weitere Sonderbestimmungen gelten (vgl. Geldschuld).

1. Rechtsfolgen für den Schuldner

- Der Schuldner bleibt weiter zur Leistung verpflichtet.
- Verantwortlichkeit während des Verzugs:

§ 287 S. 1: Haftung des Schuldners für jede Fahrlässigkeit.

§ 287 S. 2: Haftung des Schuldners auch für zufällige Unmöglichkeit der Leistung (= Unmöglichkeit, die von keiner Partei zu vertreten ist, vgl. Kap. 5.3.4), es sei denn, der Schaden wäre auch bei rechtzeitiger Leistung eingetreten.

2. Rechtsfolgen für den Gläubiger

Der Gläubiger kann **wahlweise** beanspruchen:

- Ersatz für Verzögerungsschaden **neben** der Leistung (§ 280 (1) S. 1 (2)):
  Nach geltendem Recht sind Verzögerungsschäden Kosten, die dem Käufer wegen des Verzugs zusätzlich zum Kaufpreis entstehen, wie z. B. Kosten für Schriftverkehr, vergebliche Abholfahrt zum Verkäufer. Der Schadensersatz bestimmt sich im Grundsatz nach § 249: Es ist der Zustand herzustellen, der bestehen würde, wenn der zum Schadensersatz verpflichtende Umstand nicht eingetreten wäre, z. B. durch verspätete Lieferung einer Spezialmaschine, die von keinem anderen Hersteller bezogen werden kann, verschleppt sich die eigene Produktion. – Als Verzögerungsschaden gilt auch der entgangene Gewinn (§ 252) soweit der Schuldner noch ein Interesse an der Leistung hat.

- Schadensersatz **statt** der Leistung wegen nicht oder nicht wie geschuldet erbrachter Leistung (§§ 281, 280 (1) (3), 249 ff): Hat der Käufer dem in Verzug geratenen Verkäufer erfolglos eine angemessene Frist (Nachfrist) zur Leistung bestimmt (§ 281), kann der Käufer unter den Voraussetzungen der §§ 280 (1), 280 (3) (Pflichtverletzung aus Schuldverhältnis; erfolglose Fristsetzung) anstelle der Kaufsache Schadensersatz nach den Bestimmungen des § 249 ff verlangen nach weiterer Mahnung *(Nichterfüllungsschaden)*. Z. B. dringendst benötigte Rohstoffe müssen bei anderem Lieferer zu einem höheren Preis bezogen werden (*Deckungskauf)*. Sonderfall: Die Fristsetzung ist entbehrlich bei ernsthafter und endgültiger Leistungsverweigerung des Schuldners oder bei Vorliegen bes. Umstände, die "unter Abwägung der beiderseitigen Interessen die sofortige Geltendmachung des Schadensersatzanspruchs rechtfertigen" (§ 281 (2), vgl. auch § 323 (2) Nr. 2 (ehemaliges "Fixgeschäft") bei gegenseitigen Verträgen bzgl. der o. g. "bes. Umstände". Z. B. Lieferung von Blumengebinden nach der kirchlichen Trauung und den Hochzeitsfeierlichkeiten.

- Rücktritt wegen nicht oder nicht vertragsgemäß erbrachter Leistung **bei gegenseitigen Verträgen** (§ 323). Voraussetzungen des § 323 (1):
  - Gegenseitiger Vertrag,
  - Schuldner leistet nicht oder nicht vertragsgemäß,
  - nach Fristsetzung erfolgloses Verstreichen der Nachfrist zur Leistung.

  Rechtsfolgen: Rücktritt vom Vertrag (§ 323 (1) i.V.m. § 346 ff) mit Rückgewähr bzw. Rückerstattung der empfangenen Leistungen und Herausgabe der gezogenen Nutzungen.
  Der Rücktritt schließt den Anspruch auf Schadensersatz nicht aus (§ 325).
  Die Nachfristsetzung gem. § 323 (2) ist entbehrlich, wenn der Schuldner die Leistung ernsthaft und endgültig verweigert oder bes. Umstände den sofortigen Rücktritt rechtfertigen.
  Vgl. dazu „Fixgeschäft" § 323 (2) Nr. 2.

- Sondervorschriften bei Zahlungsverzug: Bei Geldschulden besteht darüber hinaus Anspruch auf Verzugszinsen (§§ 247, 288):

  - Bei **Verbrauchergeschäften** § 288 (1): Der Verzugszinssatz liegt um fünf Prozentpunkte über dem Basiszinssatz (= Zinssatz der jüngsten Hauptrefinanzierungsoperation der EZB vor dem ersten Kalendertag des betreffenden Halbjahres; vgl. § 247 (1)).

  - Bei **gewerblichen Geschäften** § 288 (2): Der Verzugszinssatz bei Rechtsgeschäften ohne Verbraucherbeteiligung liegt acht Prozentpunkte über dem Basiszinssatz (vgl. oben).

  - **Ausnahmen:**
    - Der Gläubiger kann aus einem anderen Rechtsgrund höhere Verzugszinsen verlangen § 288 (3).
    - Die Geltendmachung eines weiteren Schadens ist nicht ausgeschlossen, § 288 (4), z. B. Kosten einer notwendig gewordenen Kreditaufnahme durch den Zahlungsverzug eines Großkunden.

Rechtsfolgen (Schuldnerverzug)

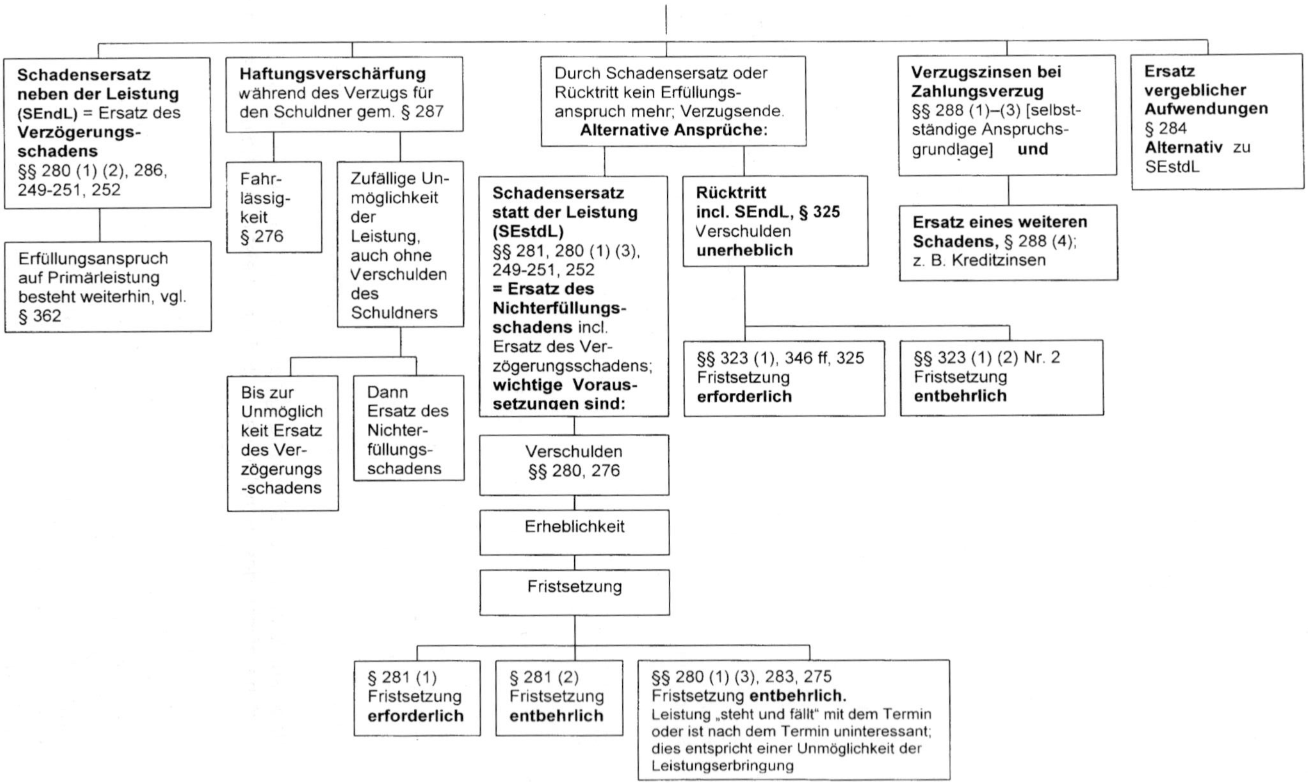

5.3.3.2 Gläubigerverzug bzw. Annahmeverzug (Bsp. Kaufvertrag)

Wesen / Begriff

Der z. B. aus einem Kaufvertrag verpflichtete Gläubiger nimmt die ihm (ordnungsgemäß) angebotene Leistung nicht an (§ 293).

Voraussetzungen des Gläubigerverzugs

- Bestehendes wirksames Schuldverhältnis (hier: Kaufvertrag §§ 433, 311).
- Die Leistung ist fällig, d. h. der Schuldner **darf** leisten (vgl. § 271).
- Der Schuldner **will** leisten und unterbreitet ein tatsächliches, ordnungsgemäßes Angebot (vgl. § 294 = Vornahme zur rechten Zeit (§ 271) und am rechten Ort (§ 269)). – Weitere wesentliche Zeitpunkte: Vgl. § 295 Zugang (wörtliches Angebot); § 296 Termin (entbehrliches Angebot).
- Der Schuldner ist leistungsfähig und leistungsbereit, d. h. er **kann** leisten, vgl. § 297 kein Unvermögen des Schuldners.
- Der Gläubiger nimmt die ihm ordnungsgemäß angebotene Leistung nicht an (§ 293).
- Der Gläubiger kommt seiner Verpflichtung i. R. e. "Zug-um-Zug-Leistung" nicht nach (§ 298 = Mitwirkungspflicht des Gläubigers); der Schuldner bietet seine Leistung ordnungsgemäß an.
  Ausnahme: Der Gläubiger kommt nicht in Verzug bei vorübergehender Annahmeverhinderung (Beispiele vgl. § 299).

Ergebnis: Sind die o. a. Voraussetzungen erfüllt, ist der Gläubiger in Verzug gem. § 293 (Annahmeverzug).

Beendigung des Gläubigerverzugs bei:

- Annahme der Leistung;
- Unmöglichwerden der Leistung;
- Erlöschen des Anspruchs;
- Zurücknahme des Angebots.

Die wichtigsten Rechtsfolgen des Gläubigerverzugs für den Schuldner

- Klage auf Abnahme und Bezahlung der Ware aus Kaufvertrag § 433 (2).
- Leistungspflicht des Schuldners. - Jedoch: Leistungsbefreiung bzw. Erfüllungswirkung bei beweglichen Sachen durch
  - Hinterlegung hinterlegungsfähiger Sachen (§ 372);
  - Versteigerung nicht hinterlegungsfähiger Sachen (z. B. verderbliche Ware, Tiere)
  - Selbsthilfeverkauf (§ 383 i. V. m. § 384, Androhung der Versteigerung - Ausnahme bei Notverkauf) und Hinterlegung des Erlöses; oder freihändiger Verkauf soweit ein Börsen- bzw. Marktpreis vorliegt (§ 385).
- Wegfall der Verzinsung von Geldschulden (§ 301).
- Haftungsmilderung: Die Haftung des Schuldners beschränkt sich während des Gläubigerverzugs nur auf Vorsatz und grobe Fahrlässigkeit aufgrund derer eine Leistung unmöglich etc. wird vgl. § 300 (1).

Die wichtigsten Rechtsfolgen für den Gläubiger

- Ersatz von Mehraufwendungen des Schuldners durch den Gläubiger (§ 304).
- Kosten der Versteigerung etc. trägt der Gläubiger (§ 386).
- Übergang der Gefahr auf den Gläubiger vom Zeitpunkt des Verzugs an (§ 300 (2)).

5.3.4 Ansprüche aus Leistungsstörungen (3) - Unmöglichkeit -

5.3.4.1 Grundlagen und Ausprägungsformen der Unmöglichkeit

Ausgangspunkt des durch die Schuldrechtsmodernisierung neu gestalteten Leistungsstörungsrechts ist die **Primärleistungspflicht** des Schuldners.
Sie stellt den **Vertragsabschlussgrund** dar, begründet vertragliche (rechtsgeschäftliche) Ansprüche.

Beispiel: § 433 (vertragstypische Pflichten beim Kaufvertrag): *Verkäufer:* Übergabe der Sache und Verschaffung des Eigentums durch den Verkäufer (§ 433 (1)), und zwar frei von Sach- und Rechtsmängeln, d. h. der Verkäufer schuldet ebenso wie der Werkunternehmer die Lieferung bzw. Herstellung einer mangelfreien Sache. Ein unbehebbarer **Sachmangel** wird daher als **qualitative Unmöglichkeit** bezeichnet i.S.v. § 437 Nr. 2 und 3 bzw. § 634 Nr.3 und 4 in der Ausprägungsform der u. a. Arten der Unmöglichkeit nach § 275 (1) und (2), also der faktischen, rechtlichen und physischen Unmöglichkeit.
Käufer: Bezahlung des vereinbarten Kaufpreises und Abnahme der Kaufsache (§ 433 (2)).

Bei Unmöglichkeit entfällt die Primärleistungspflicht des Schuldners, der Anspruch des Gläubigers geht unter (§ 275 (1)).
§ 275 übernimmt eine Schlüsselstellung im Recht der Unmöglichkeit und definiert drei Hauptfälle, denen die konkreten Rechtsfälle unterzuordnen sind:

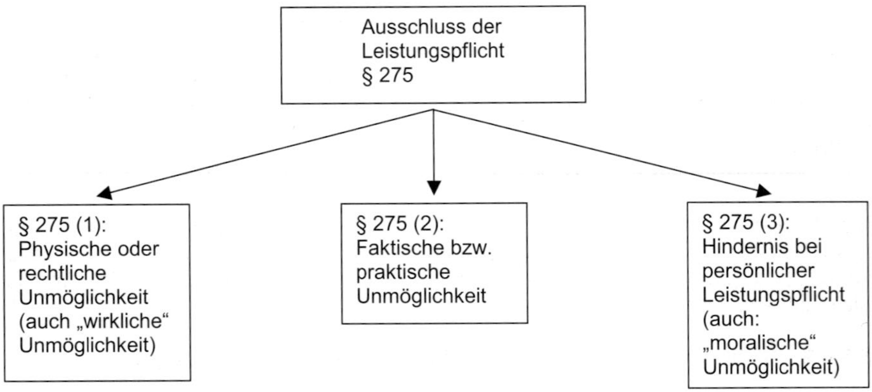

Beispiele

- **§ 275 (1):** Zur Gemäldesammlung des vermögenden V gehört ein echter Rembrandt, den V schenkweise unter Beachtung der Formvorschriften (§§ 516, 518 (1), (2)) seiner Nichte verspricht. Nach einem Blitzschlag brennt bei V u. a. die Gemäldesammlung ab, das Bild wird unwiederbringlich zerstört.

- **§ 275 (2):** Während einer Atlantikkreuzfahrt verkauft V wegen Geldmangels einen wertvollen Ring an einen zahlungskräftigen Kreuzfahrer auf dem Oberdeck. Durch ein Missgeschick des V versinkt der Ring bei der Übergabe in den Fluten. Hier besteht ein grobes Missverhältnis zwischen dem Aufwand des Schuldners und dem Leistungsinteresse des Gläubigers.

- **§ 275 (3):** Als besondere Attraktion für seine Geburtstagsfeier bestellt G den bekannten Jongleur J. Zum vereinbarten Auftrittstermin erkrankt das Kind des J schwer, eine andere Aufsichtsperson für den Nachwuchs kann nicht gefunden werden. J sagt seine Verpflichtung ab.

Wie die Beispiele zeigen, beschränken sich § 275 (2) und § 275 (3) auf Extremfälle, so dass diese Rechtsnormen sehr eng auszulegen und in ihrer Anwendung beschränkt sind.

Die Rechte des Gläubigers bestimmen sich gem. § 275 (4) in den o. a. Hauptfällen der Unmöglichkeit nach den §§ 280, 283 – 285, 311 a und 326.

Da für **Sekundäransprüche** (= nachrangige Ansprüche) aus Unmöglichkeit der Zeitpunkt des Unmöglichwerdens der Leistung zentrale Bedeutung hat, unterscheidet man die o. a. Hauptfälle des § 275 wie folgt:

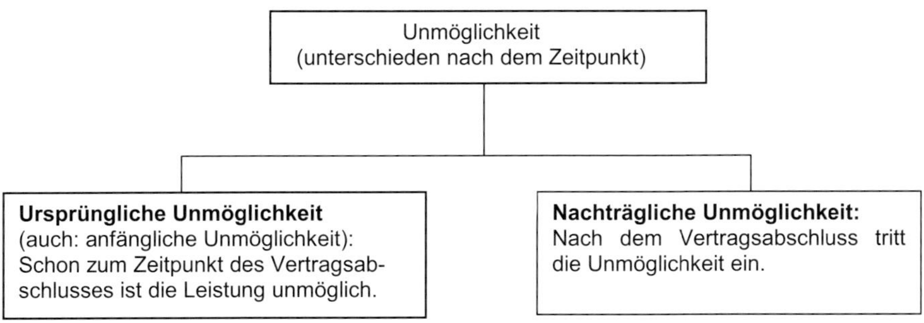

Objektive Unmöglichkeit (niemand kann die geschuldete Leistung erbringen, d. h. für jedermann ist die Leistung unmöglich) und **subjektive** Unmöglichkeit (der Schuldner kann die Leistung nicht erbringen) werden nach § 275 (1) in den Rechtsfolgen gleichbehandelt bzw. sind normiert.

5.3.4.2 Rechtsansprüche bei ursprünglicher (anfänglicher) Unmöglichkeit

Beispiel: A möchte zur Vorbereitung seines Sommerurlaubs Grundkenntnisse in der spanischen Sprache erwerben. B bietet ihm Übungsstunden an und verpflichtet sich dazu sogar schriftlich. Er hat diese Sprache jedoch nie selbst erlernt.

Lösungshinweis: B hat sich gegenüber A zu den Leistungen aus einem Dienstvertrag verpflichtet (§§ 145, 147, 611). Die Primärleistungspflicht bestimmt sich nach § 611 in der Erteilung von Sprachunterricht. Da diese Leistung für B (aus Gründen der fehlenden Sprachkenntnisse) nicht möglich ist, liegt **physische Unmöglichkeit** i.S.d. § 275 (1) vor. **Zudem** handelt es sich um **ursprüngliche (= anfängliche) Unmöglichkeit**, da B bereits zum Zeitpunkt des Vertragsabschlusses die geschuldete Leistung nicht erbringen kann.

Rechtsverhältnisse nach § 311 a (1)
Der Vertrag ist wirksam.

Rechtsfolgen

- Leistungspflicht und Gegenleistungspflicht erlöschen gem. §§ 275 (4) und 326 (1).
- Der Gläubiger kann vom Schuldner Schadensersatz statt der Leistung (§§ 249, 251, i.V.m. § 252 S. 2 positives Interesse) oder Aufwendungsersatz (§ 284, negatives Interesse, Vertrauensschaden) verlangen.
- Nach § 326 (1) – (4) unter Verweis auf § 285: Herausgabe eines evtl. erlangten Ersatzes.

5.3.4.3 Rechtsansprüche bei nachträglicher Unmöglichkeit

Beispiele:
V verkauft an K am 31.05. seinen Gebrauchtwagen. Bei Abschluss des Kaufvertrags wird vereinbart, dass K das Fahrzeug am 02.06. abholt (Übereignung) und bezahlt. Folgendes könnte mit dem Gebrauchtwagen passieren:

(1) V fährt am 01.06. mit dem Fahrzeug zum Einkaufen. Wegen überhöhter Geschwindigkeit kommt er von der Fahrbahn ab und prallt gegen einen Wasserdurchlass. Am PKW entsteht Totalschaden.

(2) K bittet V am 31.05. nach erfolgreichem Abschluss des Kaufvertrags darum, mit dem Wagen noch eine Probefahrt durchführen zu dürfen. K missachtet während der Probefahrt die Vorfahrt und fährt den PKW zu "Bruch".

(3) Am Wohnort des V bricht einen Tag vor Übergabe des Fahrzeugs ein Damm. Der PKW kann nicht mehr gerettet werden und versinkt in den Fluten (Totalschaden).

(4) K und V begießen am 31.05. ausgiebig ihren guten Handel, bis beide fahruntüchtig sind. Danach wird mit dem Fahrzeug noch eine abschließende Probefahrt unternommen, bei der K fährt und V ihm in seiner Euphorie in einer kurvenreichen Landstraße ins Lenkrad greift. Die Fahrt endet mit Totalschaden an einer Böschung.

Gemeinsamkeiten der Fälle

- Die Unmöglichkeit der Leistung tritt nach Vertragsabschluss ein, d. h. **nachträgliche Unmöglichkeit** liegt vor.

- Der gebrauchte PKW stellt eine **Stückschuld** dar, kann also nicht durch ein anderes ähnliches Fahrzeug ersetzt werden.

- In allen vier Fällen hätte der Schuldner erst mit der **Übereignung** des Gebrauchtwagens der Zielbestimmung des Kaufvertrags (Primärleistungspflicht) entsprochen.

Falldifferenzierung

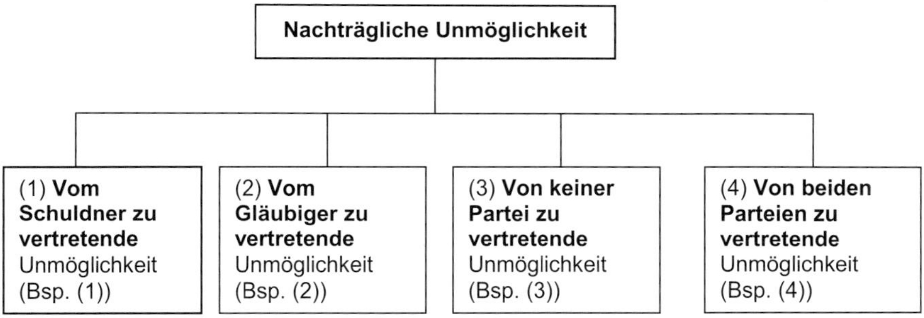

Der Gesetzgeber gestaltet die **Rechtsfolgen** je nach **Ursache (= Schuldfrage)** für das Ausbleiben der Primärleistungspflicht bei der nachträglichen Unmöglichkeit wie folgt:

1. Vom Schuldner zu vertretende nachträgliche Unmöglichkeit

   - Der Schuldner muss die Unmöglichkeit vertreten (§ 276).
   - Der Schuldner wird nach § 275 von seiner Leistung frei.
   - **Rechtsfolgen:** Nach §§ 280 (1), 280 (3), 283 kann der Gläubiger verlangen: Schadensersatz statt der Leistung (§§ 249, 251, evtl. 252) oder Aufwendungsersatz (§ 284). – Zur Durchführung des Schadensersatzes vgl. oben §§ 281 (1), 281 (5). – *Oder:* Rücktritt §§ 326 (5), 323, 275 (1)-(3), 346.

2. Vom Gläubiger zu vertretende nachträgliche Unmöglichkeit

   - Gläubiger muss die Unmöglichkeit vertreten, allein oder weit überwiegend (§ 276).
   - Der Schuldner wird von seiner Leistung frei (§ 275).
   - **Rechtsfolge:** Nach § 326 (2) S. 1 bleibt der Gläubiger zur Gegenleistung verpflichtet.
   - **Weitere Vorschriften:** Erlangt der Schuldner für den geschuldeten Gegenstand einen Ersatz oder Ersatzanspruch (Surrogat), kann der Gläubiger Herausgabe des als Ersatz Erlangten oder Abtretung des Ersatzanspruchs verlangen (§ 285). Hat der Gläubiger die Unmöglichkeit nicht zu vertreten, es ist ihm aber eine schuldhafte Pflichtverletzung aus dem Schuldverhältnis vorzuwerfen, z. B. § 433 (2) Abnahme der Kaufsache, so ergibt sich für den Schuldner ein Schadensersatzanspruch aus § 280 (1). – *Oder:* Rücktritt §§ 326 (5), 323, 275 (1)-(3), 346.

3. Von keiner Partei zu vertretende Unmöglichkeit

- Keine Partei hat die Unmöglichkeit zu vertreten (§ 276, §§ 280 (1) (3), 283).
- Leistungspflicht des Schuldners geht unter (§ 275).
- **Rechtsfolgen:** Gläubiger hat ggf. Anspruch auf Herausgabe des Ersatzes (§§ 285, 326 (3)), aber keinen Anspruch auf Schadensersatz und die Gegenleistungspflicht erlischt (§ 326 (1) S.1) – *Oder:* Rücktritt §§ 326 (5), 323, 275 (1)-(3), 346.
- **Ausnahmen von der Rechtsfolge:** Wenn die Gegenleistungsgefahr auf den Gläubiger bereits übergegangen ist entweder gem. § 446 S. 1 (Übergabe der Sache) oder gem. § 447 (1) (Übergabe der Sache an eine Transportperson – Ausnahme: Nicht gültig für den Verbrauchsgüterkauf § 474) oder gem. § 644 f. (Werkvertrag) oder gem. § 326 (2) (Gläubigerverzug), dann erlischt die Gegenleistungspflicht nicht.

4. Von beiden Seiten/Parteien zu vertretende Unmöglichkeit
(Nach herrschender juristischer Meinung)

- Schuldner muss die Unmöglichkeit teilweise vertreten (§ 276). – Rechtsfolgen gem. §§ 280 (1), 280 (3), 283; Schadensersatz gem. § 254 (Mitverschulden).
- Gläubiger muss die Unmöglichkeit mit vertreten (§ 276). – Rechtsfolge gem.§ 326 (2) S. 1; der Gläubiger bleibt in voller Höhe zur Gegenleistung verpflichtet.
- *Oder:* Rücktritt §§ 326 (5), 323, 275 (1)-(3), 346.

5.3.4.4 Hinweise zur Bearbeitung von Rechtsfällen aus der Unmöglichkeit

- Prüfen Sie, ob ein vertragliches Schuldverhältnis existiert!
- Stellen Sie die Primärleistungspflicht fest!
- Ordnen Sie die Ursache für das Ausbleiben der Primärleistung der richtigen Fallkategorie des § 275 zu – vgl. Hauptfälle der Unmöglichkeit!
- Prüfen Sie, ob anfängliche oder nachträgliche Unmöglichkeit vorliegt!
- Bei nachträglicher Unmöglichkeit (s. oben) ist zusätzlich die Ursache bzw. die Schuld am Ausbleiben der Primärleistung festzustellen, da sich danach unterschiedliche Rechtsfolgen ergeben.

5.3.5 Ansprüche aus Leistungsstörungen (4) - Nebenpflichtverletzung aus Schuldverhältnissen (SVen) - (Ehemals: pVV)

Beispiele

(1) Möbelhändler V liefert an die Kundin K eine Truhe. Beim Aufstellen in der Wohnung der K stößt V aus Unachtsamkeit eine wertvolle Bodenvase um, die dabei zerbricht.

(2) Der Maschinenhändler M liefert an den Kunden K eine Maschine und vergisst den Hinweis, dass die Maschine bei Temperaturen unter 0^0 C besonders geölt werden muss, damit sie funktionsfähig bleibt. K kennt die eingeschränkte Funktionsfähigkeit nicht. Beim ersten Frost erleidet die Maschine einen Schaden.

(3) Bauer K kauft beim Viehhändler V eine Zuchtsau. Das Tier leidet, für K und V nicht erkennbar, an einer Infektion. Diese Infektionskrankheit ist zum Zeitpunkt des Kaufs

in diesem Gebiet verbreitet. Das Schwein steckt die anderen Tiere des K an. V hätte die Zuchtsau vor Verkauf tierärztlich untersuchen lassen müssen; dadurch wäre die Ansteckung vermeidbar gewesen.

Aus diesen Fällen ergibt sich eine Differenzierung der Nebenpflichtverletzung aus SVen:

Hauptanwendungsbereich

- Verletzung **vertraglicher Sorgfalts- und Obhutspflichten** (Bsp. (1))
- Verletzung **vertraglicher Aufklärungs- bzw. Auskunftspflichten** (Bsp. (2))
- Ersatz von **Mangelfolgeschäden** (Bsp. (3)) = "Weiterfresserschaden“ bzw. „Begleitschäden“

Definition der Nebenpflichtverletzung aus SVen
Pflichtverletzung des Schuldners (§ 280 (1)), die nicht Leistungspflicht ist, jedoch Verletzung vertraglicher Nebenpflichten darstellt, wobei gegen die Verpflichtung zur Rücksichtnahme auf Rechte, Rechtsgüter und Interessen des Vertragspartners (§ 241 (2)) in einem Schuldverhältnis (§ 311 (2)) verstoßen wird.

Voraussetzungen der Nebenpflichtverletzung aus Sven

- Wirksames Schuldverhältnis (§§ 241 (2) i.V.m. 311 (2)), wie z. B. Kaufvertrag (§ 433).
- Verletzung einer Pflicht durch den Schuldner (§ 280 (1)), die nicht Leistungspflicht ist (§§ 241 (2) i.V.m. 311 (2)), vgl. Hauptanwendungsbereiche.
- Schuldner hat die Pflichtverletzung zu vertreten (§§ 280 (1), 276 bis 278); u. U. deliktische Pflichtverletzung.
- Widerrechtlichkeit der Pflichtverletzung, d. h. es bestehen keine Rechtfertigungsgründe (z. B. Notwehr § 227).
- Schaden, der kausal auf der Pflichtverletzung beruht (§ 280 (1)).

Rechtsfolgen der Nebenpflichtverletzung aus SVen

Der Geschädigte hat **wahlweise** folgende Rechte:

- Schadensersatz **neben** der Leistung wegen Pflichtverletzung aus Schuldverhältnis (§ 280 (1)). Umfang des Schadensersatzes gem. § 249 ff.
- Schadensersatz **statt** der Leistung (§§ 282, 280 (1) (3)) wegen Pflichtverletzung nach § 241 (2), wenn die Leistung nicht mehr dem Geschädigten zuzumuten ist. Umfang des Schadensersatzes gem. §§ 249 ff.

- Rücktritt vom (hier: gegenseitigen) Vertrag (§ 324) mit Rückgewähr der empfangenen Leistungen und Herausgabe der daraus gezogenen Nutzungen (§§ 346 ff) bei erfolgloser Fristsetzung, wenn dem Gläubiger ein Festhalten am Vertrag nicht mehr zuzumuten ist und eine Pflichtverletzung nach § 241 (2) vorliegt.

- Rücktritt schließt Schadensersatz nicht aus, § 325.

- Ersatz vergeblicher Aufwendungen, § 284.

5.3.6 Ansprüche aus Leistungsstörungen (5) - Nebenpflichtverletzung aus vorvertraglichem Schuldverhältnis (SV) - (Ehemals: c.i.c.)

Definition
Unter „Nebenpflichtverletzung aus vorvertraglichem SV" versteht man die Verletzung von Schutzpflichten aus vorvertraglichem Schuldverhältnis ohne primäre Leistungspflichten (§§ 311 (2), 311 (3), 241 (2)).

Beispiel
Buchhalter B möchte sich in der Lebensmittelhandlung des V mit Wiener Würstchen im Glas für die verdiente Mittagspause versorgen. Während er im Lebensmittelgeschäft nach seiner Lieblingssorte sucht, wird er von einer Konservendose am Kopf getroffen, die dem Ladeninhaber V zufällig aus der Hand rutscht, als dieser, auf einer Leiter stehend, ein oberes Regalfach umräumt. B erleidet bei dem Unfall eine Platzwunde sowie eine Gehirnerschütterung.

Problem
Wie kann Buchhalter B Schadensersatz und möglicherweise Schmerzensgeld erhalten, wenn zwischen ihm und V zum Zeitpunkt des Unfalls keine vertragliche Bindung bestand?

Lösung
Hergeleitet vom Grundsatz „Treu und Glauben" (§ 242) wirkt zwischen den möglichen Vertragspartnern ein vorvertragliches Vertrauensverhältnis, das gegenseitige Schutzpflichten begründet, bei deren schuldhafter Verletzung eine Schadensersatzpflicht besteht. Der schuldige Teil ist zum Schadensersatz verpflichtet, unabhängig vom tatsächlichen Zustandekommen eines Vertrags.

Voraussetzungen der Nebenpflichtverletzung aus vorvertraglichem SV

1. Noch kein Vertrag (= vorvertragliches Schuldverhältnis (§ 311 (2)), aber
   - Aufnahme ernsthafter Vertragsverhandlungen,
   - Betreten der Geschäftsräume mit der Zielsetzung, einen Vertrag abzuschließen,
   - und Vorliegen keiner Leistungsstörungen, die sich auf Unmöglichkeit, Verzug oder Nebenpflichtverletzung aus SVen gründen.

2. Verstoß gegen Schutzpflichten aus vorvertraglichem Schuldverhältnis (§§ 241 (2), 311 (2), 311 (3)), insbes. Rücksichtnahme auf Rechte, Rechtsgüter und Interessen des potenziellen anderen Vertragspartners.

3. Verschulden (§§ 276 – 278).

4. Rechtswidrigkeit.

Rechtsfolge

Gem. § 280 (1) Ersatz des aus der vorvertraglichen Pflichtverletzung entstandenen Schadens. Umfang des Schadensersatzes gem. §§ 249 ff. Haftung auch für vermutetes Verschulden.

5.3.7 Verjährung, Fristenregelung

Definition
Verjährung = Ablauf einer gesetzlich festgelegten Frist, innerhalb derer ein Anspruch durchgesetzt werden kann (§ 194).

Rechtsfolge der Verjährung
Mit der Verjährung hat der Schuldner ein Leistungsverweigerungsrecht (§ 214 (1) = "**Einrede der Verjährung"**); der konkrete Anspruch bleibt bestehen, kann jedoch nicht mehr durchgesetzt werden.
Bereits Geleistetes kann nach Eintritt der Verjährung nicht mehr zurück gefordert werden (§ 214 (2)).

Ausnahme: Pfandrecht an einer Sache oder Hypothek (§ 216 (1) und (2)), d. h. die Verjährung hindert die Befriedigung aus dem Pfand nicht. Gleiches gilt für Rücktritt bei Eigentumsvorbehalt.

Dauer der Verjährung
Fristbeginn der Verjährung: § 199 (1).
Die regelmäßige Verjährungsfrist beträgt 3 Jahre gem. § 195 für alle Forderungen von Privatleuten, Geschäftsleuten, Darlehen (dazu vgl. "Anspruch auf Erfüllung" sowie "Ausnahmen vom Schadensersatz").

Sonderfälle und Ausnahmen

Verlängerte Verjährungsfrist:

- 10 Jahre für Rechte aus der Übertragung an einem Grundstück, § 196.

- 30 Jahre für (§ 197 (1)):

  - dingliche Rechte (z. B. Herausgabeanspruch aus Eigentum);
  - familien- und erbrechtliche Ansprüche;
  - rechtskräftig festgestellte Ansprüche;
  - Ansprüche aus vollstreckbaren Titeln;
  - Ansprüche, die im Insolvenzverfahren festgestellt und vollstreckbar geworden sind;
  - Schadensersatzanspruch aus unerlaubter Handlung (§ 199 (2)).
  - Ausnahmen: Gem. § 197 (2), z. B. wiederkehrende Unterhaltsleistungen (vgl. § 197 (1) Nr. 3): 3-jährige Verjährungsfrist.

Verkürzte Verjährungsfrist

- § 475 (1) und (2): **Keine Verkürzung** der Verjährungsfrist möglich unterhalb der gesetzlich vorgesehenen Fristen für neue Sachen (2 Jahre) und für gebrauchte Sachen (1 Jahr) – vgl. Verbrauchsgüterkaufrichtlinie.

- **Mängelrüge beim Kaufvertrag** (§ 438 (1) Nr. 3: 2-jährige Verjährungsfrist; Beginn mit der Ablieferung der beweglichen Sache (bei Grundstücken mit der Übergabe § 438 (2); die Frist gilt für **Nacherfüllung und Schadensersatz** (§ 437 Nr. 1. und 3.). – Bei arglistigem Verschweigen eines Mangels verlängert sich die Verjährungsfrist auf 3 Jahre (§§ 195, 438 (3)) – vgl. deliktischer Anspruch.
  Für **Rücktritt und Minderung** gilt: Keine Verjährung, außer der Anspruch auf Leistung oder Nacherfüllung ist verjährt (§§ 438 (4) und (5), 218, 194), dann wäre auch der Anspruch auf Rücktritt bzw. Minderung verjährt, also nicht mehr durchsetzbar.

Sonderfälle beim Kaufvertrag:

- Verbrauchsgüterkauf für gebrauchte Sachen: Verjährungsfrist 1 Jahr (§ 475 (2));
- im Grundbuch eingetragene Rechte: Verjährungsfrist 30 Jahre (§ 438 (1) Nr.1);
- bei einem Bauwerk: Verjährungsfrist 5 Jahre (§ 438 (1) Nr. (2)).

Sonderfall Werkvertrag: Vgl. § 634 a (1) Nr.1 und (2).

Hemmung und Neubeginn der Verjährung vgl. §§ 203 – 213.

Fristenregelung

§ 189: ½ Jahr = 6 Monate; ¼ Jahr = 3 Monate; ½ Monat = 15 Tage.

§ 191: 1 Monat = 30 Tage, 1 Jahr = 365 Tage (bei nicht zusammenhängenden Zeiträumen).

§ 192: Anfang des Monats = 1. Tag des Monats; Mitte des Monats = 15.; Ende des Monats = letzter Tag des Monats.

§ 193: Werktage = Montag – Freitag; Ausnahme sind eingeschlossene Feiertage (= Werktag). Die Leistung erfolgt am Werktag, der auf einen Samstag/Sonntag bzw. Feiertag folgt.

5.3.8 Übersichten zu Ansprüchen aus Leistungsstörungen

Übersicht 1

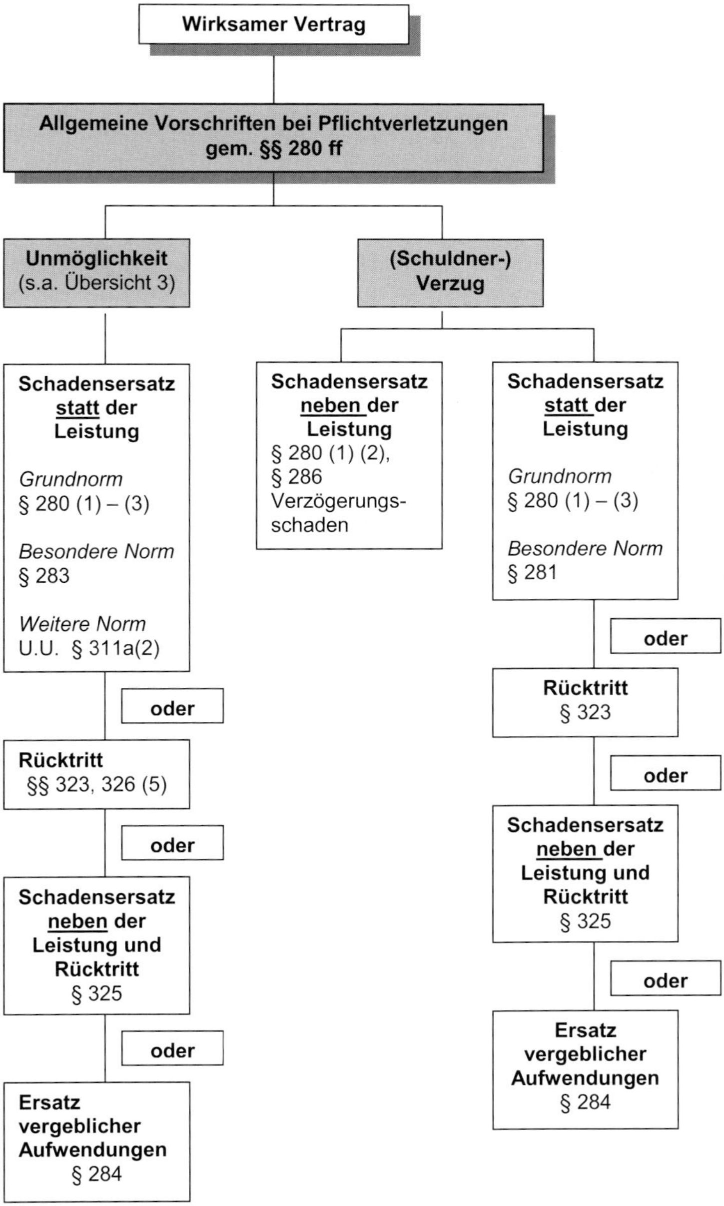

Übersicht 2

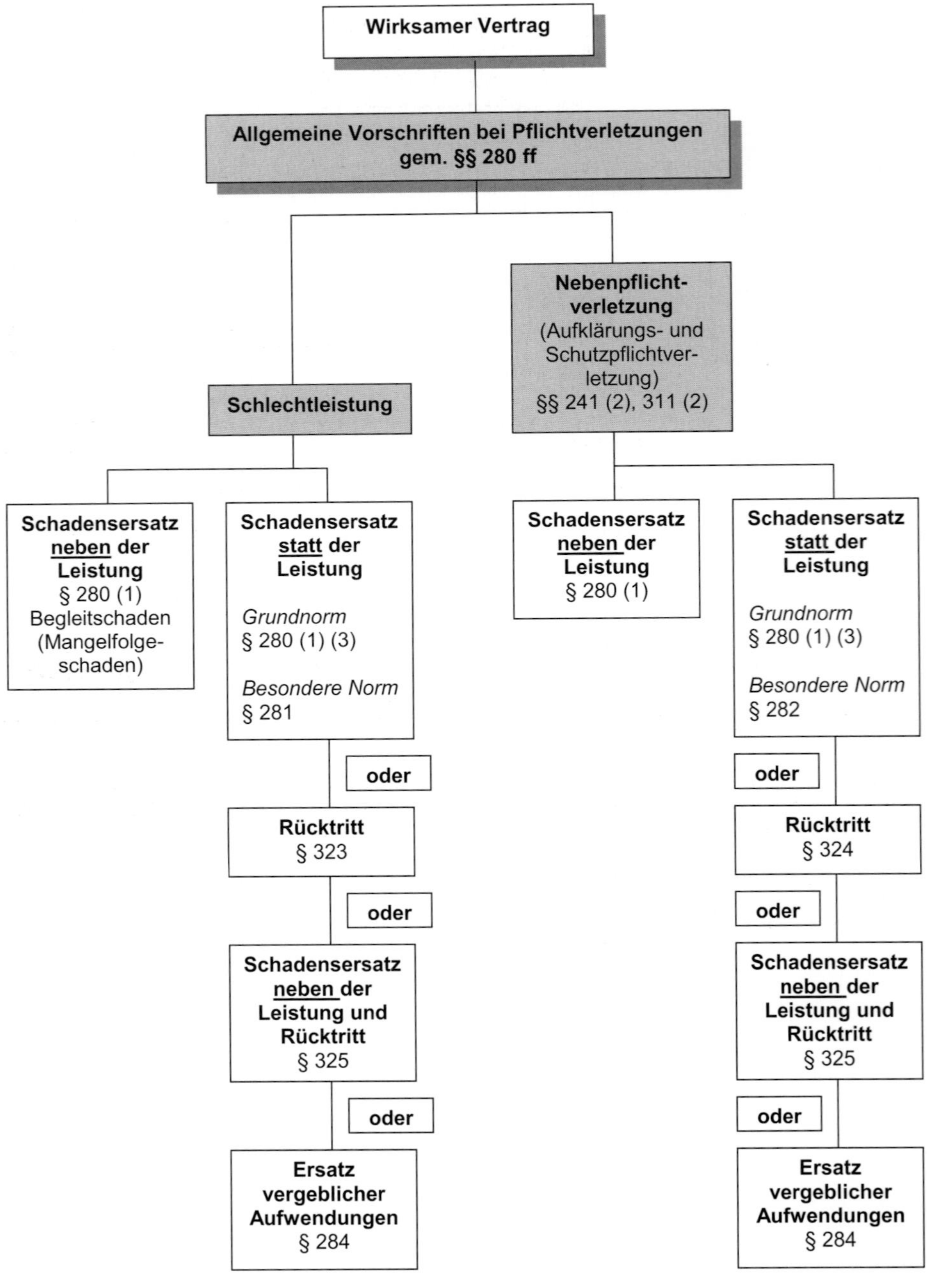
Wirksamer Vertrag
Allgemeine Vorschriften bei Pflichtverletzungen gem. §§ 280 ff
Schlechtleistung
Nebenpflichtverletzung (Aufklärungs- und Schutzpflichtverletzung) §§ 241 (2), 311 (2)
Schadensersatz neben der Leistung § 280 (1) Begleitschaden (Mangelfolgeschaden)
Schadensersatz statt der Leistung
Grundnorm § 280 (1) (3)
Besondere Norm § 281
oder
Rücktritt § 323
oder
Schadensersatz neben der Leistung und Rücktritt § 325
oder
Ersatz vergeblicher Aufwendungen § 284
Schadensersatz neben der Leistung § 280 (1)
Schadensersatz statt der Leistung
Grundnorm § 280 (1) (3)
Besondere Norm § 282
oder
Rücktritt § 324
oder
Schadensersatz neben der Leistung und Rücktritt § 325
oder
Ersatz vergeblicher Aufwendungen § 284

Übersicht 3

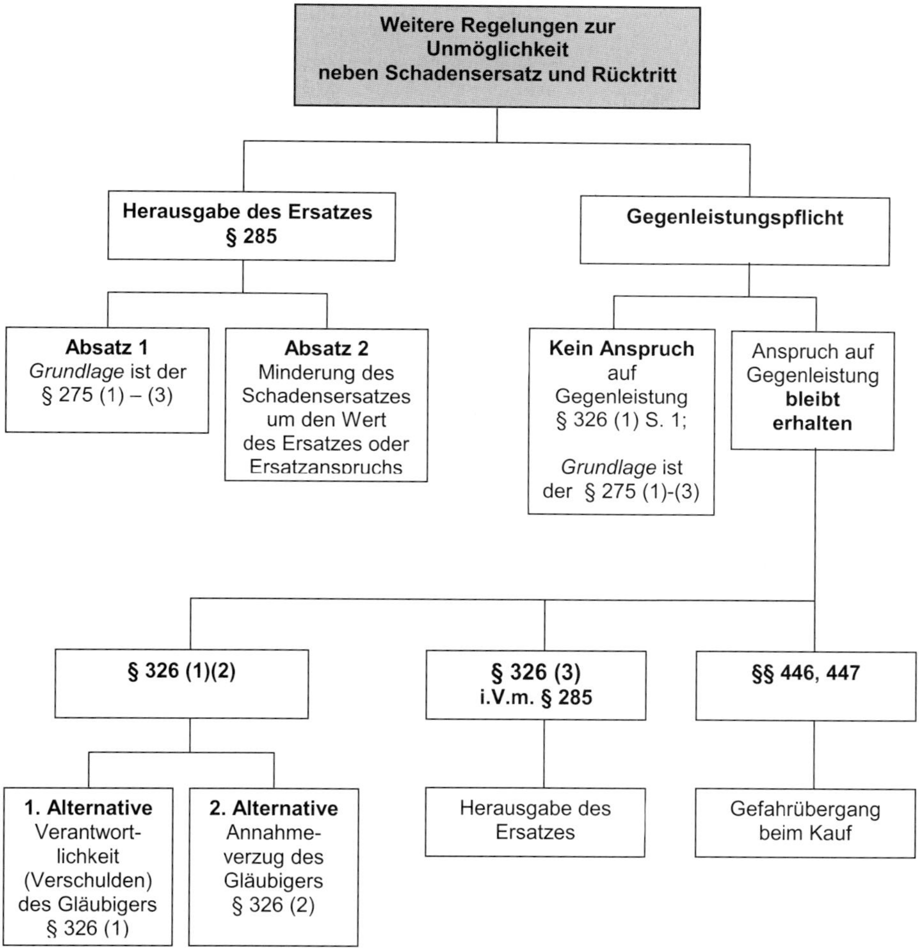
Weitere Regelungen zur Unmöglichkeit neben Schadensersatz und Rücktritt
Herausgabe des Ersatzes § 285
Gegenleistungspflicht
Absatz 1 Grundlage ist der § 275 (1) – (3)
Absatz 2 Minderung des Schadensersatzes um den Wert des Ersatzes oder Ersatzanspruchs
Kein Anspruch auf Gegenleistung § 326 (1) S. 1; Grundlage ist der § 275 (1)-(3)
Anspruch auf Gegenleistung bleibt erhalten
§ 326 (1)(2)
§ 326 (3) i.V.m. § 285
§§ 446, 447
1. Alternative Verantwortlichkeit (Verschulden) des Gläubigers § 326 (1)
2. Alternative Annahmeverzug des Gläubigers § 326 (2)
Herausgabe des Ersatzes
Gefahrübergang beim Kauf

Übersicht 4: Besondere Regelungen beim Kauf

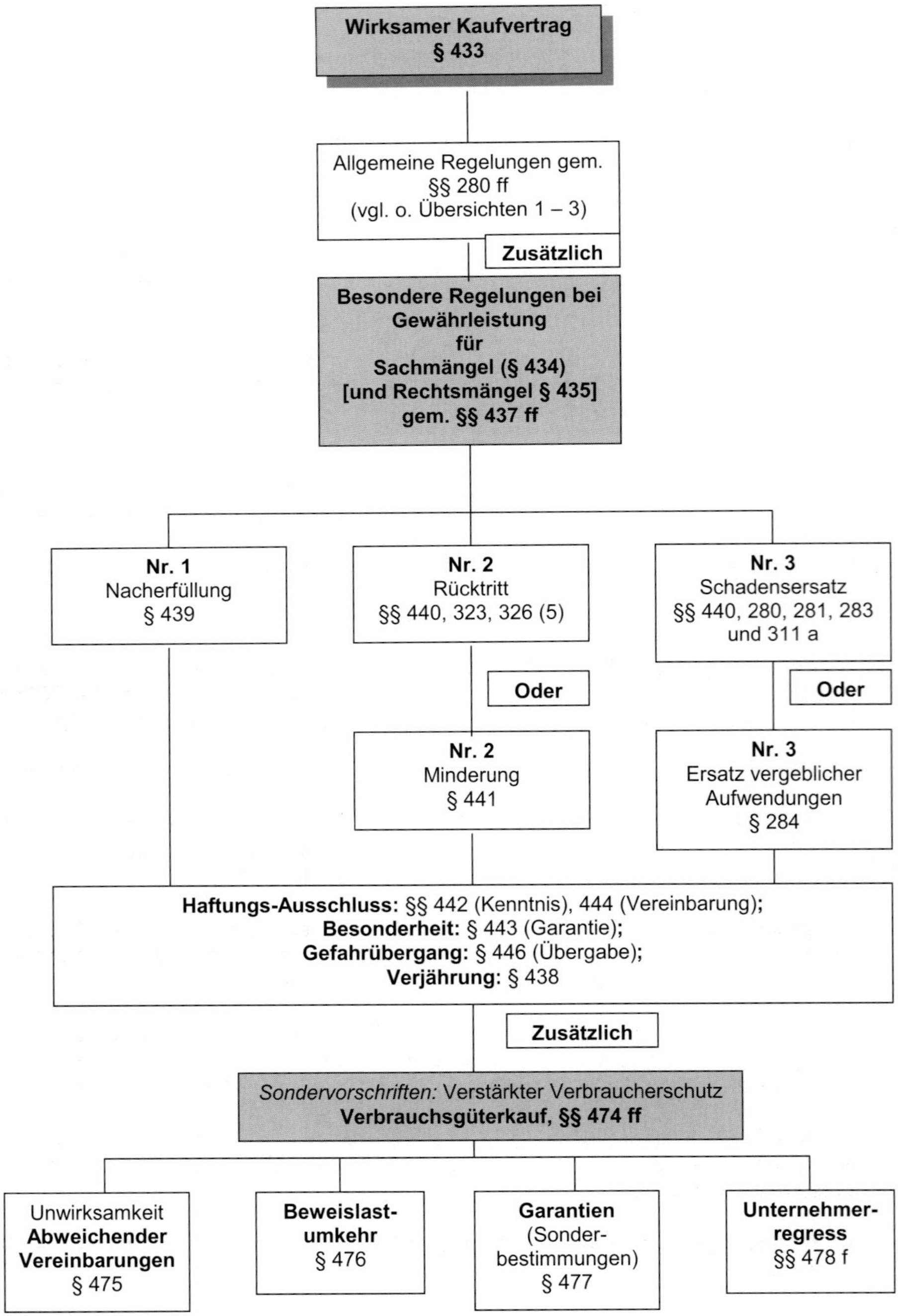

5.4 Die wichtigsten Anspruchsgrundlagen des BGB im Einzelnen [II] - Gesetzliche Ansprüche -

5.4.1 Dingliche Ansprüche

5.4.1.1 Anspruch aus Eigentum

Begriff

- *Verfassungsrechtlicher Begriff gem. Art. 14 (1) GG:* Gewährleistung des Eigentumsrechts als Rechtsinstitut (Privateigentumsgarantie) und Gewährleistung in seiner gestaltlichen Konkretisierung (Sacheigentumsrecht).

- *Bürgerlich-rechtlicher Begriff i.S.d. § 903 BGB:* Absolute dingliche Rechtsmacht (Herrschaft) über eine Sache (vgl. § 90 BGB). *Nähere Informationen vgl. Kap. 4.*

Beispiel

Der volljährige Computerfreak D entwendet in der Elektronikabteilung eines Kaufhauses mehrere CD's als er sich unbeobachtet glaubt. Der Kaufhausdetektiv beobachtet sein Tun und stellt ihn, als D, ohne zu bezahlen, das Kaufhaus verlassen will.
Welche zivilrechtlichen Ansprüche hat das Kaufhaus gegen D?

Lösung

***Anspruchsgrundlage § 985*:** Das Kaufhaus ist Eigentümer und ehemals unmittelbarer Besitzer an den CD's (§ 854); nach erfolgtem Diebstahl mittelbarer Besitzer (§ 868). D ist nun unmittelbarer Besitzer, aber nicht zum Besitz berechtigt (fehlerhafter Besitz).

⇒ ***Rechtsfolge gem. § 985*:** Der Eigentümer (das Kaufhaus) kann von dem Besitzer (D) die Herausgabe der Sache (CD's) verlangen.
D kann die Herausgabe der CD's i.S.d. § 986 nicht verweigern, da er dem Eigentümer gegenüber (dem Kaufhaus) nicht zum Besitz berechtigt ist und auch nicht das Recht zum Besitz vom Kaufhaus abgeleitet hat.

***Anspruchsgrundlage § 823 (1)*:** D hat aus unerlaubter Handlung gem. § 823 (1) das Eigentum des Kaufhauses vorsätzlich, widerrechtlich verletzt. Der dem Kaufhaus entstandene Schaden ist kausal mit dem Diebstahl verknüpft.

⇒ ***Rechtsfolge gem. § 823 (1)* i.V.m. §§ 276, 249 ff:** Das Kaufhaus hat D gegenüber Anspruch auf Schadensersatz aus unerlaubter Handlung im Rahmen der Naturalrestitution bzw. auf Entschädigung in Geld bei Beschädigung der CD's.

***Anspruchsgrundlage § 823 (2)*:** D hat im Rahmen des Diebstahls gegen ein Schutzgesetz verstoßen (§ 242 StGB); D hat den Diebstahl zu vertreten, d. h. ihn trifft Verschulden (vgl. oben § 823 (1)).

⇒ ***Rechtsfolge gem. § 823 (2)* i.V.m. §§ 823 (1), 276, 249 ff BGB, 242 StGB und StPO.**

***Anspruchsgrundlage § 992*:** D haftet dem Kaufhaus gegenüber als deliktischer Besitzer, der sich durch eine verbotene Eigenmacht (hier auch Straftat) den Besitz an den CD's verschafft hat.

⇒ ***Rechtsfolge aus deliktischem Besitz § 992*:** D haftet nach den Bestimmungen über die unerlaubte Handlung (vgl. oben).

***Anspruchsgrundlage § 812 (1)*:** D hat sich in sonstiger Weise (Eingriffskondiktion, hier: Diebstahl) auf Kosten des Kaufhauses bereichert (Kaufhaus ist entreichert), indem er ohne rechtlichen Grund etwas (die CD's) erlangt hat.

⇒ ***Rechtsfolge aus ungerechtfertigter Bereicherung*:** D ist dem Kaufhaus gegenüber zur Herausgabe der CD's verpflichtet. Umfang des Bereicherungsanspruchs des Kaufhauses vgl. § 818.

5.4.1.2 Anspruch aus Besitz

Begriff

Besitz = die tatsächliche körperliche Gewalt (= Innehaben) über eine Sache (reale Herrschaftsmacht bzw. Rechtsmacht).
Nähere Informationen vgl. Kap 4.

Beispiel

Der volljährige Schüler Hans leiht sich am 05.03. das Buch "BGB - noch einfacher" aus der Studienbücherei der Schule aus. Auf dem von ihm unterschriebenen Leihschein wird bestätigt, dass er das Buch am 15.03. wieder zurückgeben muss.

Variante 1: Die Schule verlangt vom Schüler das Buch am 08.03. wieder zurück, um die Wartezeit für andere Schüler, die dieses Buch ebenfalls ausleihen wollen, zu verkürzen. Der Schüler verweigert die Rückgabe vor dem 15. März.

Lösung 1: *Zwischen Hans und der Schule besteht ein Leihvertrag (§§ 145, 147, 598, 604 (1)); durch Übergabe erlangt Hans den unmittelbaren Besitz (§ 854) am Buch. Hans ist der Schule gegenüber zum Besitz bis zum 15.03. berechtigt. D. h. die Schule kann vor diesem Termin keine Rückgabe des Buches verlangen. Tut sie dies dennoch, liegt eine Besitzstörung vor (§ 862(1)). Rechtsfolge: Hans kann auf Unterlassung der Störung bestehen (§ 862 (1) S. 2). (Unterlassungsklage).*

Variante 2: Ein Mitschüler, der gerade bei Hans zu Besuch ist, entwendet beim Fortgehen das Buch aus dessen Arbeitszimmer.

Lösung 2: *Der Mitschüler erlangt den Besitz am Buch aufgrund verbotener Eigenmacht. Sein Besitz ist damit fehlerhaft (§ 861 (1) i.V.m. 858). - Rechtsfolge: Hans kann die Wiedereinräumung des Besitzes vom Mitschüler verlangen (§ 861 (1)). Hätte er den Mitschüler auf frischer Tat ertappt, dürfte er zur Selbsthilfe greifen (§ 859 (1)).*

Variante 3: Der Mitschüler (vgl. Fall 2) verschenkt das Buch an seine Freundin mit dem Hinweis, dass die Schule gerade Bücher ausmustert, u. a. auch dieses Buch.

Lösung 3: *Zwischen dem Mitschüler und seiner Freundin besteht ein Schenkungsvertrag (§§ 145, 147, 516, 518 Handschenkung, d. h. Heilung des*

Formmangels vgl. § 125). Die Freundin hält den Mitschüler für den Eigentümer des Buches aufgrund der Besitzvermutung (§ 1006). - Rechtsfolge: Hans als zum unmittelbaren Besitz Berechtigter (§ 861) und die Schule als mittelbare Besitzerin (§§ 868, 869) können vom Mitschüler die Wiedereinräumung des Besitzes verlangen und weiterhin die Herausgabe des Buches von dessen Freundin i.S.d. §§ 816 (1) S. 2, 812 (vgl. dazu "gutgläubiger Eigentumserwerb an einer Sache").

5.4.2 Schuldrechtliche Ansprüche

5.4.2.1 Ansprüche aus unerlaubter Handlung

Begriff

Unerlaubte Handlung (U. H.) = (Eingriffs-)Delikt = widerrechtlicher Eingriff in ein vom Gesetz geschütztes Rechtsgut, wodurch kausal ein Schaden eintritt.
Die Bestimmung über die U. H. ist eine selbstständige Anspruchsgrundlage neben vertraglichen Ansprüchen. Die Haftung aus einer U. H. kann vertraglich ausgeschlossen werden bzw. strenger oder milder vereinbart werden, nicht jedoch bei Vorsatz (§ 276 (3)).

Prüfschema U. H. (Tatbestandsmerkmale) § 823 (1)

- **Rechts(gut)verletzung:** Rechtsgüter sind absolute Rechte wie Persönlichkeitsrechte – auch von Verstorbenen – (Leben, Körper, Gesundheit, Freiheit von natürlichen und juristischen Personen), Eigentum, sonstige (absolute) Rechte - z. B. Namensrecht - gegenüber jedermann, Recht am Gewerbebetrieb (z. B. Rufschädigung, Aufruf zum Boykott).

- **Handlung:** Tun oder Unterlassen (auch: Vermeidung) (vgl. Definition „Anspruch" § 194).

- **Verschuldensprinzip:** (Schuld)

  - Schuldform: Vorsatz, Fahrlässigkeit (§ 276).
    Vorsatz = Bewusste Pflichtverletzung.
    Fahrlässigkeit = außer Achtlassung der erforderlichen Sorgfalt, die unter normalen Umständen zu beachten ist. – Vgl. dazu „Schuldform", Kap. 6.5.
  - Mitverschulden (§ 254);
  - Schuldfähigkeit = Deliktsfähigkeit (§§ 827, 828 (1) und (3) als subjektive Voraussetzung);
  - keine Rechtfertigungsgründe (vgl. unten "Rechtswidrigkeit") Ausnahmen zur Haftung nach dem Verschuldensprinzip vgl. unten; d. h. Verschuldenshaftung im Gegensatz zur Gefährdungshaftung z. B. § 833 (Haftung des Tierhalters), also Haftung ohne Verschulden.

- **Rechtswidrigkeit** liegt immer dann vor, wenn keine Rechtfertigung durch eine besondere Befugnis vorliegt. Rechtfertigungsgründe (Entschuldigungsgründe, Exkulpationsgründe) sind:

  - *Einwilligung* (z. B. Einwilligung in eine Operation vgl. StGB § 226 a), Gestattung, Ermächtigung;

- *Notwehr* (§ 227) (z. B. Polizist schießt einen ihn mit einer Schusswaffe Bedrohenden in den Arm);
- defensiver *Notstand* (= Verteidigungsnotstand, § 228; z. B. Verteidigung bei einem Angriff durch ein tollwütiges Tier), aggressiver Notstand (= Angriffsnotstand, §§ 228, 904; z. B. präventives Nassspritzen von Häusern, die an einen Brandherd angrenzen);
- *Selbsthilfe* (§ 229; z. B. auf frischer Tat ertappter Dieb wird festgehalten bis die Polizei eintrifft);
- *sonstige Rechtfertigungsgründe*: z. B. Hausdurchsuchung aufgrund eines Durchsuchungsbefehls, Zwangswegnahme eines Gegenstands durch den Gerichtsvollzieher.

- **Kausalzusammenhang**: Der durch eine U. E. entstandene Schaden muss *adäquat kausal* sein.
  - *Adäquanztheorie*: der Eintritt eines Schadens muss - objektiv zurückschauend - vorhersehbar sein, d. h. die Möglichkeit des Eintritts eines Schadens darf nicht außerhalb jeder Wahrscheinlichkeit liegen.
  - *Kausalität:* die Ursache (des Schadens) darf nicht weggedacht werden, ohne dass der Erfolg (Schaden) entfiele.

- **Schaden:** Schaden ist jeder Nachteil, den eine Person infolge eines bestimmten Ereignisses erleidet. Arten:
  - *Vermögensschaden:* materieller Schaden, in Geld ausdrückbar;
  - *Nichtvermögensschaden:* ideelle oder immaterielle Vermögenswerte, wie z. B. Ehre.

Rechtsfolge:

Anspruch auf Schadensersatz, Umfang:
- §§ 249, 251 (materieller Schaden),
- §§ 253 (immaterieller Schaden).

Besonderheit: Bei Deliktshaftung gilt eine andere Verjährung als bei Verträgen (§ 852: Verjährung des Anspruchs in zehn Jahren ab dem Zeitpunkt seiner Entstehung, dagegen in 30 Jahren ohne Rücksicht auf die Entstehung von der Begehung der Verletzungshandlung oder dem sonstigen, den Schaden auslösenden Ereignis an).

Sonstige ergänzende Bestimmungen zur U. H.:

- § 823 (2): Verstoß gegen ein Schutzgesetz ;
- § 826: Sittenwidrige vorsätzliche Schädigung (Generalklausel);
- § 824: Kreditgefährdung;
- § 832: Haftung des Aufsichtspflichtigen.

5.4.2.2 Anspruch aus ungerechtfertigter Bereicherung

Begriff: Ungerechtfertigte Bereicherung = unmittelbare Vermögensverschiebung zwischen zwei Parteien bzw. Personen ohne rechtliche Grundlage, d. h. ohne anfänglichen oder später weggefallenen Rechtsgrund.

Ziel des Entreicherten = Rückgängigmachung der Vermögensverschiebung durch Wiedereinräumung der vorherigen Besitz- und Eigentumsverhältnisse oder, wenn dies nicht möglich ist, Ersatz in Geld (vgl. §§ 249 ff). = Rückgewähr des Erlangten bzw. Rückabwicklung.

Anwendung: Fehlerhaftes Grundgeschäft, aber wirksames Erfüllungsgeschäft (vgl. Abstraktionsprinzip).

Grundlegende Norm im Bereicherungsrecht = § 812: Tatbestandsmerkmale des § 812

Tatbestandsmerkmale	Kennzeichnung
Leistung	unmittelbare Vermögensverschiebung vom Entreicherten zum Bereicherten = **Leistungskondiktion**; *Kondiktion* = Anspruch auf Herausgabe einer unrechtmäßig erworbenen Sache.
(in) sonstiger Weise	Entreicherung durch die Handlung des Bereicherten = **Eingriffskondiktion** (Bsp. Realakt); Def. Kondiktion vgl. oben.
auf dessen Kosten	Entreicherung = *unmittelbare* Vermögensverschiebung zu Lasten des Entreicherten (kann auch durch Dritten geschehen); bewusste oder irrtümliche Handlung.
etwas erlangt	etwas = Bereicherung; erlangt = Verbesserung der Vermögenslage.
ohne rechtlichen Grund	ohne gültiges Kausalgeschäft. *Differenzierung:* • Absatz 1, Satz 1: *Der Rechtsgrund fehlt* von Anfang an, vgl. Geschäftsfähigkeit Kap. 3; • Absatz 1, Satz 2: *Der Rechtsgrund fällt später weg,* vgl. Anfechtung Kap. 3; • Absatz 1, Satz 2: *Der bezweckte Erfolg tritt nicht ein,* z. B. Mietvorauszahlung, aber kein Mietvertrag kommt zustande.

Ergänzende Vorschriften:

- *§ 816 (1) S. 1 Verfügung eines Nichtberechtigten:* Trifft ein Nichtberechtigter über einen Gegenstand eine Verfügung, die dem Berechtigten gegenüber wirksam ist, so ist er dem Berechtigten zur Herausgabe des durch die Verfügung Erlangten verpflichtet. Vgl. Gutgläubiger Eigentumserwerb Kap. 4.

- *§ 816 (1) S. 2 i.V.m. § 822:* Erfolgt die Verfügung unentgeltlich, so trifft die gleiche Verpflichtung denjenigen, welcher auf Grund der Verfügung unmittelbar einen rechtlichen Vorteil erlangt. Vgl. Gutgläubiger Eigentumserwerb durch Schenkung Kap. 4.

- *§ 816 (2) Leistung an einen Nichtberechtigten* - Angabe nur der Vollständigkeit halber, nicht unterrichtliche Behandlung.

- *§ 818 Umfang des Bereicherungsanspruchs:*

  - Absatz 1: Herausgabe der Nutzungen oder eines Surrogats;
  - Absatz 2: Bei Unmöglichkeit der Herausgabe des Erlangten Ersatz des Geldwertes.
  - Absatz 3: Keine Herausgabeverpflichtung bzw. kein Wertersatz bei Wegfall der Bereicherung, z. B. Verbrauch des Erlangten zur Bestreitung eines höheren Lebensstandards.

5.5 Gesetzliche Regelung des Schadensausgleichs

Schadensausgleich = Schadensersatz = Ersatzpflicht für einen Schaden, der einer Person durch eine andere Person entstanden ist. *Aber:* Grundsatz = Jeder ist für seinen Schaden selbst verantwortlich, d. h. die Schadensersatzpflicht muss gesetzlich - z. B. durch unerlaubte Handlung, vertraglich - z. B. bei Verzug, Unmöglichkeit, oder vorvertraglich z. B. Nebenpflichtverletzung aus vorvertraglichem Schuldverhältnis, begründet sein.

Umfang der Schadensersatzpflicht (§§ 249 - 252: Negatives **und** Positives Interesse)

- **Negatives Interesse** = *Vertrauensinteresse (bzw. Vertrauensschaden):* Der Geschädigte muss so gestellt werden, wie er ohne das Vertrauen auf einen gültigen Vertragsabschluss stehen würde, d. h. so, als ob für ihn gar keine vertragliche Verpflichtung existiert hätte, z. B. Anfechtung (vgl. Kap. 3).

- **Positives Interesse** = *Erfüllungsinteresse:* Der Geschädigte soll so gestellt werden, als ob der Vertrag ordnungsgemäß erfüllt worden wäre. Dies schließt i.d.R. einen entgangenen Gewinn mit ein (vgl. § 252), wobei das negative Interesse nicht ausgeschlossen wird, z. B. Verzug, Unmöglichkeit (vgl. oben in Kap. 5).

Gesetzliche Bestimmungen über Art und Umfang des Schadensersatzes:

- § 249 (1): Grundsatz der Naturalherstellung (= Naturalrestitution) vgl. Definition des negativen Interesses (s. o): Vertrauen auf die ordnungsgemäße Erfüllung des Vertrags.
- § 249 (2): vgl. § 253 (immaterieller Schaden), bei Personenschaden Ersatz in Geld.
- § 250 Satz 1: Fristsetzung zur Bewirkung des Schadensersatzes ist möglich.
- § 250 Satz 2: Schadensersatz in Geld, d. h. bei nicht rechtzeitiger Bewirkung des Schadensersatzes innerhalb der Frist (vgl. Satz 1) Anspruch auf Ersatz in Geld; damit entfällt Naturalrestitiution.
- § 251 (1): Schadensersatz in Geld ohne Fristsetzung, wenn Herstellung des vorherigen Zustands nicht mehr möglich ist oder nicht genügt.
- § 251 (2) S. 1: Schadensersatz in Geld, wenn die Herstellung des vorherigen Zustands nur mit unverhältnismäßig hohem Aufwand zu bewirken ist.
- § 251 (2) S. 2: Nicht unterrichtsmäßig zu behandeln.
- § 252: Konkretisierung des positiven Interesses: Einschluss des entgangenen Gewinns. (vgl. oben).
- § 254: Mitverschulden des Geschädigten mindert Ersatzpflicht des Schädigers im angemessenen Verhältnis.
- § 255: Nicht unterrichtsmäßig zu behandeln.

5.6 Verbraucherschutz im BGB

5.6.1 Gestaltung rechtsgeschäftlicher Schuldverhältnisse durch "Allgemeine Geschäftsbedingungen"

Voraussetzung zur Erstellung von AGBs = Vertragsfreiheit (Privatautonomie – vgl. Kap. 3) gem. § 311; vgl. aber auch § 475 (1) (abweichende Vereinbarungen beim Verbrauchsgüterkauf).

Begriffsbestimmung

§ 305 (1) S. 1: "Allgemeine Geschäftsbedingungen sind alle für eine Vielzahl von Verträgen vorformulierten Vertragsbedingungen, die eine Vertragspartei (Verwender) der anderen Vertragspartei bei Abschluss eines Vertrags stellt."

§ 305 (1) S. 2: Die Bestimmungen i.R.d. AGBs können sowohl einen äußerlich gesonderten Bestandteil des Vertrags bilden oder in die Vertragsurkunde selbst aufgenommen werden. Gleichgültig ist hierbei, welchen Umfang die AGBs haben, in welcher Schriftart sie verfasst sind und welche Form der Vertrag hat.

Voraussetzungen zur Wirksamkeit der AGBs als Vertragsbestandteil (§ 305 (2))

- *Ausdrücklicher Hinweis* der anderen Vertragspartei oder deutlich sichtbarer Aushang am Vertragsabschlussort;

- die andere Vertragspartei muss *in zumutbarer Weise* – auch bei Behinderung – die Möglichkeit haben, vom Inhalt der AGBs *Kenntnis zu nehmen*;

- die andere Vertragspartei ist mit der Geltung der AGBs *einverstanden*.

Vorrang der Individualabrede
Gem. § 305 b haben individuelle Vertragsabreden Vorrang gegenüber den Bestimmungen der AGBs.

Rechtsfolgen bei Nichteinbeziehung und Unwirksamkeit

Gem. § 306 (1) ist der Grundvertrag wirksam, auch wenn AGB´s ganz oder teilweise nicht Vertragsbestandteil geworden oder unwirksam sind.

Praktische Vorteile

- Vertragsinhalte müssen nicht für jedes Geschäft neu ausgehandelt werden (Zeit- und Kosten-Ersparnis);

- Anwendung einheitlicher und auf das Gewerbe mit seinen Bedürfnissen bezogene AGBs erleichtern die Kalkulation und begrenzen das unternehmerische Risiko;

- Verbesserung der Marktübersicht für Verwender und Kunden.

Probleme

- Gefahr, dass der Verwender seine wirtschaftliche Macht missbraucht und den Kunden übervorteilt; z. B. durch Beschränkung von Gewährleistungsansprüchen (vgl. Sachmängelhaftung) insbes. in monopolähnlichen Marktpositionen; denkbar auch Veränderungen von Lieferungs- und Zahlungskonditionen.

- Interessen des Kunden werden nicht angemessen berücksichtigt.

- Kunde versteht ggf. AGB-Formulierungen nicht, da ein Kunde i.d.R. keine juristische Vorbildung hat.

Ziel der gesetzlichen Regelung von AGBs im BGB ist der **Verbraucherschutz**, vgl. §§ 305 – 310.

Z. B. sind folgende Bestimmungen in AGBs unwirksam:

- § 307: Kein Verstoß gegen den Grundsatz von "Treu und Glauben" mit unangemessener Benachteiligung des Kunden möglich.

- § 309 Nr. 1: Entgelterhöhung für Waren oder Leistungen bei Lieferung oder Erbringung innerhalb von 4 Monaten nach Vertragsschluss.

- § 309 Nr. 7: Haftungsausschluss bei Schädigungen von Leben, Körper, Gesundheit und bei grobem Verschulden.

- § 309 Nr. 8: Keine Veränderungen (Ausschluss oder Beschränkung) der gesetzlich garantierten Ansprüche, z. B. bei Verträgen über Lieferungen neu hergestellter Sachen oder Werkleistungen, zu Ungunsten des Kunden; vgl. auch Vorschriften über die Verjährung.

Besonderheiten der §§ 308 und 309

§ 308: Vorschriften **mit Wertungsmöglichkeit**, d. h. das Gericht entscheidet über die Wirksamkeit oder die Unwirksamkeit von Klauseln in AGBs.
§ 309: Vorschriften **ohne Wertungsmöglichkeit**, d. h. diese Klauseln erlangen automatische Unwirksamkeit.

5.6.2 Sonstige Verbraucherschutzgesetze

Z. B. Mieterschutz (§§ 535 – 580 a), Widerrufsrecht bei Haustürgeschäften (§ 312), Widerrufsrecht bei Kreditverträgen und Verbraucherdarlehen (§§ 312 a, 358), Widerrufsrecht bei Verbraucherverträgen (§ 355), Rückgaberecht bei Verbraucherverträgen (§ 356), Informationspflichten-Verordnung, Fernabsatzverträge inkl. e-commerce-Richtlinie (§§ 312 b – f, 358), Verbundene Verträge § 358, Verbraucherdarlehensvertrag § 491.

Beispiel: e-commerce-Richtline, hier: z. B. § 312 e
Absatz (1) regelt die Pflichten des Unternehmers gegenüber jedem Besteller, z. B. Schutz vor Eingabefehlern, unverzügliche Bestätigung des Eingangs der elektronischen Bestellung, umfassende Informationspflichten (vgl. auch *Informationspflichtenverordnung* § 3).

5.7 Produkthaftungsgesetz (Gesetz über die Haftung für fehlerhafte Produkte)

Begründungen für die Einführung des Gesetzes

- Verbesserung des Verbraucherschutzes;
- Harmonisierung der Produkthaftung des EU/EG-Raums;
- Annäherung an rechtliche Grundgedanken der UN.

Begriffsklärung
Produkthaftung = *verschuldensunabhängige Gefährdungshaftung*. Der Hersteller haftet für Schäden, die aus der Nutzung eines von ihm in den Verkehr gebrachten fehlerhaften Produkts hervorgerufen wurden.

Haftungsbereiche
Alle beweglichen Sachen inkl. landwirtschaftliche Produkte (Personen- und Sachschäden), die in den Verkehr gebracht wurden.

Beweislast
§ 1 (4) ProdHaftG: Die Beweislast für einen Schaden bzw. den kausalen Zusammenhang zwischen Fehler und Schaden *liegt beim Geschädigten*. – Ausnahme: Es ist streitig, ob die Ersatzpflicht gem. Absatz 2 oder Absatz 3 ausgeschlossen ist, dann trägt der Hersteller die Beweislast, dass das Produkt diesen Fehler noch nicht hatte, als er es in den Verkehr brachte (Absatz 2 Nr. 2), d. h. dass ihn kein Verschulden trifft.

Probleme

- § 1 (2) Nr. 5 ProdHaftG: Die *Ersatzpflicht ist ausgeschlossen*, wenn nach dem Stand der Wissenschaft und Technik der Fehler im Zeitpunkt, in dem der Hersteller das Produkt in den Verkehr brachte, nicht erkannt werden konnte.

- § 8 ProdHaftG: Ersatz für *Heilungskosten* und Ersatz von *Vermögensnachteilen*; kein Schmerzensgeld, aber Möglichkeit, Ersatz in Geld zu verlangen für einen Schaden, der nicht Vermögensschaden ist.

- § 10 und § 11 ProdHaftG: *Haftungshöchstgrenzen* (85 Mio €) und *Selbstbeteiligung* bei Sachschäden in Höhe von 500 €.

- § 12 ProdHaftG: Die *Verjährungsfrist* beträgt 3 Jahre ab dem Zeitpunkt, in dem Kenntnis vom Schaden, dem Fehler und der Person des Ersatzpflichten erlangt wurde oder hätte erlangt werden müssen.

Exkurs: Produzentenhaftung

Die Produzentenhaftung wird i.R.d. § 823 geregelt.
Anwendungsgebiete sind Konstruktionsfehler (z. B. betreffend die Sicherheit), Fabrikationsfehler (z. B. unerkennbarer Materialfehler, der einzelne Produkte, aber nicht die gesamte Serie betrifft), Instruktionsfehler (z. B. der Kunde wurde nicht ausreichend über Gefahren aufgeklärt, die mit dem Produkt verbunden sind).

6 Strafrecht und Strafprozess

6.1 Die Funktion des Strafrechts

Das Strafrecht ist dem **öffentlichen Recht** zuzuordnen und stellt die Gesamtheit der Rechtsnormen dar, in denen die Voraussetzungen für das Vorliegen einer Straftat und die aus einer Straftat resultierenden Rechtsfolgen aufgezeigt werden. Auch das **Strafverfahrensrecht** zählt zum Strafrecht, da es der Durchsetzung des staatlichen Strafanspruchs dient.

Zentrale Zielsetzung des Strafrechts: Garantie des Funktionierens der menschlichen Gemeinschaft.

Die **Funktion des Strafrechts** lässt sich wie folgt darstellen:

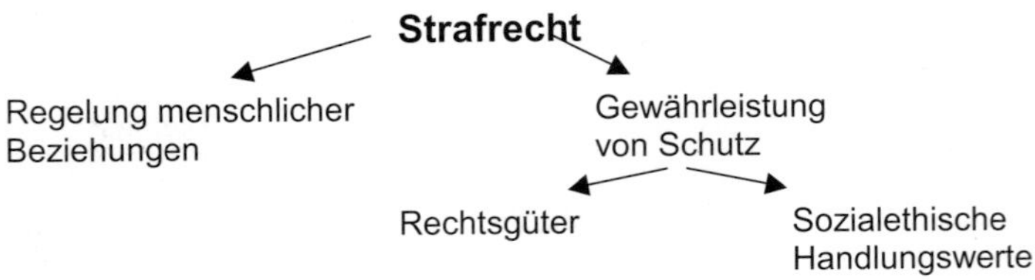

Zur näheren Erläuterung:

- **Rechtsgüter** sind strafrechtlich schutzbedürftige Werte, Einrichtungen und Zustände, die für ein geordnetes menschliches Zusammenleben unabdingbar sind, wie z. B. Leben, Freiheit, Ehre, Eigentum (vergl. § 823 (1) und (2) BGB).

- **Schutz sozialethischer Handlungswerte** bedeutet die Forderung nach Moralität menschlichen Handelns aus der Perspektive der Bedeutung des Handelns für die Gemeinschaft. Moral ist hier mit Sittlichkeit gleichzusetzen.

Gesamtstaatlich erfüllt das Strafrecht demnach zwei Hauptaufgaben:

1. Schutz wichtiger Rechtsgüter, z. B. Leben, Gesundheit, Eigentum.
2. Garant der Rechtsordnung insgesamt (z. B. wird sozialschädliches Verhalten bei Strafandrohung geahndet).

6.2 Sinn und Zweck der Strafe: Straftheorien

Definition Strafe: Jede staatliche Sanktion, die als Reaktion auf eine Straftat erfolgt.

Mit der Sanktion sind zwei grundlegende Fragestellungen zu verknüpfen:

1. Weshalb ist der Straftäter zu bestrafen?
2. Welches Ziel soll mit der Strafe (Sanktion) verfolgt bzw. erreicht werden?

Antworten auf diese Fragestellungen versuchen drei grundlegende Straftheorien zu geben, wenngleich eine grundsätzliche Lösung der grundlegenden Fragestellungen (s. o.), die auch allgemein anerkannt ist, nicht gefunden werden kann.

Strafe

Absolute Theorie	**Relative Theorie**	**Vereinigungstheorie**
Strafe ist Vergeltung und Sühne für die begangene Tat, nicht Instrument der Verbrechensbekämpfung	Zielsetzung: Verhütung künftiger Straftaten (= Prävention) Ausprägungen der Prävention: 1) Generalprävention: Bestrafung des Täters soll andere von der Begehung von Straftaten abschrecken. 2) Spezialprävention: Einzelner Täter soll von Straftaten abgehalten werden durch z. B. • Fernhaltung von der Gesellschaft • Resozialisierung • Maßregeln der Besserung und Sicherung bei bes. gefährlichem Täter	Kombination aus Elementen der absoluten und der relativen Theorie = Leitkonzeption im StGB Grundgedanke der (Re-)Sozialisierung steht im Vordergrund.

6.3 Gliederung des StGB und Rechtsquellen des Strafrechts

Das StGB legt fest,

- ob eine Tat strafbar ist und
- wie der Täter zu bestrafen oder zu maßregeln ist.

Einteilung (Gliederung des StGB):

§§ 1-79 b StGB Allgemeiner Teil des StGB:

- Allgemeinverbindliche Regelungen über die Bestrafung;
- Bestimmungen gelten für das gesamte StGB, d. h. sie können bei allen Straftaten von Bedeutung sein.

§§ 80-358 StGB Besonderer Teil des StGB:

- Jeder einzelne Straftatbestand wird genau definiert und beschrieben. Ausgangspunkt für die Lösung konkreter Fälle.
- Darlegung von Straftaten, die besonders gesellschaftsschädigender Art sind.

Einteilung der im **Besonderen Teil des StGB geschützten Rechtsgüter:**

1. **Straftaten gegen die Person** (z. B. Mord § 211 StGB, Körperverletzung § 223 StGB, Nötigung § 240 StGB);

2. **Straftaten gegen Eigentum und Vermögen** (z. B. Diebstahl § 242 StGB, Betrug § 263 StGB);

3. **Straftaten gegen den Staat als Gesamtheit der Bürger** (z. B. Bestechung § 334 StGB, Landesverrat § 94 StGB, Geldfälschung § 146 StGB).

Beachten Sie:
Auch *außerhalb des StGB* gibt es Rechtsnormen, die strafbares Verhalten beschreiben und Strafen androhen, wie z. B. im
- Jugendgerichtsgesetz (z. B. 6 Monate Freiheitsstrafe bei schweren Vergehen),
- Straßenverkehrsgesetz,
- Betriebsverfassungsgesetz.

Die Gesamtheit der Vorschriften, die *außerhalb des StGB* Regelungen zu strafbarem Verhalten beinhalten, bezeichnet man als **Nebenstrafrecht**.

Neben dem StGB und dem Nebenstrafrecht gibt es eine dritte bedeutende Rechtsquelle des deutschen Strafrechts, nämlich das **Strafprozessrecht**.

Das **Strafprozessrecht** regelt das Verfahren
- der Ermittlung von Straftaten,
- der Art der Prozessführung gegen den Angeklagten,
- der Durchsetzung des von staatlicher Seite erfolgten Strafanspruchs.

6.4 Strukturprinzipien: Tat-, Schuld-, Erfolgsstrafrecht

1. **Tatstrafrecht:**

   Die **konkrete Tat** begründet die **Strafbarkeit**, d. h. ein bestimmtes Verhalten, mit dem die im besonderen Teil des StGB dargestellten Tatbestände übereinstimmen und an das eine bestimmte Rechtsfolge geknüpft ist. Die Strafbarkeit knüpft an die Tat an, ist damit Strafzumessungsgrund. Allerdings ist gerade bei jugendlichen Straftätern auch die Täterpersönlichkeit entscheidend für die Strafzumessung. Insofern ist das deutsche Strafrecht auch Täterstrafrecht. Eine üble Gesinnung oder Absicht an sich (z. B. dem Nachbarn gern seinen Gartenzwerg stehlen zu wollen) begründet noch keine Strafbarkeit.

2. **Schuldstrafrecht:**

   Das deutsche Strafrecht ist ein Schuldstrafrecht. Um bestraft werden zu können, muss der Täter einerseits **schuldfähig** sein (§§ 19 - 21 StGB), andererseits bedeutet Schuldstrafrecht die **Vorwerfbarkeit der Tat** in Form fahrlässigen oder vorsätzlichen Handelns.

   Eine wichtige Regelung in diesem Zusammenhang stellt § 46 (2) StGB dar: "Bei der Zumessung (= Strafzumessung, Anm. d. Verf.) wägt das Gericht die Umstände, die für und gegen den Täter sprechen, gegeneinander ab." Dabei können u. a. Beweggründe des Täters, das Ausmaß der Pflichtwidrigkeit des Handelns des Täters, das Verhalten des Täters nach Begehung der Tat besonderen Stellenwert erhalten. Zur weiteren Information siehe Kapitel 6.5 (Schuld als Element der Straftat).

3. **Erfolgsstrafrecht:**

   Das geltende deutsche Strafrecht ist ein Erfolgsstrafrecht. Dies bedeutet, dass für die strafrechtliche Würdigung einer Handlung nur der **Erfolg bedeutsam** ist, der dem **Täter vorgeworfen** werden kann.

6.5 Aufbau einer Straftat

Eine **Straftat** liegt vor, wenn folgende drei **Elemente** gegeben sind:

- **Tatbestandsmäßigkeit**
- **Rechtswidrigkeit**
- **Schuld.**

Die **Tatbestandsmäßigkeit** ist gegeben, wenn eine konkrete Handlung die Merkmale eines Tatbestands erfüllt, der abstrakt im StGB festgeschrieben ist (z. B. § 242 StGB: abstrakte Beschreibung des Diebstahls: (1) bewegliche Sache, (2) in fremdem Eigentum befindlich, (3) wird vom Täter weggenommen, (4) um sie sich selbst oder einem Dritten rechtswidrig zuzueignen). Der Tatbestand ermöglicht die Prüfung, welches Handeln im einzelnen strafbar ist sowie die strafrechtliche Einordnung des konkreten Handelns. Eine gebräuchliche Einteilung der strafbaren Handlungen zeigt die folgende Übersicht:

Strafbare Handlungen

Unterscheidungsmerkmale

Begehungsform

1) **Begehungsdelikte:**
Bestimmtes rechtswidriges Täterverhalten erforderlich, z. B. Diebstahl (§ 242 StGB).

2) **Unterlassungsdelikte:**
Obwohl vom Gesetz verlangt, handelt der Täter nicht, z. B. unterlassene Hilfeleistung (§ 323c StGB).

3) **Abstrakte Gefährdungsdelikte:**
Strafbarkeit des Tuns wird damit begründet, dass es konkrete Gefahren auslösen kann, z. B. Trunkenheit am Steuer (§ 316 StGB).

Erfolg

1) **Verletzungsdelikte:**
Kausalität zwischen Handlung des Täters und Eintritt eines Erfolgs(z. B. Rechtsgutverletzung), wie z. B. Körperverletzung (§§ 223 ff. StGB).

2) **Konkrete Gefährdungsdelikte:**
Handlung des Täters begründet eine konkrete Gefahr für Menschen oder Sachen, wie z. B. falsches Überholen (§ 315c (1) 2.b) StGB).

Das zweite Element der Straftat, die **Rechtswidrigkeit**, liegt vor, wenn **Rechtfertigungsgründe** für eine Handlung oder Unterlassung nicht gegeben sind, obwohl die konkrete Handlung den Tatbestand einer Rechtsnorm des StGB erfüllt.

Beispiele für **Rechtfertigungsgründe** sind u. a.

- Notwehr (§ 227 BGB, § 32 StGB);
- Rechtfertigender Notstand (§§ 228, 904 BGB, § 34 StGB): Notstand (aggressiver Notstand § 904, defensiver Notstand § 228 BGB);
- Selbsthilfe (§ 229 BGB);
- Einwilligung der verletzten Person zur Körperverletzung (§ 228 StGB);
- Diensthandlungen z. B. von Polizeibeamten (§ 127 StPO).

Schließlich ist die **Schuld** notwendiges Element der Straftat:

Schuld

↓

Strafrechtliche Vorwerfbarkeit

↙ ↓ ↘

Verletzung strafrechtlicher Normen

Mangel an Rechtsgesinnung und/oder Rechtsbewusstsein (Unrechtsbewusstsein, vergl. JGG)

Zumutbarkeit normgerechten Verhaltens

Der Schuldvorwurf kann jedoch durch Schuldausschließungsgründe gemildert oder gar aufgehoben werden. Wichtige **Schuldausschließungsgründe** sind:

- Schuldunfähigkeit von Kindern unter 14 Jahren (§ 19 StGB);
- Schuldunfähigkeit wegen seelischer Störungen (§ 20 StGB);
- Entschuldigender Notstand (§ 35 StGB).

Von Schuldausschließungsgründen zu unterscheiden sind **persönliche Strafausschließungsgründe** und Irrtum, die dazu führen, dass ein Täter ggf. straflos bleiben kann.

Zu nennen sind hier z. B.

- Strafvereitelung zugunsten eines Angehörigen (§ 258 (6) StGB) als persönlicher Strafausschließungsgrund;

- Tatbestandsirrtum (§ 16 StGB), d. h. dass dem Täter die Tatbestandsmerkmale unbekannt und Vorsatz ausgeschlossen sind (z. B. werden an der Garderobe versehentlich zwei sehr ähnliche Jacken verwechselt; dieser "Diebstahl" bleibt straffrei);

- Verbotsirrtum (§ 17 StGB): Ein Täter bleibt ohne Schuld, wenn ihm bei der Tat die Einsicht in sein Unrecht fehlt und er diesen Irrtum nicht vermeiden konnte, d. h. der Täter irrt über die Rechtswidrigkeit seines Tuns.

Schuld wurde in Kapitel 6.5 als strafrechtliche Vorwerfbarkeit definiert. Vorwerfbar im strafrechtlichen Sinne sind die Schuldformen Vorsatz und Fahrlässigkeit, deren besondere Ausprägungsformen überblicksmäßig wie folgt gekennzeichnet werden können:

Schuldform	Charakteristik	Beispiel
Unbedingter (direkter) Vorsatz	Täter ist sich bewusst, dass er die Tat will und kennt die Tatbestandsmerkmale.	A stemmt die Tür des Juweliergeschäfts auf und stiehlt Wertgegenstände.
Bedingter Vorsatz	Täter erkennt die Möglichkeit des schädlichen Erfolgs seiner Tat, nimmt ihn billigend in Kauf.	Bankräuber nimmt Kundin als Geisel und erzwingt schnellere Geldübergabe.
Bewusste Fahrlässigkeit	Täter sieht die Möglichkeit seines schädlichen Erfolges voraus, hofft aber, dass nichts passiert.	PKW-Fahrer überholt in enger Seitenstraße einen Mopedfahrer ohne Beachtung des Sicherheitsabstands; der Mopedfahrer stürzt.
Unbewusste Fahrlässigkeit	Täter sieht den schädlichen Erfolg seiner Tat nicht voraus, hätte ihn jedoch bei Beachtung der erforderlichen Sorgfalt erkennen müssen.	Hausfrau und Mutter bewahrt in Saftflasche scharfes Putzmittel auf, ihr Kind trinkt davon und erkrankt schwer.

6.6 Rechtsfolgesystem Strafen: Haupt- und Nebenstrafen; Maßregeln der Besserung und Sicherung

Das deutsche Strafrecht kennt Freiheitsstrafen (mind. 1 Monat), Geldstrafen und Nebenstrafen. Die "Verwarnung mit Strafvorbehalt" stellt eine Alternative zur Geldstrafe dar und ist für den Fall vorbehalten, dass der verwarnte Straftäter in seiner Bewährungsfrist eine neue Straftat begeht oder gegen ihn erteilte Auflagen bewusst und fortgesetzt verstößt. Bei Missachtung der Verwarnung bzw. der Auflagen wird die Verurteilung zu einem vorher schon bestimmten Geldbetrag vorbehalten.

Maßregeln der Besserung und Sicherung sind keine Strafen (vgl. §§ 61 - 72 StGB), sondern Maßnahmen der Resozialisierung und Maßnahmen gegen künftige Strafrückfälligkeit.

Rechtsfolgen der Straftat

Strafen

- **Hauptstrafe**

  1. Freiheitsstrafe
  2. Geldstrafe

- **Nebenstrafe**

  (z. B. Fahrverbot zwischen einem und drei Monaten lt. § 44 StGB) Nebenstrafe kann zusätzlich zur Hauptstrafe verhängt werden.

Maßregeln der Besserung und Sicherung

- Unterbringung im psychiatrischen Krankenhaus
- Unterbringung in einer Erziehungsanstalt
- Unterbringung in einer sozialtherapeutischen Anstalt
- Sicherungsverwahrung
- Führungsaufsicht
- Entziehung der Fahrerlaubnis
- Berufsverbot

Bei der Strafe und der Höhe des Strafmaßes wird unterschieden zwischen

- Vergehen: Freiheitsstrafe unter einem Jahr (§ 12 StGB) und
- Verbrechen: Freiheitsstrafe ab einem Jahr (§ 12 StGB).

Einigen sich Täter und Opfer zu einer Schadenswiedergutmachung oder hat der Täter seinen Schaden bereits wieder gut gemacht, kann das Gericht auf Strafmilderung oder Erlassen der Strafe (Vergehen bzw. Geldstrafe) entscheiden (= *Täter-Opfer-Ausgleich*, vgl. §§ 46a, 49 StGB).

Wichtige Elemente bei der Zumessung des Strafmaßes sind persönliche / individuelle Voraussetzungen:

- **Deliktsfähigkeit** (vgl. 3.2.2): Die Fähigkeit, aus einer unerlaubten Handlung schadensersatzpflichtig gemacht werden zu können.

  Stufen der Deliktsfähigkeit:

  - **Deliktsunfähigkeit** (§ 828 (1)) BGB:
    Noch nicht vollendetes siebtes Lebensjahr; für einen Schaden nicht verantwortlich;

  - **beschränkte Deliktsfähigkeit** (§ 828 (3) BGB: Vom vollendeten siebten bis zum noch nicht vollendeten achtzehnten Lebensjahr, Taubstumme; für einen Schaden nur verantwortlich, wenn die nötige Einsicht vorhanden ist);

  - **uneingeschränkte Deliktsfähigkeit** (ab vollendetem achtzehnten Lebensjahr).

- **Straffähigkeit/-mündigkeit:** Fähigkeit, strafrechtlich für eine Tat verantwortlich zu sein. Stufen der Straffähigkeit/-mündigkeit: **Strafunmündigkeit** (§ 1 JGG: Kinder unter vierzehn Jahren); **Jugendliche** (§ 3 JGG: Jugendliche von vierzehn bis unter achtzehn Jahren; verantwortlich, wenn sie zum Zeitpunkt der Tat die notwendige sittliche und geistige Reife haben und die Einsicht in die Unrechtmäßigkeit der Tat besitzen); **Heranwachsende** (§ 105 JGG: Achtzehn- bis noch nicht Einundzwanzigjährige; für eine Straftat verantwortlich soweit Erwachsenenstrafrecht anwendbar ist; Gericht prüft im Einzelfall, ob Jugendstrafrecht angewandt werden kann).

- **Schuldfähigkeit:** Fähigkeit, das Unrecht einer Tat einzusehen und/oder später nach dieser Einsicht zu handeln. Stufen der Schuldfähigkeit: **Schuldunfähigkeit** (§ 19 StGB: noch nicht Vierzehnjährige); **verminderte bzw. bedingte Schuldfähigkeit** (§ 21 StGB: vgl. Definition; vierzehn bis unter achtzehn Jahren); **volle Schuldfähigkeit** (ab achtzehn Jahren).

6.7 Besonderheiten des Jugendstrafrechts

Zwei Grundfragen sind kennzeichnend für strafrechtliche Fallerörterungen:

1. Ist eine Tat strafbar bzw. liegt eine Straftat vor?
2. Wie ist der Täter zu bestrafen oder zu maßregeln?

Das Jugendstrafrecht unterscheidet sich hier insofern vom (Erwachsenen-)Strafrecht, indem der **Erziehungsgedanke gegenüber der Strafe** (vgl. 2. Grundfrage) **Priorität** genießt. Dies bedeutet, dass der Richter nur dann eine Strafe verhängt, wenn Erziehungsmaßregeln oder Zuchtmittel wegen der Gewichtigkeit der Schuld bzw. der Persönlichkeitsstruktur des Jugendlichen nicht ausreichend sind, um einen (nachhaltigen) erzieherischen Effekt zu erzielen.

Rechtsfolgen einer Jugendstraftat können sein:

1. **Erziehungsmaßregeln** (§§ 9 - 12 JGG; JGG = Jugendgerichtsgesetz): Erteilung von Weisungen; Erziehungsbeistand; Fürsorgeerziehung).

2. **Zuchtmittel** (§§ 13 - 16 JGG): Verwarnung; Erteilung von Auflagen; Jugendarrest.

3. **Maßregeln der Besserung und Sicherung** (§ 7 JGG): U. a. Unterbringung in einem psychiatrischen Krankenhaus; Führungsaufsicht; Entziehung der Fahrerlaubnis.

4. **Jugendstrafe** (§§ 17 - 19 JGG): Sie umfasst mindestens eine Dauer von 6 Monaten. Strafen unter einem Jahr können zur Bewährung ausgesetzt werden. Die Jugendstrafe über 6 Monaten wird in das Strafregister eingetragen.

Das Jugendgerichtsgesetz (JGG) findet Anwendung bei "Jugendlichen" (14 bis noch nicht 18 Jahre alt) und unter besonderen Voraussetzungen (z. B. mangelnde geistige Reife) auch bei Heranwachsenden (18- bis noch nicht 21-jährige Personen).

6.8 Strafverfahren und wichtige Prinzipien des Strafverfahrensrechts

Das Strafverfahren verfolgt zwei **Zielsetzungen**:

1. Feststellung, ob der Beschuldigte mit dem Täter identisch ist und

2. Entscheidung über die Bestrafung bzw. Maßregelung, i.R.d. staatlichen Gewaltmonopols.

3. Wiederherstellung des Rechtsfriedens.

Bei Vergehen und weniger schweren Verbrechen (erwartete Freiheitsstrafe höchstens 4 Jahre) ist das Amtsgericht in erster Instanz zuständig. Straftaten, die eine Freiheitsstrafe von mehr als 4 Jahren erwarten lassen, werden vor der großen Strafkammer des Landgerichts in erster Instanz verhandelt. Schließlich ist das Oberlandesgericht in erster Instanz zuständig, wenn Delikte wie Landesverrat oder terroristische Straftaten strafrechtlich verfolgt werden.

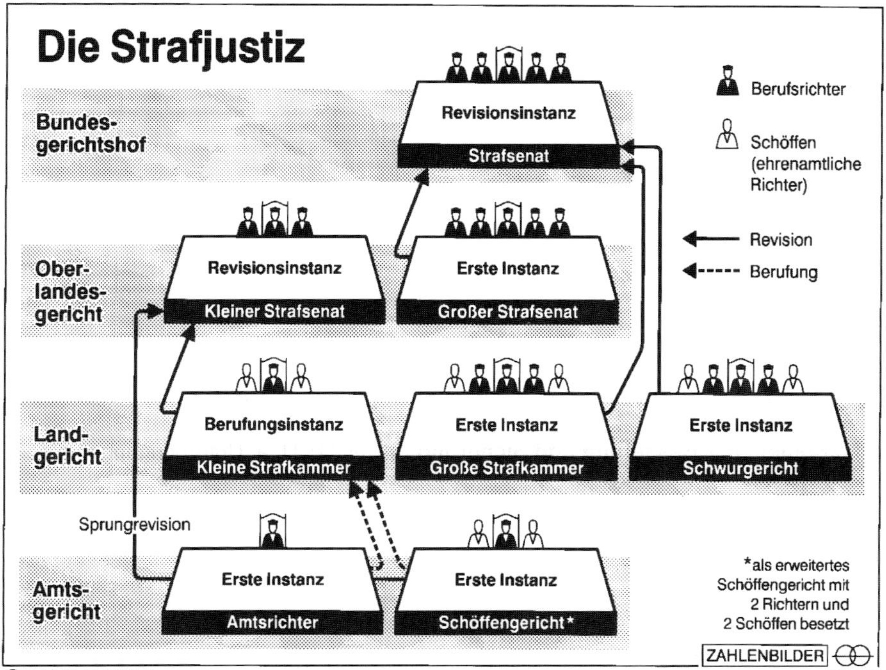

 129 510

Ungeachtet der Tatsache, vor welchem Gericht das Strafverfahren stattfindet, gelten **gesetzlich verankerte Verfahrensgrundsätze**:

- Anspruch des Angeklagten auf rechtliches Gehör (Art. 103 (1) GG);

- Strafbarkeit der Tat nur dann, wenn die Strafbarkeit vorher bestimmt war (Art. 103 (2) GG) = Rückwirkungsverbot (nullum crimen sine lege);

- Verbot der Doppelbestrafung (Art. 103 (3) GG);

- Grundsatz der Entscheidung für den Angeklagten in Zweifelsfällen = "in dubio pro reo" (Gewohnheitsrecht nach Art. 6 (2) der Menschenrechtskonvention);

- Grundsatz der Öffentlichkeit des Verfahrens;

- Grundsatz, dass Strafrechtsnormen nicht auf ähnliche Tatbestände angewandt werden dürfen, z. B. Diebstahls- Paragraphen nicht auf Unterschlagung (= Analogieverbot).

Ergänzend wird der **Rahmen des Strafverfahrens** durch folgende **Normen des Grundgesetzes** bestimmt:

- Art. 1 GG: Unantastbarkeit und Achtung der Menschenwürde;
- Art. 3 GG: Gleichheit aller Menschen vor dem Gesetz;
- Art. 102 GG: Todesstrafe ist abgeschafft.

Aufgabe des Strafverfahrens ist es, den staatlichen Strafanspruch durchzusetzen (staatliches Gewaltmonopol).

Weitere Verfahrensgrundsätze vgl. Kap. 7.

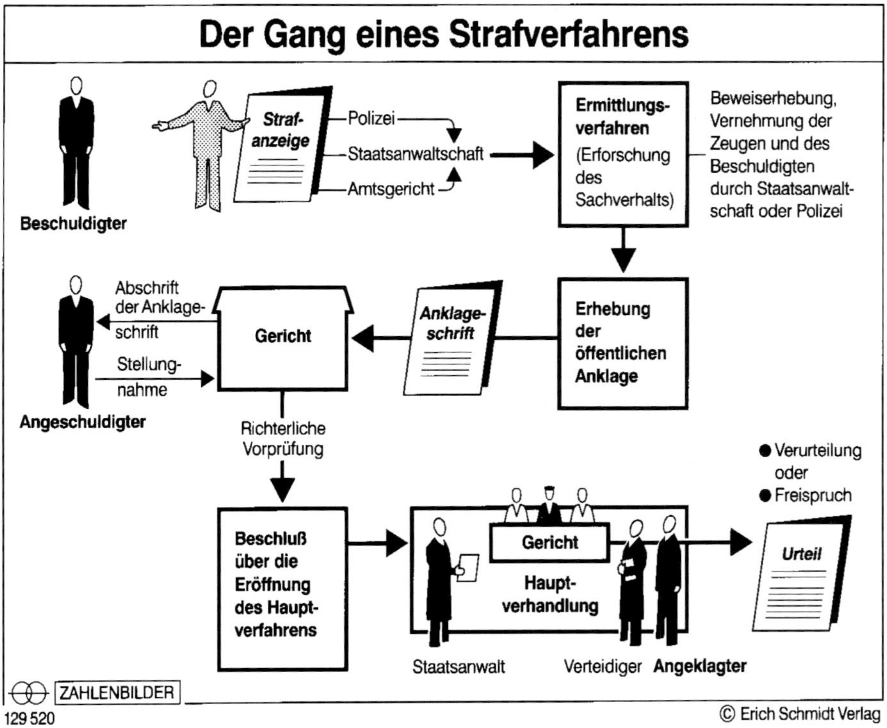
Der Gang eines Strafverfahrens
Beschuldigter
Straf-anzeige
Polizei
Staatsanwaltschaft
Amtsgericht
Ermittlungs-verfahren (Erforschung des Sachverhalts)
Beweiserhebung, Vernehmung der Zeugen und des Beschuldigten durch Staatsanwalt-schaft oder Polizei
Erhebung der öffentlichen Anklage
Anklage-schrift
Gericht
Abschrift der Anklage-schrift
Stellung-nahme
Angeschuldigter
Richterliche Vorprüfung
Beschluß über die Eröffnung des Haupt-verfahrens
Gericht
Haupt-verhandlung
Staatsanwalt
Verteidiger
Angeklagter
Verurteilung
oder
Freispruch
Urteil
ZAHLENBILDER
129 520
© Erich Schmidt Verlag

7 Die Durchsetzung der Ansprüche im Zivilprozess

7.0 Vorbemerkung
Die Reform des Zivilprozesses („ZPO-Reform") im Rahmen einer Justizreform

Grundlage ist das „Gesetz zur Reform des Zivilprozesses" (ZPO-Reformgesetz) vom 27. 07. 2001. Dieses Gesetz ist am 01. 01. 2002 zusammen mit der Schuldrechtsreform (vgl. Kap. 5) in Kraft getreten.

Anliegen der Neugestaltung der ZPO sind insbesondere

- die Erweiterung des Rechtsbehelfsrechts und die Neugestaltung des Rechtsmittelrechts;

- die Verbesserung der Durchlässigkeit des Instanzenzugs;

- die Stärkung der ersten Instanz (Eingangsinstanz);

- die Aufwertung des **Einzelrichterprinzip**s;

- die Förderung der außergerichtlichen Streitbeilegung (obligatorische vorgerichtliche oder verfahrensbegleitende Schlichtung) – vgl. 7.6;

- die Vereinfachung und Förderung eines Vergleichs (= „gütliche Einigung");

- die verstärkte Nutzung elektronischer Kommunikationsmittel beim Dokumentenverkehr, der Zustellung sowie durch Konferenzschaltungen während eines Prozesses zu abwesenden Prozessbeteiligten;

- die Verpflichtung des Richters zu verstärkter Aufklärung und deutlichen Hinweisen;

- die Dokumentationspflicht (vgl. Hinweispflicht: Ein gegebener aber nicht dokumentierter Hinweis wird behandelt, wie wenn dieser Hinweis nicht gegeben wurde);

- ausführliche Schlusserörterung der Ergebnisse.

(Dazu **vgl.** insbes. **7.2**)

Angestrebte Ziele sind u. a. eine Verfahrensbeschleunigung, Kostensenkung, Senkung der Anzahl gerichtlicher Verfahren und damit Abbau der Überlastung von Gerichten durch verstärkte außergerichtliche Streitbeilegung und erleichterte Vergleichsmöglichkeit, also insgesamt eine Steigerung der Effizienz der gerichtlichen Arbeit bei gleichzeitiger besserer Durchschaubarkeit eines Verfahrens für die streitenden Parteien.

7.1 Die rechtsprechende Gewalt

Die rechtsprechende und auch rechtspflegende Gewalt (= Judikative) ist ein Teil der Staatsgewalt. Die **Gewaltenteilung** bzw. -trennung richtet sich gegen staatliche Willkür und ist eingeteilt in:

- die gesetzgebende Gewalt (= **Legislative**),
- die regierende und verwaltende Gewalt (= **Exekutive**) und in
- die **Judikative** (vgl. oben).

Das Wesen der rechtsprechenden Gewalt begründet sich aus Auftrag und Funktion der ordentlichen Gerichte - inkl. Bundesgerichte.
Demnach liegt das **Gewaltmonopol** beim Staat. Selbstjustiz und Gruppenjustiz (= **verbotene Eigenmacht**) sind nicht erlaubt, sie gefährden die Rechtssicherheit, den Rechtsfrieden, die unparteiische Gerechtigkeit bei der Rechtsprechung und damit den sozialen Frieden.
Eine Ausnahme davon bildet die in bestimmten Fällen erlaubte, gesetzlich geregelte **Selbsthilfe** (vgl. BGB §§ 229, 859).

I.d.R. bedarf es zur Durchsetzung der (berechtigten) Ansprüche u. a. des Zivilprozesses. Die Zivilprozessordnung (ZPO) regelt das förmliche gerichtliche Verfahren zur Beilegung oder

Lösung privater (= bürgerlicher) Streitigkeiten bzw. privater Konflikte. Die ZPO ist ein gesetzlich fixiertes und damit zwingend vorgeschriebenes Verfahren für die Tätigkeit von Zivilgerichten. *Zivilgerichte* regeln Streitigkeiten privatrechtlicher Art, also Streitigkeiten zwischen Privatpersonen, z. B. zwischen Käufer und Verkäufer, zwischen Nachbarn, zwischen Mieter und Vermieter etc. Die Notwendigkeit der ZPO bzw. des Zivilprozesses als **formelles Recht** ergibt sich aus den Rechtsansprüchen des **materiellen Rechts** (vgl. BGB, HGB etc.), die manchmal mangels Einsicht der gegnerischen Partei zwangsweise im Rahmen des staatlichen Gewaltmonopols durchgesetzt werden müssen.
Die Funktion des Zivilprozesses besteht in der Herbeiführung eines gerechten Interessenausgleichs zur (Be-)Wahrung oder (Wieder-)Herstellung des Rechtsfriedens, der durch eine Partei/Person gebrochen wurde.

Verfahrensabgrenzung, Verfahrensarten, Verfahrensablauf allgemein

Verfahrensabgrenzung

Zivilprozess

Austragung von privatrechtlichen Streitigkeiten vor ordentlichen Gerichten, wobei die beteiligten Parteien/Personen prozessual und materiell gleichberechtigt sind. Grundlage ist die ZPO (= Zivilprozessordnung).

Öffentlich-rechtlicher Prozess

U. a. Verwaltungs-, Sozial-, Steuersachen, Strafprozess: Über-/Unterordnungsprinzip zwischen Staat bzw. Hohheitsträger und Bürger. Austragung der Streitigkeiten vor den jeweiligen Gerichten zur Feststellung materieller Rechtsansprüche. Grundlage ist die entsprechende eigenständige Prozessordnung.

Arbeitsrechtliche(s)(r) Verfahren/Prozess

I.d.R. ein zivilrechtliches Verfahren, aber vor den Arbeitsgerichten. Prozessgrundlage ist weitgehend die ZPO, daneben jedoch die spezielle arbeitsrechtliche Verfahrensordnung.

Das förmliche gerichtliche Verfahren

Dem Zivilprozess – einem förmlichen gerichtlichen Verfahren – ist bis zu einem Streitwert von 750 € (BaySchlG) (Ausnahme Familiensachen) ein außergerichtliches obligatorisches Schlichtungsverfahren bei einer Gütestelle zwingend vorangestellt; erst bei Scheitern dieses Verfahrens kann ein förmliches gerichtliches Verfahren eingeleitet werden [Näheres zu diesem Thema vgl. Kap. 7.6]. Sollte jedoch bei einem Streitwert über 750 € kein Schlichtungsverfahren stattgefunden haben, so muss dem förmlichen gerichtlichen Verfahren am Amtsgericht ein Güteverfahren als zeitlich selbstständiges Verfahren (= „früher erster Termin") vorgeschaltet werden. Leiter dieses Verfahrens ist ein Richter/eine Richterin. Sollte dies nicht möglich sein, so wird diese *Güteverhandlung* direkt vor der anberaumten mündlichen Verhandlung erfolgen, die ebenfalls zu einer *„gütlichen Einigung"* beider Parteien führen soll (= *Vergleich*). Damit würde das zivilgerichtliche Verfahren abgeschlossen sein, ohne dass es zu einer mündlichen Verhandlung und damit zu einem abschließenden Urteil mit entsprechend höheren Kosten kommt. Diese Güteverhandlung ist ein selbstständiger Prozessabschnitt. Erst wenn eine Güteverhandlung fehlschlägt, tritt das Gericht in die mündliche Verhandlung ein. Das formelle gerichtliche Verfahren konkurriert z. T. mit formloseren außergerichtlichen Verfahren, wie z. B. Schiedsverfahren von Kammern (z. B. Handwerkskammer) – vgl. Kap. 7.6. Eine Ausnahme bilden z. B. Verfahren bei Ehescheidungen. Hier ist ein ordentliches Gerichtsverfahren zwingend vorgeschrieben.

Verfahrensarten

Bei der Durchsetzung von Ansprüchen gelten zwei Verfahrensarten:
Das **Erkenntnisverfahren** als *Mahnverfahren* oder *Klageverfahren bzw. Streitverfahren* und das **Vollstreckungsverfahren.**

- **Erkenntnisverfahren** (= Zivilprozess i.e.S.): Zielt auf die Rechtsfindung ab. Zur Durchsetzung einer Klage sind drei Klagearten möglich: die *Leistungsklage* (= Verurteilung des Antragsgegners zu einer Leistung, Unterlassung oder Duldung), die *Feststellungsklage* (= gerichtliche Feststellung, ob ein Rechtsverhältnis besteht), die *Gestaltungsklage* (= Rechtsverhältnis soll begründet, verändert oder aufgelöst werden; z. B. Scheidung als Auflösung der Ehe).

- **Vollstreckungsverfahren** = Mittel zur zwangsweisen Durchsetzung des Urteils aus dem Erkenntnisverfahren und anderer Vollstreckungs**titel** (z. B. bei Vergleichen, Vollstreckungsbescheiden, Kostenfestsetzungsbeschlüssen).

Zwischen dem Erkenntnisverfahren und dem Vollstreckungsverfahren steht der **einstweilige Rechtsschutz** - z. B. durch eine einstweilige Verfügung - zur Sicherstellung der tatsächlichen Umsetzung (Verwirklichung) des Urteils.

Verfahrensablauf allgemein

Der Gang eines Zivilprozesses unterliegt zwingenden Vorschriften von der Zuständigkeit des Gerichts, der Klageeinreichung über das Urteil bis zur Einlegung von Rechtsmitteln.

Die Einreichung der **Klage** kann beim Amtsgericht i.d.R. durch den **Kläger** selbst, beim Landgericht als erste Instanz nur durch einen Rechtsanwalt erfolgen (dazu vgl. oben 7.3). Die eingereichte **Klageschrift** muss Formerfordernissen genügen, u. a. sind Angaben über den Streitgegenstand, die streitenden Parteien/Personen, den Streitgrund und den daraus resultierenden Anspruch sowie einen genauen Antrag auf Leistung oder Unterlassung oder auf eine Feststellung, worüber das angerufene Gericht zu entscheiden hat, darzulegen.

Der **Beklagte** erhält eine **Abschrift** der Klageschrift (i.d.R. Einschreiben mit Rückschein) zugestellt, womit die Klage formell **erhoben** worden ist. Gleichzeitig erfolgt die Ladung beider Parteien zur **mündlichen Verhandlung**.

Das Gericht bereitet die Verhandlung anhand von Schriftsätzen der beiden gegnerischen Parteien (i.d.R. der Rechtsanwälte) vor, d. h. Antrag auf Verurteilung bzw. Antrag auf Klageabweisung in der Klageerwiderung mit Erklärungen und Beweismitteln (= schriftliches Vorverfahren). Diese Anträge werden dann zu Beginn der **mündlichen Verhandlung** vor dem Richter gestellt, worauf sich jede der Parteien über die gegen sie vorgebrachten Behauptungen äußern muss. Werden vorgebrachte Tatsachen bestritten, so muss dafür der Beweis erbracht werden durch Augenschein, Zeugen, Sachverständige, Urkunden oder durch die Vernehmung der gegnerischen Partei. In bestimmten Ausnahmefällen kann dieser Prozessteil in einem schriftlichen Verfahren abgehandelt werden, ohne persönliche Anwesenheit der Prozessbeteiligten.

Ein **Urteil** wird verkündet, wenn die Klage nicht zurückgenommen wurde oder wenn kein **Vergleich** zustande kam. Das Urteil wird zusammen mit der Urteilsbegründung vorgetragen und den Prozessparteien ausgehändigt.

Gegen das Urteil können Rechtsmittel eingelegt werden - vgl. 7.3.

Eine besondere Form des Urteils ist das **Versäumnisurteil (= klageabweisendes Urteil auf Antrag),** wenn eine Partei nicht rechtzeitig oder gar nicht zum Prozess erscheint - vgl. 7.2.

7.2 Aufbau und Einteilung der Zivilgerichtsbarkeit

Die Zivilgerichtsbarkeit ist Teil der **ordentlichen Gerichtsbarkeit**, zu der auch die Strafgerichtsbarkeit zählt. Außer der ordentlichen Gerichtsbarkeit besteht noch die Arbeits-, Verwaltungs-, Sozial- und Finanzgerichtsbarkeit. An oberster Stelle (= oberste Instanz) steht jeweils ein **Bundesgericht**, z. B. in Zivilsachen der Bundesgerichtshof, in arbeitsrechtlichen Streitigkeiten das Bundesarbeitsgericht. Darüber ist als höchste Gewalt (Instanz) das **Bundesverfassungsgericht** installiert, das über die verfassungsgemäße Anwendung der Rechtsnormen von anderen Gerichten zu entscheiden hat.

Die Zivilgerichtsbarkeit wird eingeteilt in

- die **streitige** Gerichtsbarkeit und
- die **freiwillige** Gerichtsbarkeit.

Die *freiwillige Gerichtsbarkeit* übt eine **verwaltende Tätigkeit** aus durch Richter oder Rechtspfleger am **Amtsgericht**, ist aber keine rechtsprechende Gewalt. Sie wird nach Aufgabenbereichen bzw. "Angelegenheiten" aufgeteilt, nämlich in das

- Nachlassgericht,
- Grundbuchamt,
- Registergericht (z. B. Vereinsregister, Handelsregister),
- Vormundschaftsgericht,
- Familiengericht.

Aufgabe der streitigen Gerichtsbarkeit ist es, Prozesse zu führen, in denen *Urteile* gefällt oder *Beschlüsse* gefasst bzw. *Vergleiche* angestrebt werden. Ausgeübt wird die streitige Gerichtsbarkeit von Berufsrichtern. Gerichte in der Zivilgerichtsbarkeit werden nur tätig, wenn sie angerufen werden, um in einem Zivilprozess Ansprüche der Streitenden festzustellen, auszugleichen oder durchzusetzen.

Der Instanzenzug der streitigen Gerichtsbarkeit: Die 1. Instanz (= Eingangsinstanz) beginnt entweder mit dem *Amtsgericht* bei einem *Streitwert* bis incl. 5000 € bei vermögensrechtlichen Ansprüchen oder mit dem *Landgericht* bei einem Streit über 5000 €.

Ohne Rücksicht auf Streitwert bzw. Wert des Beschwerdegegenstandes werden am *Amtsgericht* verhandelt Mietsachen, Kindschafts- und Unterhaltssachen, Mahnverfahren, Zwangsvollstreckungsverfahren, Konkursverfahren, Ehesachen. Weiterhin kann das Amtsgericht zur gerichtlichen Beweissicherung bei „Handwerkerpfusch“ benutzt werden. Vor dem Amtsgericht besteht kein Anwaltszwang, Kläger bzw. Beklagter können sich selbst vertreten; Ausnahme: z. B. Familiensachen.

Bei einem Streitwert über 5000 € ist das *Landgericht* als Eingangsinstanz sachlich zuständig. Hier besteht Anwaltszwang wie auch in den weiteren Instanzen, dem Oberlandesgericht und dem darauf folgenden Bundesgericht.

Die Eingangsinstanz ist *Tatsacheninstanz* und dient somit der Tatsachenfeststellung, soll aber möglichst eine „gütige Einigung“ herbeiführen.

Der Prozess ist auf die Eingangsinstanz als Prozessgericht konzentriert auf Grund der erheblichen Verantwortlichkeit der 1. Instanz für die Aufklärung des Sachverhalts. Es bestehen eine starke Einbindung der Parteien (Beibringung aller entscheidungsrelevanten Beweismittel schon in der 1. Instanz) und besondere Pflichten für das Prozessgericht – **vgl. Vorbemerkung** vor 7.1 – wie die Hinweispflicht, die Erörterungspflicht von Zwischenergebnissen der Verhandlung und ihrer Einschätzung durch das Gericht als Kontroll- und Korrekturmöglichkeit, die strenge Dokumentationspflicht und die Pflicht zur Schlusserörterung vor der Entscheidung des Gerichts – mit der

Möglichkeit auf ein außergerichtliches Schlichtungsverfahren bzw. auf einen Vergleich hinzuwirken – sowie weitreichende Beiziehungsbefugnisse des Prozessgerichts auf grund eines für die Sachaufklärung wichtigen Umstandes, den eine Partei vorgebracht hat.
Bei unanfechtbaren Urteilen der Eingangsinstanz besteht die Möglichkeit der Gehörsrüge als Abhilfeverfahren gegen einen prozessual entscheidenden Verstoß gegen das rechtliche Gehör einer Partei (eine Kontroll- und Korrekturmöglichkeit einer endgültigen Entscheidung – Urteil –

in der 1. Instanz) – vgl. dazu 7.3. Der Rüge ist durch eine Fortführung des mündlichen Verfahrens auf der Grundlage des Prozesses vor Schluss der Verhandlung abzuhelfen. Ebenfalls ist in der Eingangsinstanz eine selbstständige Beschwerdeabhilfe möglich, außer der Nichtzulassungsbeschwerde und Rechtsbeschwerde (Zuständigkeit liegt beim BGH, vgl. dazu 7.3).

Der organisatorische Aufbau des Instanzenzugs der ordentlichen Gerichte

Amtsgericht: Eingangsinstanz bis 5000 € Streitwert, Rügeinstanz, Tatsacheninstanz; Vollstreckungsgericht; obligatorischer Einzelrichter; z. T. Familiengericht.

Landgericht: Eingangsinstanz ab 5000 € Streitwert, Rügeinstanz, Tatsacheninstanz; Berufungsinstanz für Urteile des Amtsgerichts; obligatorischer Einzelrichter oder Zivilkammer für Spezialgebiete, z. B. in Handelssachen.

Oberlandesgericht: Berufungsinstanz für Urteile des Landgerichts; Zivilsenat

Bundesgerichtshof: Revisionsgericht bei Revision bzw. Revision nach Berufung oder Sprungrevision; Entscheidungsinstanz für eine Nichtzulassungsbeschwerde; Zivilsenat; Großer Senat mit Präsident.

7.3 Abwehr von Ansprüchen im Privatrecht

[Möglichkeiten und Arten diverser Ansprüche vgl. Kap. 5.]

Möglichkeiten der Abwehr von Ansprüchen durch Zivilprozess sind:

- ### Möglichkeiten des Rechtsbehelfs

Einrede

Vorübergehende oder dauernde Leistungsverweigerung unter bestimmten Voraussetzungen. Z. B. Einrede des nicht erfüllten Vertrages = Leistungsverweigerungsrecht, bis der andere bei einem gegenseitigen Vertrag geleistet hat, wenn dieser zur Vorleistung verpflichtet ist.

Widerspruch

Z. B. Drittwiderspruchsklage gegen die Zwangsvollstreckung in das Vermögen eines Dritten bei dessen Konkurs durch „ein die Veräußerung hinderndes Recht“ wie u. a. Eigentums-recht an einer Sache, oder Widerspruch des Schuldners gegen einen Mahnbescheid, was dann zu einem ordentlichen Verfahren führt.

Einspruch

a) Gegen ein Versäumnisurteil mit dem Ziel der „Wiedereinsetzung in den vorigen Stand“ bei Nachweis der unverschuldeten Versäumnis einer Frist; Wirkung ist z. B. die Einstellung der Zwangsvollstreckung und die Fortsetzung des Prozesses.

b) Gegen einen Vollstreckungsbescheid im gerichtlichen Mahnverfahren, wenn vorher kein Widerspruch eingelegt worden ist.

Die Verwerfung eines Einspruchs gegen ein Versäumnisurteil oder einen Vollstreckungsbescheid erfolgt durch Urteil, nicht durch Beschluss, auch ohne mündliche Verhandlung. Danach kann nur noch Berufung als Rechtsmittel eingelegt werden.

Gehörsrüge

Außerordentlicher Rechtsbehelf gegen Urteile, die nicht berufungsfähig sind. Es ist ein *Abhilfeverfahren* zur Möglichkeit der *Eigenkorrektur* von nicht anfechtbaren Urteilen der ersten Instanz. – Zulässigkeit der Rüge: Form- und fristgerechter Eingang beim zuständigen Gericht; Darlegung des Verstoßes gegen rechtliches Gehör sowie Darlegung der Entscheidungserheblichkeit der Gehörsverweigerung. – Begründet ist die Rüge dann, wenn

der Anspruch auf rechtliches Gehör erheblich verletzt wurde und bei Gehör ein anderes Urteil gefällt worden wäre, d. h. das ergangene Urteil auf diesem Verstoß beruht. – Wirkung der Rüge: Das ergangene Urteil wird nicht gegenstandslos, aber die Einstellung der Vollstreckung ist möglich.

Erinnerung: *Vgl. unten unter Punkt „Beschwerde“.*

- **Möglichkeit im prozessualen Vorgang**

Einwendung

a) Leistungsverweigerungsrecht; z.B. keine Rückzahlung eines Kredits bei fehlgeschlagener Nachbesserung im Rahmen von „verbundenen Geschäften“ (Kaufvertrag und Kreditvertrag zur Finanzierung des Kaufs).

b) Einwendungen gegen Behauptungen und Ansprüche der Gegenpartei während eines Prozessverlaufs.

- **Rechtsmittel**

Rechtsmittel gegen ein Urteil sind Berufung und Revision. Auch hier gilt i.d.R. das **Einzelrichterprinzip.**

Berufung

Berufungsinstanz ist die jeweils nächst höhere Instanz nach der Eingangsinstanz. Sie ist keine reine Tatsacheninstanz, sondern zuständig für die *Rechtsfehlerkontrolle.* Sie überprüft auf Antrag das angefochtene Ersturteil auf formelle und materielle Rechtsfehler (erhebliche Rechtsverletzung, die urteilsentscheidend war), bei begründeten Zweifeln an der für das ergangene Urteil maßgeblichen Richtigkeit und

Vollständigkeit der Tatsachenfeststellung der 1. Instanz oder bei Auftreten von neuen Angriffs- und Verteidigungsmitteln. Neue *Angriffs- und Verteidigungsmittel* sind nur unter bestimmten Voraussetzungen zugelassen, z. B. wenn diese erst nach Bekanntgabe des erstinstanzlichen Urteils aufgetreten sind, d. h. es können keine urteilsrelevanten Tatsachen nachgeschoben werden. Das Berufungsgericht ist somit grundsätzlich an die Tatsachenfeststellung und Tatsachenwürdigung der Eingangsinstanz gebunden. Das erste Verfahren wird daher nicht oder nur teilweise wieder aufgerollt. Am Ende des Berufungsverfahrens steht ein *Urteil* der Berufungsinstanz; eine Zurückverweisung an die Eingangsinstanz ist grundsätzlich nicht möglich.

Die Berufung ist *zulässig* bei einem **Beschwerdewert** (= *Beschwerde*) von über 600 € oder, wenn das Gericht die Berufung im Urteil zugelassen hat. Eine *Zulassung* der Berufung – auch bei einem Streitwert bis zu 600 € – ist möglich

- bei einer grundsätzlichen Bedeutung der Sache für die Rechtsprechung,
- zur erforderlichen Fortbildung des Rechts,
- zur Sicherung einer einheitlichen Rechtsprechung/Rechtseinheit.

Das Berufungsgericht ist an die erstinstanzliche Zulassung gebunden. Eine *Verwerfung* der Berufung kann erfolgen, wenn diese unzulässig ist; dagegen kann Rechtsbeschwerde eingelegt werden (vgl. unten), oder eine *Zurückweisung* der Berufung durch das Berufungsgericht ist durch unanfechtbaren Beschluss möglich, wenn z. B. die o. a. Zulassungsgründe nicht vorliegen.

Das Berufungsrecht unterscheidet zwischen dem vorbereitenden Einzelrichter und den Entscheidungsrichter.

Von der Rechtsfehlerkontrolle ist die Kontrolle der Zuständigkeit der Eingangsinstanz ausgenommen, d. h. diese kann auch fehlerhaft sein.

Revision

Revision kann gegen alle in der jeweiligen Berufungsinstanz erlassenen Urteile stattfinden.

Die Revision muss vom Berufungsgericht zugelassen sein (**Zulassungsrevision**), sie ist somit unabhängig vom Streitwert zu zulassen. Ihre Zulassung setzt voraus

- eine grundsätzliche Bedeutung der Rechtssache für die Rechtsprechung – oder
- die Fortbildung des Rechts – oder
- dass eine Einheitlichkeit in der Rechtsprechung durch eine Revisionsentscheidung erreicht wird.

Revisionsgericht ist der BGH (Bundesgerichtshof).
Bei Nichtzulassung der Revision kann beim BGH eine **Nichtzulassungsbeschwerde** eingelegt werden, wenn der Beschwerdewert **über 20.000 €** liegt (gültig bis 31.12.2006).

In Familiensachen ist eine Nichtzulassungsbeschwerde z. Zt. nicht möglich (erst ab 2007).

Sprungrevision ist beim BGH möglich gegen ein am Amtsgericht erlassenes Urteil, das ohne Zulassung der Berufung unterliegt. Weiterhin hat der Prozessgegner mit einer Sprungrevision einverstanden zu sein und das Revisionsgericht muss die Sprungrevision zulassen.

Beschwerde

Die Beschwerde ist das Rechtsmittel gegen einen Beschluss in der ersten Instanz.

- ***Die (befristete) sofortige Beschwerde**:* Sie ist statthaft, wenn die Zurückweisung eines Antrags oder eines Gesuchs durch einen Beschluss/eine Entscheidung des Gerichts gesetzlich anfechtbar ist. Die **Erstinstanz** kann der Beschwerde selbst abhelfen (selbst entscheiden) (**Abhilfebefugnis**). Kann in der ersten Instanz nicht abgeholfen werden – dies ist der Fall, wenn vom Gericht der ersten Instanz bzgl. des Beschwerdeverfahrens Fristen gesetzt und diese nicht eingehalten werden – so muss die Beschwerde zur Entscheidung an das **Beschwerdegericht** weitergeleitet werden; auch hier gilt das Einzelrichterprinzip, wenn erstinstanzlich ein Einzelrichter tätig war. Gegen die Entscheidung des Richters kann binnen zwei Wochen der **Rechtsbehelf** der **Erinnerung** eingelegt werden. Wird gegen die Erinnerung entschieden, wird gegen diesen Beschluss sofort Beschwerde eingelegt. Der **Beschwerdewert** bei einer Beschwerde über Prozesskosten beträgt 100 €, bei anderen Beschwerdegegenständen 50 €.

- ***Die Rechtsbeschwerde:*** Sie ist **revisionsähnlich ausgestaltet** und auf eine **Rechtsprüfung** beschränkt und wird beim BGH eingelegt. Zulässig ist die Rechtsbeschwerde, wenn sie vom Gesetz vorgesehen ist oder sie vom Oberlandesgericht, vom Beschwerdegericht oder vom Berufungsgericht in der ersten Instanz in Fragen von grundsätzlicher Bedeutung zugelassen wurde. Zum Begriff *Revision:* vgl. oben.

7.4 Verfahrensgrundsätze

Gegenüberstellung der *Grundsätze der Gerichtsverfahren* im Zivilprozess und im Strafprozess

Zivilprozess	Strafprozess
Sachliche Zuständigkeit	
Der Streitwert bestimmt die 1. Instanz (Amtsgericht oder Landgericht)	Die Schwere des Falles und das zu erwartende Strafmaß bestimmen die Zuständigkeit eines Gerichts (Einzelrichter, Schöffengericht, Schwurgericht, Oberlandesgericht)
Örtliche Zuständigkeit	
Kann gesetzlich festgelegt sein oder vereinbart werden	Tatort, Ergreifungsort oder Wohnsitz des Angeklagten
Hauptprinzipien	
Parteiherrschaft und Beibringungsgrundsatz: Verhandlungsgrundlage sind Anträge der Parteien (= *Verhandlungsgrundsatz*) zum Streitgegenstand (Verhandlungsmaxime). Die Parteien haben alles Notwendige zu tun, um ihre Beweisführung klarlegen zu können. • Bei Ehesachen u.a. gilt der Untersuchungsgrundsatz.	*Untersuchungsgrundsatz:* Das Gericht hat das Notwendige zu tun, um unabhängig von der Beweisführung des Angeklagten oder der Zeugen, die Wahrheitsfindung zu betreiben (= Untersuchungsmaxime). - *Legalitätsprinzip:* Der Staatsanwalt ist verpflichtet, bei verfolgbaren Straftaten öffentlich Klage zu erheben (= Verhandlungsgrundlage).
Aufklärungspflicht des Gerichts: Der Vorsitzende hat alle notwendigen Fragen hinsichtlich der sachlich-rechtlichen und prozessual erheblichen Tatsachen zu stellen. Er muss auf Ergänzungen und sachdienliche Anträge achten.	Falls eine genaue Klärung nicht möglich ist, Entscheidung für den Angeklagten (= *in dubio pro reo*).
Wahrheitspflicht der Parteien: Diese haben ihre Erklärungen über tatsächliche Umstände vollständig und der Wahrheit gemäß abzugeben.	*Anklageprinzip:* "Wo kein Kläger, da kein Richter", d. h. Anklagemonopol hat die Staatsanwaltschaft. Der Angeklagte muss nicht die Wahrheit sagen.

Mitwirkungs- und Förderungspflicht: Persönliche Anwesenheit von Kläger und Beklagtem ist i.d.R. notwendig; widrigenfalls erfolgt Zwangsvorführung.

Richterliche Vorprüfung vor Eröffnung des Hauptverfahrens: Prüfung, ob die dem Angeklagten angelastete Tat als wahrscheinlich festzustellen und mit einer Verurteilung zu rechnen ist; eine Mitwirkungs- und Förderungspflicht des Angeklagten besteht grundsätzlich nicht (im Gegenteil vgl. Untersuchungshaft wegen Verdunklungsgefahr etc.).

Mündlichkeit, Unmittelbarkeit, Öffentlichkeit:

Mündlich = Herbeiführung einer straffen Prozessführung und enge Fühlung mit den Parteien (aber: Ausnahmen).
Unmittelbarkeit = Das Vorgebrachte ist die Grundlage für die richterliche Entscheidung.
Öffentlichkeit: besteht grundsätzlich; Ausnahme bei Ehe-, Kindschaftssachen, Gefährdung der öffentlichen Ordnung und der Sittlichkeit.

Für das Hauptverfahren (nach Eröffnungsbeschluss der Vorprüfung) gelten z. großen Teil die gleichen Grundsätze wie im Zivilprozess.

Wichtigster Unterschied s. o.: Untersuchungsgrundsatz im Gegensatz zum Verhandlungsgrundsatz im Zivilprozess.

Rechtliches Gehör und freie Beweiswürdigung: Rechtliches Gehör besteht in der Möglichkeit zur sachlichen Äußerung, die gewährt werden muss.
Freie Beweiswürdigung: Entscheidung des Gerichts nach freier Überzeugung unter Berücksichtigung der gesamten Verhandlung und evtl. einer Beweisaufnahme.

Die *Beweislast* liegt beim Beschuldigten. (Vgl. auch Umkehrung der Beweislast in manchen Fällen).

Die *Beweislast* liegt beim Ankläger, nicht beim Angeklagten.

7.5 Gebühren und Kosten des Verfahrens

Das **Prozesskostenrisiko** ist hoch. U. U. kann eine Rechtsschutzversicherung diese ganz oder teilweise auffangen.

Es fallen an Gebühren bzw. Kosten des Rechtsanwalts und des Gerichts (außergerichtliche und gerichtliche Kosten) je nach Streitwert, dazu evtl. auch Kosten für Sachverständige und Zeugen. Je nach Instanz erhöhen sich die Kosten erheblich. Unter www.juraverein.de ist ein Prozesskostenrechner abrufbar.

Dem Gericht ist ein Kostenvorschuss zu zahlen. Bei Bedürftigkeit kann Prozesskostenhilfe beantragt werden; § 115 (1) 4 ZPO enthält eine €-Tabelle.

Wird der Prozess verloren, so hat i.d.R. die unterlegene Partei alle Kosten zu tragen - die eigenen, die des Gerichts und die der gegnerischen Partei. Bei einem Vergleich kommt es zur Kostenquotelung, d. h. jede Partei hat einen Teil der Kosten zu tragen.

Die Kosten für das gerichtliche Mahnverfahren (Gerichtskosten und Zustellkosten) betragen bei einem Streitwert bis 1.000 € z. Zt. 196 €; über 1000 € Streitwert erfolgt die Berechnung der Kosten nach dem **Gerichtskostengesetz**.

7.6 Das Bayerische Schlichtungsgesetz

Für streitende Parteien ist bis zu einem Streitwert von 750 € (Bayern) bei Nachbarschaftsstreitigkeiten (siehe Nachbarschaftsrecht) und nicht-medialen Ehrverletzungen ein außergerichtliches Schlichtungsverfahren bei einer Gütestelle seit dem 01.09.2000 zwingend vorgeschrieben. Gütestellen sind "neutrale Dritte"; dazu gehören z. B. zugelassene Rechtsanwälte, Notare. Diese können erfolgsunabhängig eine Auslagenpauschale (z. Zt. 20 €) und eine Gebühr (z. Zt. 100 € bei Durchführung eines Schlichtungsgesprächs, 50 € wenn kein Schlichtungsgespräch stattfand) erheben, was billiger als ein ordentliches Gerichtsverfahren ist. Die Parteien können bei einer Schlichtung von Rechtsanwälten vertreten werden. Das Schlichtungsergebnis ist ein vollstreckbarer Titel. Erst wenn keine erfolgreiche Streitbeilegung erzielt wird, kann ein zivilrechtlicher Gerichtsprozess angestrebt werden, d. h. das ausgestellte Zeugnis des Schlichtungsverfahrens ist Prozessvoraussetzung.

Neben der obligatorischen Schlichtung existiert nach wie vor die Möglichkeit einer freiwilligen Schlichtung z.B. durch branchengebundene Schlichtungsstellen.

Eine besondere Form des Schlichtungsverfahrens ist das **Mediationsverfahren**, in dem ein neutraler Dritter den Vermittler abgibt, der die streitenden Parteien zu einer einvernehmlichen Lösung anleiten soll. Das Verfahren wird durch einen Vergleich abgeschlossen, in dem auch die Kostenaufteilung festgelegt wird (Mediationsrechner, vgl. oben www.adresse).

7.7 *Exkurs:* Das Kleinverfahren

Bei einem Streitwert bis zu 600 € ist eine Verfahrensbestimmung „nach billigem Ermessen“ möglich.

7.8 *Exkurs:* Das gerichtliche Mahnverfahren

Grundzüge des Verfahrens

In bisher 11 Bundesländern wurde das **automatisierte gerichtliche Mahnverfahren** eingeführt. Die EDV-gestützte Bearbeitung erfolgt zentral (in Bayern: Amtsgericht Coburg) und nach einheitlichen Regeln (Grundlage: einheitliche Software). Ziele sind ein effektives und kostengünstiges Verfahren, eine Verbesserung der Bearbeitungsqualität und eine Entlastung der Amtsgerichte, wenn Einwendungen der gegnerischen Partei nicht zu erwarten sind; in diesen Fällen (zu erwartende Einwendungen) ist das jeweilige Amtsgericht zuständig.

Voraussetzung für die Einleitung eines gerichtlichen Mahnverfahrens ist, dass der Schuldner in Zahlungsverzug ist und ein Zahlungsanspruch besteht. Um den Zahlungsanspruch durchzusetzen bestehen zwei gesetzliche Möglichkeiten:

- außergerichtliches Mahnverfahren bei einem Rechtspfleger, das in ein gerichtliches Verfahren einmünden kann;
- streitiges gerichtliches Verfahren.

<u>Vereinfachte Darstellung eines gerichtlichen Mahnverfahrens</u>

Schuldner ist in Zahlungsverzug → Antrag auf Erlass eines Mahnbescheids beim zuständigen Amtsgericht → Erlass des Mahnbescheids und Zustellung des Bescheids durch das Amtsgericht (Einschreiben mit Rückschein) →

1. Möglichkeit:

Der Schuldner zahlt, dann ist die Sache erledigt.

2. Möglichkeit:

Der Schuldner zahlt nicht → Antrag auf einen Vollstreckungsbescheid → Erlass und Zustellung des Vollstreckungsbescheids:

- der Schuldner zahlt, dann ist die Sache erledigt;
- der Schuldner zahlt nicht, dann Einleitung der Zwangsvollstreckung per Gerichtsvollzieher ; evtl. Drittwiderspruchsklage (z. B. wegen Pfandrechts);
- der Schuldner zahlt nicht und erhebt Einspruch, dann Einleitung eines Gerichtsverfahrens (Zivilprozess) mit abschließendem Urteil oder Vergleich.

3. Möglichkeit:

Der Schuldner zahlt nicht und erhebt Widerspruch → Einleitung eines Gerichtsverfahrens mit abschließendem Urteil oder Vergleich. U. U. Einleitung der Zwangsvollstreckung; evtl. Drittwiderspruchsklage

Literaturverzeichnis

Achterberg, Norbert / Püttner, Günter; Textbuch Staats- und Verwaltungsrechtlicher Gesetze, Vorschriften des öffentlichen Rechts der Bundesrepublik Deutschland; C. F. Müller, Juristischer Verlag, Heidelberg 1987
Bartsch, Michael/Maurer, Jörg/Sester, Peter; Beck'sche Synopse zum neuen Schuldrecht; Verlag C.H.Beck; München 2002
Bayerisches Staatsministerium der Justiz; Mahnverfahren - Ein kurzer Prozeß; München, o. Jg.
Becker, Horst / Heß, Jürgen / Wertheimer, Frank; Grundwissen Recht, Ein praktisches Kompendium der wichtigsten Rechtsgebiete, Klett Verlag, Stuttgart 1999
Beck'scher Ratgeber Recht; C.H.Beck Verlag, München 1996
Berndt, Richard; Merkblätter Recht für Grund- und Leistungskurs Wirtschafts- und Rechtslehre; Eigenverlag, München 2002
Blass, Dorothea/Blass, Georg/Bizer, Ernst; Institutionenkunde, Politik - Wirtschaft - Recht; Paul Kieser Druckerei und Verlag, Neusäß 1985
Braunschneider, Hartmut; Das Skript, BGB AT; AchSo!-Verlag, Köln 1995
Brenner, Karl; Bürgerliches, Handels-, Zivilprozeß- und Wirtschaftsrecht; Wilhelm Heyne Verlag, Müchen 1993
Bürgerliches Gesetzbuch, C. H. Beck-Texte im dtv-Verlag, München
Creifelds, Carl (Hrsg.); Rechtswörterbuch; C.H.Beck'sche Verlagsbuchhandlung, München 1981[6]
Däubler, Wolfgang; BGB kompakt; Die systematische Darstellung des Zivilrechts; Beck-Texte im dtv; München 2002
Dauner-Lieb, Barbara (Hrsg.); Das neue Schuldrecht; Fälle und Lösungen; Deutscher Anwaltverlag; Bonn 2002
Deutscher Bundestag (Hrsg.); Grundgesetz für die Bundesrepublik Deutschland (Stand: Juli 1998); Bonn 1998
Droll, Bernhard / Heinzelmann, Gustav/Köhl, Hans; Bürgerliches Recht, Handelsrecht, Gesetz und Rechtsprechung; Verlag Europa-Lehrmittel, Offenburg 1992
Europa-Lehrmittel-Verlag (Hrsg.); Sonderdruck zu „Gesetzliche Neuerungen im Schuldrecht ab 2002"; Haan-Gruiten, o. J.
Fingerhut, Michael/Kroh, Gundo; Das neue Schuldrecht in der Unternehmenspraxis; Verlag Heymanns; Köln, Berlin, Bonn, München 2002
Fuchs, Dieter / Schellenberger, Ewald; Recht, Ein Arbeitsbuch für die Kollegstufe; Blutenburgverlag, München und Schöningh-Verlag, Paderborn 1995
Gabler-Wirtschaftslexikon: Classik, Gabler Wiesbaden 1996
Goepfert, Eberhard, Dr.; Privatrecht; Winklers-Verlag Darmstadt 1991
Gross, Willi / Söhnlein, Walter; Bürgerliches Recht, Fall – Systematik – Lösung.
Band1: Allgemeiner Teil, Gabler Verlag, Wiesbaden 1980[3],
Band2: Schuldrecht, Allgemeiner Teil, Gabler Verlag, Wiesbaden 1983[3],
Band3: Schuldrecht, Besonderer Teil, Gabler Verlag, Wiesbaden 1982[2]
Hoefer, Gerhard (Hrsg.); Bürgerliches Recht und Handelsrecht, Verlag Gehlen, Bad Homburg 1996
Kästner, Werner; Rechtskunde, Ein Lehr- und Arbeitsbuch; Bayerischer Schulbuchverlag, München 1986
Koch, Eckart, Das Recht im Wirtschaftsleben; Verlag Gehlen, Bad Homburg 1995
Koch, Eckart; Grundzüge des Rechts.
Teil 1, Bürgerliches Recht und Zivilprozeßrecht; Verlag Dr. Max Gehlen, Bad Homburg v.d.H. 1996[9],
Teil 2, Wirtschafts- und Verwaltungsrecht; Verlag Dr. Max Gehlen, Bad Homburg v.d.H. 1993[5]
Kotzian-Rumpf, Manfred (Hrsg.); Rechtstips, Ihr Rechtsberater; Akademische Arbeitsgemeinschaft Verlagsgesellschaft Mannheim, aktualisiert 1999
Küchenhoff, Günther und Erich; Allgemeine Staatslehre; Verlag W. Kohlhammer; Stuttgart, Berlin, Köln, Mainz 1971
Lorenz, Stephan/Riehm, Thomas; Lehrbuch zum neuen Schuldrecht; Verlag C.H. Beck; München 2002

Michalski, Lutz; Die Schuldrechtsreform; Uni-Skript Bayreuth; o. J.
Pinter, Donath; Rechtskunde 1, Grundwissen Privates und Öffentliches Recht; Hueber-Holzmann Verlag, München 1974
Presse- und Informationsamt der Bundesregierung (Hrsg.); Wegweiser für Verbraucher; Bonn 1991
Richter, H. P.; Juristische Grundkurse, Dritter Band; BGB, Schuldrecht Allgemeiner Teil; Richter Verlag Kiel, 1990/91
Rube, Klaus-Hartwig; Wirtschafts- und Rechtslehre, Vorbereitung auf das Abitur Wirtschafts- und Rechtslehre Leistungskurs, Manz-Verlag, München 1995
Rumpf-Rometsch, Egbert; Die Fälle, BGB – Schuldrecht AT (Unmöglichkeit/Verzug/p.V.V./ c.i.c.); Der Fall-Fallag, Köln 1996²
Rumpf-Rometsch, Egbert; Die Fälle, BGB – Schuldrecht BT (Mängelhaftung); Der Fall-Fallag, Köln 1996²
Schmidt-Räntsch, Jürgen; Das neue Schuldrecht – Anwendung und Auswirkungen in der Praxis; Verlag Heymann; Köln, Berlin, Bonn, München 2002
Schwind, Hans-Dieter / Hassenpflug, Helwig / Nawratil, Heinz; Strafrecht leicht gemacht, Kleiner Strafrechtsschein, Ewald v. Kleist-Verlag, Berlin 1994
Staatsinstitut für Schulpädagogik und Bildungsforschung (Hrsg.); Handreichungen für den Unterricht im Leistungskurs Wirtschafts- und Rechtslehre, 7. Folge: Recht; Auer Verlag; Donauwörth 1989
Strafgesetzbuch; C. H. Beck-Texte im dtv-Verlag, München 1998
Tosberg, Hans Joachim/Tosberg, Susanne; Jugendlexikon Recht, Einfache Antworten auf schwierige Fragen; Rowohlt Taschenbuchverlag, Reinbek b. Hamburg 1976
Unser Recht, Die wichtigsten Gesetze für den Staatsbürger; Sonderausgabe München 1991; Beck-Texte im dtv-Verlag
Witt, Günther; Grundriß des Bürgerlichen Rechts, Allgemeiner Teil - Schuldrecht - Sachenrecht; Merkur Verlag, Rinteln, 1990

www. bmj.de
www.isb.bayern.de
www.justiz.bayern.de

Abituraufgabe GK 2003/2

Sämtliche Aufgaben sind, soweit möglich, unter Angabe der entsprechenden Normen des BGB zu bearbeiten.

Auf den Straßen der Altstadt ist Flohmarkt. Interessierte Käufer und neugierige Passanten drängen sich um die vielen Stände. Der Stand des 19-jährigen Paul (P) stößt auf großes Interesse. Herr Knauer (K) interessiert sich für einen bayerischen Löwen aus Steingut, für den er Paul 80 € bietet. Paul selbst hat diese Skulptur erst letzte Woche von dem volljährigen Thomas (T) geschenkt bekommen. Weder Paul noch Knauer wissen, dass Thomas die Skulptur vor zwei Monaten heimlich von Haberkorns (H) Terrasse entwendet hat. Knauer kauft die Skulptur zum vereinbarten Preis und nimmt sie mit nach Hause. Damit seine Kinder die Skulptur nicht umwerfen können, befestigt er sie mit Schnellzement auf seiner Gartenmauer.

1.1. Prüfen Sie, wer Eigentümer der Skulptur ist, als Knauer den Flohmarkt verlässt!

§ 94 Ob Sachen fester verbunden sind, ist nach den Verkehrsanschauungen zu beurteilen. Die Voraussetzung ist erfüllt, wenn die Trennung zur Beschädigung oder Änderung des Wesens der mit dem Grundstück verbundenen Sache führt, ja sogar schon dann, wenn sie nur mit unverhältnismäßigem Aufwand möglich ist. Fest verbunden sind z.B. 80 cm tief in den Boden eingegrabene Betonhöcker, nicht aber in einem Gebäude aufgehängte Wandschränke. [...] Ist das Gebäude selbst wesentlicher Bestandteil des Grundstücks, sind seine wesentlichen Bestandteile zugleich solche des Grundstücks.

Quelle: Palandt, Bürgerliches Gesetzbuch, 2003, S. 65 (bearbeitet)

1.2. Erörtern Sie anhand der §§ 946, 94 BGB und des oben zitierten Rechtskommentars, ob sich die Eigentumslage durch das Befestigen der Skulptur ändert!

(18 BE)

Nachdem Knauer gegangen ist, kommt der 20-jährige Gregor (G) an den Stand des Paul und entdeckt dort eine Schallplatte mit alten Aufnahmen des Gitarristen James Fast. Gregor denkt, es handle sich dabei um Rockmusik, und wird mit Paul schnell handelseinig. Zu Hause stellt Gregor beim ersten Anhören jedoch fest, dass es sich bei der erworbenen Platte um klassische Musik handelt. Gregor ist verärgert, denn eine Platte mit klassischer Musik hätte er keinesfalls gekauft.

2. Erklären Sie, wie Gregor sein Geld wieder zurückbekommen könnte, wie er dabei vorgehen müsste und welche Schwierigkeiten sich dabei in der Praxis ergeben würden!

(12 BE)

Auf dem Heimweg vom Flohmarkt trifft Paul seinen 13-jährigen Cousin Walter (W). Walter ist als besonnener Jugendlicher bekannt, der sich bisher noch nichts hat zu Schulden kommen lassen. Weil es in der Gegend so Brauch ist, wollen Paul und Walter in der Nacht zum 1. Mai jemandem einen Streich zu spielen. Vor lauter Übermut werfen sie einige rohe Eier auf das Haus des Nachbarn Naumann (N). Eines trifft das Auto des Naumann, andere zerplatzen an der Wand des Gebäudes und Eigelb rinnt in Streifen von der Dachrinne bis zur Eingangstür. Walter wird von Zeugen eindeutig identifiziert. Der verärgerte Naumann stellt Strafanzeige bei der Polizei wegen Sachbeschädigung (§ 303 StGB). Die Spuren am Auto lassen sich in der Waschanlage leicht beseitigen, doch die gelben Streifen am Haus müssen von Fachleuten entfernt werden. Das dafür notwendige Gerüst kostet 350 €, die Reinigung der Fassade 75 €, diverse Abdeckungen und der Anstrich weitere 60 €. Als Walter zu seiner Tat befragt wird, meint er: „Wir wollten doch nur ein bisschen Spaß haben; das ist in der Nacht zum 1. Mai so üblich bei uns – wieso soll das plötzlich falsch sein? Außerdem konnte ich doch nicht wissen, dass durch ein paar Eier gleich so ein Schaden entsteht."

3.1. Untersuchen Sie, ob Naumann Schadenersatz von Walter verlangen kann!

3.2. Vergleichen Sie die zivil- und strafrechtliche Verantwortlichkeit von Walter und Paul! Erläutern Sie, welche Zielsetzungen die Rechtsordnung mit dieser Differenzierung verfolgt!

(20 BE)

Wunsch nach Rache ist vielen Opfern aus dem Herzen gesprochen. Verhängte Strafen empfinden sie selten als Genugtuung. „Selbstverständlich spielen für Opfer Vergeltungsphantasien eine große Rolle", räumte selbst ein so besonnener Mann wie Jan-Phillip Reemtsma nach seiner 32-tägigen Entführung ein. Die eigene Leidenserfahrung hat dem linksliberalen Sozialwissenschaftler ein durchaus neues Verlangen vermittelt: das nach einer deutlichen Bestrafung seiner Entführer, die zeigt, „dass das Verbrechen ein Unrecht gewesen ist, eben ein Verbrechen und kein Unglück. Dies ist sowohl für die Opfer eines Verbrechens lebenswichtig wie für die Verfassung eines Sozialverbandes". Und, erweitert der Berliner Soziologe Alexander Schuller diesen Gedanken, auch für die Täter. „Die Strafe ist nicht nur für das Opfer, nicht nur für die Gesellschaft, sondern für Täter selbst lebensnotwendig. Erst dann ist nämlich auch für ihn die Welt wieder ‚heil'. Erst dann darf er sich selbst verzeihen. Die Strafe schließt die Vergangenheit ab, richtet den Blick nach vorne."

Quelle: Stern 28/27 (1997) (bearbeitet)

4. Erläutern Sie, welche Straftheorie in diesem Text vertreten wird, und ordnen Sie diese in eine Systematik der Straftheorien ein!

(10 BE)

(Summe: 60 BE)

Lösung GK 2003/2

1.1. *Wer ist Eigentümer, als K. den Flohmarkt verlässt?*

Durch den Diebstahl wurde T nicht Eigentümer des Löwen. Er verfügt also als Nichtberechtigter.
Durch dem Übereignungsvertrag zwischen T und P (§§ 145, 147, 854, 929 i.V.m. § 932 BGB, Subsumtion) wurde P nicht Eigentümer, da der Löwe Eigentümer H gestohlen worden war (§ 935 I BGB). Auch P verfügt als Nichtberechtigter. Die Übereignung von P an K (§§ 145, 147, 854, 929 i.V.m. § 932 BGB) ist aus dem gleichen Grund unwirksam (§935 I BGB).
Ergebnis: Eigentümer ist immer noch H.

1.2. *Änderung der Eigentumslage durch Befestigung der Skulptur?*

Durch das Befestigen könnte K nach § 946 BGB Eigentümer der Skulptur geworden sein. Dazu müsste
- *eine bewegliche Sache (Skulptur)*
- *mit dem Grundstück des K („seiner Gartenmauer“: es handelt sich also um das Grundstück des K)*
- *so verbunden worden sein, dass die Skulptur wesentlicher Bestandteil des Grundstücks wurde*

Nach § 94 BGB gehören zu den wesentlichen Bestandteilen eines Grundstücks die Sachen, die mit dem Grund und Boden fest verbunden sind. Nach Palandt ist dies dann der Fall, „wenn die Trennung zur Beschädigung ... der ... Sache führt“.
Da die Gartenmauer bereits fest mit dem Grundstück verbunden ist (sie kann ohne Beschädigung wohl nicht mehr vom Grundstück getrennt werden), kommt es nun darauf an, ob die Skulptur ohne Beschädigung wieder von der Gartenmauer gelöst werden kann.
Sollte dies nicht der Fall sein, so wurde K durch das Befestigen der Skulptur auch der Eigentümer derselben. Andernfalls bleibt H Eigentümer der Skulptur.

2.

- *Darlegung, wie G sein Geld wieder bekommen könnte*
- *zwischen G und P wirksamer Kaufvertrag (§§ 145, 147, 433 BGB)*
- *Voraussetzungen für Geldrückforderung:*
  - *Anfechtung nach § 119 BGB → G: Irrtum über verkaufswesentliche Eigenschaft einer Sache (Rockmusik/Klassik) § 119 II BGB*
  - *unverzügliche Erklärung (§ 121 BGB) gegenüber P (§ 143 BGB) → Kaufvertrag von Anfang an nichtig, § 142 BGB → Wegfall des rechtlichen Grundes für die Übereignung des Geldes → P: auf Kosten des G Geld ohne rechtlichen Grund erlangt → Anspruch des G auf Herausgabe des Geldes (§ 812 BGB)*

- *Praktische Schwierigkeiten:*
  - *Ausfindigmachen des P*
  - *Nachweis des Irrtums in verkehrswesentlicher Eigenschaft*

3.1. *Anspruch des N gegen W auf Schadenersatz? Mögliche Anspruchsgrundlage § 823 I BGB:*
- *Handlung des W: W hat Eier auf das Haus und das Auto des N geworfen.*
- *Damit hat W des Eigentum des N verletzt, denn er hat das Haus so beschmutzt, dass N es von Fachleuten reinigen lassen musste.*
- *Der Schaden besteht in den Reinigungs- und Anstrichkosten von insgesamt 485 €.*

- *Der Schaden ist durch die Tat des W, d.h. das Bewerfen von Auto und Haus mit Eiern, entstanden (Kausalität). Ggf.: Es ist unter normalen Umständen nicht auszuschließen, dass eine derartige Handlung einen Schaden in dieser Höhe verursacht.*
- *Die Handlung des W war widerrechtlich, da auch in der Nacht zum 1. Mai kein Rechtfertigungsgrund besteht, fremdes Eigentum zu verletzen.*
- *W hat vorsätzlich gehandelt, da er sich zusammen mit P vorgenommen hatte, dem N in der Nacht zum 1. Mai einen Streich zu spielen, und er damit auch einen Schaden in Kauf nahm.*
- *Mit 13 Jahren ist W beschränkt deliktsfähig, also für seine Handlungen nur verantwortlich, wenn er die nötige Reife und Einsicht in sein Handeln hat. Von einem 13-jährigen kann diese Einsicht in der Regel erwartet werden (§ 828 III BGB). (Ggf.: § 830 BGB)*

Ergebnis: W muss dem N den Schaden in Höhe von 485 € ersetzen (§§ 249 ff. BGB).

3.2. Zivil- und strafrechtliche Verantwortlichkeit von W und P

Zivilrechtliche Konsequenzen:
W ist beschränkt deliktsfähig und unter den § 828 III BGB für einen verursachten Schaden verantwortlich. Von einem Jugendlichen, der die erforderliche Einsicht hat, kann erwartet werden, den verursachten Schaden wieder gutzumachen. P ist volljährig (§ 2 BGB) und damit voll deliktsfähig.

Strafrechtliche Konsequenzen:
W ist mit 13 Jahren noch nicht strafmündig. W hat strafrechtlich also keine Konsequenzen zu befürchten. Da ihn das Strafrecht als Kind einordnet, wird W vor den strafrechtlichen, u.U. weit reichenden Folgen einer leichtsinnig begangenen Tat geschützt. P ist strafrechtlich als Heranwachsender einzuordnen. Bei ihm kann ggf. noch Jugendstrafrecht angewendet werden. Damit stünde die Erziehungsfunktion im Vordergrund.

4. Vertretene Straftheorie und deren Einordnung:

Der Hinweis auf „Vergeltungsphantasien", die Betonung des Sozialverbandes und die Heraushebung des moralischen Aspekts („Unrecht") sowie der Gedanke einer allgemeinen Wiedergutmachung („heil") lassen Denkansätze der absoluten Straftheorie, die Strafe vor allem als Schuldausgleich sieht, erkennen.

Gegenpositionen zur absoluten Straftheorie zeigen die relativen Straftheorien auf (Strafe zur Verhütung künftiger Verbrechen). Diese können entweder auf die Allgemeinheit (Generalprävention: Bestätigung des Rechtsbewusstseins, allgemeine Abschreckung) oder auf den Täter (Spezialprävention: individuelle Abschreckung, Resozialisierung) ausgerichtet sein.

Abituraufgabe GK 2004

Sämtliche Aufgaben sind, soweit möglich, unter Angabe der entsprechenden Normen des BGB zu bearbeiten.

Die Römer waren [...] keine schlechten Juristen. Vielleicht die besten, die die Welt gesehen hat. Für sie war der Kauf ein einziger Vertrag. [...] Für sie hatte man sich sozusagen im obligatorischen Kaufvertrag schon gleichzeitig darauf verständigt, dass das Eigentum übergehen soll, wenn die Sache dann später dem Käufer gegeben wird. Deshalb war die römische Übereignung auch kausal, also unwirksam, wenn der Kaufvertrag unwirksam war. [So sagt] jener berühmte römische Jurist Julius Paulus:
"Niemals überträgt die bloße Übergabe das Eigentum, sondern nur, wenn ein Kauf oder ein anderer rechtfertigender Grund (justa causa) vorhanden ist, dessentwegen die Übergabe erfolgt."

Quelle: U. Wesel: Alles was Recht ist, Frankfurt/M., 2002, 7. Auflage, S. 116

1.1 Stellen Sie dar, wie nach dem Bürgerlichen Gesetzbuch (BGB) eine Kaufhandlung vollzogen wird, und vergleichen Sie diese Vorgehensweise mit den im obigen Text beschriebenen Regelungen!

1.2 Erläutern Sie die Vorteile der Regelungen des BGB zur Kaufhandlung! Beschreiben Sie anhand eines Beispiels auch, welche Schwierigkeit diese Regelungen mit sich bringen können, wenn beim Abschluss eines Kaufvertrags ein Irrtum vorliegt, die Verfügungsgeschäfte aber bereits vollzogen wurden! Erläutern Sie, wie der Gesetzgeber dieses Problem löst!

Der 50-jährige Kroll (K) sieht im Radsportgeschäft "Velo" des V ein Mountainbike zum Preis von 2.000 €..
Kroll ist so begeistert von dem Rad, dass er es sofort mitnehmen will, obwohl er kein Geld dabei hat. V verlangt dafür aber eine Teilzahlung von 500 € . Daraufhin erklärt Kroll:" Ich habe leider nicht so viel Geld dabei. Es muss Ihnen doch genügen, wenn ich ihnen die 2.000 € gleich morgen überweise." Um den Kunden nicht zu verlieren, geht Velo darauf ein und gibt Kroll das Fahrrad sofort mit.

1.3 Erklären Sie, welche Möglichkeit das BGB dem Verkäufer im Rahmen des Kaufrechts gibt, sich gegen das eingegangene Zahlungsrisiko abzusichern! [24 BE]

Kroll unternimmt eine extrem anspruchsvolle Mountainbike-Tour. Der Rahmen des Fahrrads bricht und Kroll stürzt. Dabei verletzt er sich so schwer, dass er nicht mehr aufstehen kann. Kurz darauf kommt der 30-jährige Profi-Biker Reinhard (R) vorbei. Kroll bittet ihn um Hilfe; Reinhard fährt aber ohne anzuhalten weiter, da er gerade für einen Wettkampf trainiert und eine Zeitmessung durchführt.
Schließlich findet ein Wanderer Kroll und verständigt mit seinem Handy die Bergrettung. Nach der Entlassung aus dem Krankenhaus erstattet Kroll Anzeige gegen unbekannt. Die Polizei ermittelt Reinhard nach kurzer Zeit als den Gesuchten. Beim folgenden Strafprozess wird Reinhard zu einer Geldstrafe von insgesamt 2.500 € verurteilt. Da Reinhard eine prominente Persönlichkeit des Radsports ist, wird das Urteil in der Boulevardpresse ausführlich dargestellt.

2.1 Begründen Sie unter Einbeziehung des nachfolgenden § 323 c StGB, dass hier eine Straftat des Reinhard vorliegt!

Strafgesetzbuch § 323 c:
Unterlassene Hilfeleistung.
Wer bei Unglücksfällen oder gemeiner Gefahr oder Not nicht Hilfe leistet, obwohl dies erforderlich und ihm den Umständen nach zuzumuten, insbesondere ohne erhebliche eigene Gefahr und ohne Verletzung anderer wichtiger Pflichten möglich ist, wird mit Freiheitsstrafe bis zu einem Jahr oder mit Geldstrafe bestraft.

2.2 Rechtfertigen Sie – ausgehend vom Strafzweck der Prävention und allgemeiner sozialethischer Werte unserer Gesellschaftsordnung – das hier gefällte Urteil! [14 BE]

Bei einer Untersuchung der Unglücksursache wird festgestellt, dass der Rahmen des Fahrrads einen Fabrikationsfehler hatte. Allerdings war dieser Fehler für den Verkäufer Velo nicht zu erkennen. Kroll verlangt von Velo die Bergungskosten und einen Ersatz für die zerrissene Kleidung. Da er nach dem Sturz diesen Sport nicht mehr ausüben will, möchte er außerdem vom Kaufvertrag zurücktreten. Velo bietet ihm an, entweder den Rahmen fachgerecht zu reparieren oder ein Rad der gleichen Marke als Ersatz zu liefern.

3.1 Untersuchen Sie, ob hier ein Sachmangel vorliegt!

3.2 Begründen Sie, warum Kroll von Velo die Bergungskosten und einen Ersatz für die zerrissene Kleidung nach den Normen des BGB nicht verlangen kann!

3.3 Erläutern Sie, welche Voraussetzungen vorliegen müssten, damit Kroll vom Kaufvertrag zurücktreten könnte!

3.4 Zeigen Sie auf, inwiefern die in 3.2 und 3.3 gefundenen Lösungen allgemeinen Gerechtigkeitsvorstellungen entsprechen! [22 BE]

[Summe: 60 BE]

Lösung GK 2004

1.1 *Durch zwei übereinstimmende WE (hier: Antrag und Annahme) entsteht ein wirksamer Kaufvertrag (§§ 145, 147, 433); Übereignung der Sache durch Einigung und Übergabe (§§ 145, 147, 929; 854 (1) Realakt); Übereignung des Geldes durch Einigung und Übergabe (§§ 145, 147, 929; 854 (1) Realakt). – Vergleich: Z. B.: Während im römischen Recht die Einigung zur Übereignung der Kaufsache schon zusammen mit dem Abschluss des Kaufvertrags erfolgte, sind nach den Regelungen des BGB dafür zwei getrennte, von einander unabhängige Rechtsgeschäfte nötig, nämlich das Verpflichtungs- und das Verfügungsgeschäft (Abstraktionsprinzip). Im römischen Recht erfolgte bei der Erfüllung des Kaufvertrags lediglich der Realakt der Übergabe. Nach dem BGB ist dafür ein weiterer Vertrag, die Einigung gem. § 929, nötig.*

1.2 *Folgende Erläuterung ist möglich:*
Die Regelungen des BGB haben folgende Vorteile:
Ist z. B. der Übereignungsvertrag unwirksam, berührt dies den Bestand des Kaufvertrags nicht. Dies erspart ggf. langwierige Nachverhandlungen.
Die Sache kann bereits weiterverkauft werden, auch wenn sie noch nicht übergeben bzw. übereignet oder noch gar nicht produziert wurde. Dies beschleunigt den Geschäftsverkehr erheblich.
Beschreiben anhand eines konkreten Fallbeispiels zur Irrtumsanfechtung; aufgrund der wirksamen Irrtumsanfechtung wird der Kaufvertrag nichtig (§ 142 (1)). Die Wirksamkeit der Übereignung des Geldes und der Ware bleiben davon unberührt. – Lösung durch den Gesetzgeber (Erläuterung): Die Normen der §§ 812 ff gleichen diese unerwünschten Ergebnisse des Abstraktionsprinzips aus. In diesem Fall sind die Vertragspartner zur Herausgabe ihrer möglicherweise bereits empfangenen Leistungen verpflichtet, da der rechtliche Grund (Kaufvertrag) weggefallen ist.

1.3 *Mögliche Erklärung: Der Verkäufer könnte im Kaufvertrag einen Eigentumsvorbehalt gem. § 449 vereinbaren. Damit bleibt er bis zur vollständigen Zahlung des Kaufpreises Eigentümer der Ware, obwohl die Übereignung des Geldes und die Übereignung der Sache nach dem Abstraktionsprinzip von einander unabhängig sind. Wenn der Käufer also seiner Zahlungsverpflichtung nicht nach kommt, kann der Verkäufer nach Rücktritt vom Kaufvertrag (§ 323 (1)) sein Eigentum gem. § 985 heraus verlangen.*

2.1 *Überprüfung der Tatbestandsmerkmale einer Straftat, z. B.: Tatbestandsmäßigkeit: K hatte einen Unfall (Unglücksfall). R leistet ihm keine Hilfe, obwohl dies erforderlich gewesen wäre. Trotz der Zeitmessung wäre die Hilfeleistung für R zumutbar gewesen (Zumutbarkeit). – Rechtswidrigkeit: Diese ist durch die Tatbestandsmäßigkeit indiziert. Rechtfertigungsgründe liegen nicht vor. – Schuld: Das Verhalten des R ist ihm persönlich vorwerfbar, denn er ist schuldfähig und handelte vorsätzlich.*

2.2 *Z. B.: Der Richter wählt statt der ebenfalls möglichen Freiheitsstrafe eine Geldstrafe. Die Strafzwecktheorie der Generalprävention sieht den Sinn der Strafe vor allem in der Abschreckung anderer vor ähnlichen Straftaten bzw. in einer Bestätigung des Rechtsbewusstseins der Allgemeinheit. Eine Gefängnisstrafe wäre wenig sinnvoll, da der Strafzweck der Individualprävention hier weniger relevant ist; von R geht grundsätzlich keine Gefahr für die Gesellschaft aus, eine Wiederholung einer ähnlich gelagerten Situation ist unwahrscheinlich. Der Allgemeinheit wird verdeutlicht, dass unsere Gesellschaftsordnung auf sozialethische Werte wie Solidarität und Hilfeleistung für Menschen in Not aufbaut und die Verletzung dieser Werte auch staatlich sanktioniert wird.*

3.1 *Es liegt ein wirksamer Kaufvertrag zwischen K und V nach §§ 145, 147, 433 vor. Da K und V keine besondere Vereinbarung bezüglich der Beschaffenheit (§ 434 (1) S. 1) und des Verwendungszwecks des Fahrrads getroffen haben (§ 434 (1) S. 2 Nr. 1), sind die weiteren Möglichkeiten des § 434 in Betracht zu ziehen: Durch den Fabrikationsfehler hat das Fahrrad nicht die Beschaffenheit, die üblich ist und die der Käufer insbes. bei einem Mountainbike erwarten kann (§ 434 (1) S. 2 Nr.2). (Ggf.: Damit eignet es sich auch nicht für die gewöhnliche Verwendung dieser Art von Fahrrad). – Der Mangel war bereits bei Gefahrenübergang (bei der Übergabe) vorhanden (§§ 446, 854 (1)). – Somit liegt hier ein Sachmangel vor.*

3.2 *Z. B.: Ein vertraglicher Anspruch des K auf Schadensersatz neben der Leistung aus §§ 437 Nr. 3, 280 (1) ist nicht gegeben, weil V den Sachmangel nicht zu vertreten hat (§ 276). Er handelte weder fahrlässig noch vorsätzlich, da der Fehler für ihn nicht zu erkennen war; auch eine Garantiehaftung hat er nicht übernommen. – Ein gesetzlicher Anspruch gem. § 823 scheitert ebenfalls am fehlenden Verschulden des V.*

3.3 *Z. B.: Es liegen ein Schuldverhältnis (Kaufvertrag, vgl. oben) und ein Sachmangel (vgl. oben) vor. Um sein Recht auf Rücktritt aus den §§ 437 Nr., 323 (1) geltend machen zu können, müsste K dem V eine angemessene Frist zur Nacherfüllung setzen. Erst nach erfolglosem Fristablauf könnte er vom Vertrag zurücktreten bzw. es müssten bes. Umstände vorliegen, die eine Fristsetzung entbehrlich machen (§ 323 (2) Nr. 3). – Ggf.: K könnte ohne Fristsetzung zurück treten, wenn die Voraussetzungen des § 440 gegeben sind.*

3.4 *Z. B.: Sowohl die Interessen des Käufers als auch des Verkäufers werden berücksichtigt. K erhält durch die Nacherfüllung zumindest ein funktionsfähiges Fahrrad und damit die Erfüllung seiner vertraglichen Ansprüche. Es wäre unbillig, einen Rücktritt vom Vertrag zu zulassen, ohne V eine zweite Chance zur Erfüllung zu geben. – Auch die über die ursprüngliche Leistungspflicht hinaus gehende Pflicht zum Schadensersatz ist dem V nicht zu zumuten, da ihn kein Verschulden trifft.*

Abituraufgabe GK 2006

Sämtliche Aufgaben sind, soweit möglich, unter Angabe der entsprechenden Normen des BGB zu bearbeiten.

Birgit (B) hat sich einen lang gehegten Wunsch erfüllt und in einem kleinen Dorf ein idyllisch gelegenes Grundstück mit einem Haus gekauft, bei dem unter anderem das Badezimmer noch komplett saniert werden muss.
Birgit findet in einem Lifestyle-Magazin ihre Traumbadewanne, Modell „Relax". Um diese möglichst günstig zu erstehen, recherchiert Birgit im Internet. Die Mühe lohnt sich, denn auf der Homepage des Internet-Händlers Dremmel (D) wird genau dieses Modell zu einem Preis angeboten, der deutlich unter dem anderer Anbieter liegt. Da Birgits Ehemann, Julius (J), kein geschickter Handwerker ist, erkundigt sie sich gleichzeitig nach einem Installateur. Der in der nahe gelegenen Stadt ansässige Handwerksbetrieb Schnell (S) wäre breit, die Wanne in der Woche vom 6. bis 10. März einzubauen. Mit dieser Information nimmt Birgit Kontakt zum Internethändler Dremmel auf. Sie schickt ihm am 21. Februar eine E-Mail und erklärt darin, dass sie die Badewanne, Modell „Relax", zum Preis von 2000 Euro bestellen möchte. Sie weist Dremmel ausdrücklich darauf hin, dass sie auf einen Liefertermin in der Zeit vom 6. bis 8. März bestehen müsse, da ihr zu dieser Zeit ein Handwerker für den Einbau zur Verfügung stehe. Am nächsten Tag schickt Dremmel ein Fax, in dem er die Lieferung zum 7. März zusagt und um die umgehende Überweisung des Betrags bittet. Birgit überweist den Betrag sofort und bestellt den Handwerker für den 8. März.
Weder am 7. noch am 8. März erfolgt die Lieferung der Wanne. Birgit kann den Handwerker Schnell nicht mehr erreichen. Daher erscheint dieser termingerecht, kann aber die Wanne nicht einbauen. Für die vergebliche Anfahrt verlangt er 50 Euro Fahrtkostenerstattung, die Birgit widerwillig bezahlt. Verärgert ruft sie bei Händler Dremmel an. Dieser erklärt ihr, dass er aus Versehen einen falschen Liefertermin notiert habe.

1.1 Erklären Sie, wie zwischen Birgit und Dremmel ein wirksamer Kaufvertrag zustande gekommen ist!

1.2 Prüfen Sie, ob Birgit einen Anspruch auf 50 Euro gegen Dremmel hat.

[19 BE]

Um die vielen anfallenden Transporte beim Umbau des Hauses besser bewerkstelligen zu können, kauft Julius bei dem in der nächsten Stadt ansässigen Autohändler Lüfter (L) einen gebrauchten Kombi. Nach vier Wochen bemerkt Julius, dass die Servolenkung nicht mehr einwandfrei funktioniert und er deshalb nicht mehr richtig lenken kann. Da er das Auto dringend benötigt, lässt er es bei seinem Nachbarn, der im Dorf eine kleine Autowerkstatt betreibt, reparieren. Es stellt sich heraus, dass die Servolenkung aufgrund einer bereits mehrere Monate zurückliegenden Beschädigung nicht mehr funktioniert, die aber weder Julius noch Lüfter erkennen konnten. Die Rechnung schickt Julius an Lüfter mit der Bitte, diese zu begleichen. Lüfter weigert sich, die Rechnung zu bezahlen.

2.1 Weisen Sie nach, dass ein Sachmangel vorliegt!

2.2 Begründen Sie, warum sich Lüfter trotz des Sachmangels zu Recht weigern kann, die Rechnung zu bezahlen, und legen Sie die Zielsetzungen dar, die der Gesetzgeber mit der einschlägigen Regelung verfolgt!

[16 BE]

Anne (A), die 17-jährige Tochter, hat eigene Vorstellungen hinsichtlich der Einrichtung ihres Zimmers. Sie kauft sich ohne Kenntnis ihrer Eltern ein Wasserbett für 500 Euro. Den Kaufpreis zahlt sie bar mit dem Taschengeld, das sie mit Wissen ihrer Eltern angespart hat (300 Euro), und mit 200 Euro, die sie von ihrer Großmutter heimlich bekommen hat. Die Lieferung soll in den nächsten Tagen erfolgen.
Als Anne ihren Eltern stolz von ihrem neuen Möbelstück berichtet, sind diese entsetzt und wollen den Kauf rückgängig machen.
Anne protestiert: „Das Bett habe ich schon bezahlt, also ist der Kaufvertrag gültig, und ich kann schließlich von meinem Geld kaufen, was ich will – auch wenn es euch nicht gefällt."
Der Vater entgegnet: „Du bist doch noch minderjährig und kannst ohne unsere Einwilligung überhaupt keine Verträge abschließen. Mit deinem Taschengeld kannst du ja grundsätzlich machen, was du willst, aber das Geld von Oma hat dir ohnehin nicht gehört."

3 Überprüfen Sie, ob die einzelnen Aussagen von Anne und ihrem Vater jeweils juristisch korrekt sind, und klären Sie, ob der Kaufvertrag wirksam ist!

[12 BE]

Birgit erfährt aus der Tageszeitung, dass der Landkreis beabsichtigt, an ihrem Anwesen vorbei eine zusätzliche Straße zu bauen, damit das örtliche Krankenhaus noch besser und schneller erreichbar ist. Vorbei wäre es mit der Ruhe und Beschaulichkeit, die der Hauptgrund für den Kauf dieses Anwesens gewesen waren. Da der Landkreis dazu auch noch einen Teil von Birgits Grundstück benötigt, bietet er ihr an, das Teilgrundstück zum ortsüblichen Preis zu erwerben. Birgit weigert sich zu verkaufen. Daraufhin droht der Landkreis mit einem Enteignungsverfahren.

4.1 Erklären Sie den Begriff Rechtssubjekt und ordnen Sie die im vorliegenden Sachverhalt vorkommenden Rechtssubjekte in eine Übersicht ein!

4.2 Stellen Sie die unterschiedlichen Interessenlagen der beiden Parteien dar und zeigen Sie, auf welche Rechtsnormen sich die Beteiligten jeweils berufen können!

[13 BE]

Summe [60 BE]

Lösung GK 2006

1.1 *Erklärung, wie zwischen Birgit und Dremmel (D) ein wirksamer Kaufvertrag zustande gekommen ist: z. B.*
Ein Kaufvertrag (§ 433) kommt durch zwei übereinstimmende Willenserklärungen zustande, nämlich durch Antrag (§ 145) und Annahme (§ 147).
Antrag: Die E-Mail von B vom 21. Februar ist ein Antrag unter Abwesenden nach § 145.
Annahme: Das Fax, das von D am nächsten Tag sendet, stellt die rechtzeitige Annahme gemäß § 147 II dar, denn die Erklärung geht bei B so rechtzeitig ein, wie sie es unterregelmäßigen Umständen erwarten darf.

1.2 *Prüfung, ob B einen Anspruch auf 50 Euro gegen D hat.*
B macht einen Schadensersatz neben der Leistung nach §§ 280 I, 280 II, 286 geltend, d. h. es ist hier am Sachverhalt zu prüfen, ob Schuldnerverzug vorliegt.
Prüfschema:
- *Bestehendes Schuldverhältnis: B und D haben einen wirksamen Kaufvertrag über eine Badewanne abgeschlossen (§§ 145, 147, 433).*
- *Pflichtverletzung des D aus dem Schuldverhältnis (§ 280 I), denn die am 7. März fällige Lieferung (§ 271 II) wurde nicht erbracht (§ 241 I, Nichtleistung), ist aber noch möglich. Folglich handelt es sich um eine Verzögerung der Leistung.*
- *Vertretenmüssen: D handelt fahrlässig (§§ 276 I, 276 II, 280 I, 286 IV), da er die im Verkehr erforderliche Sorgfalt außer Acht lässt und den Liefertermin falsch notiert.*
- *Mahnung: sie ist nach § 286 II Nr. 1 nicht erforderlich, da mit dem 7. März der Lieferzeitpunkt nach dem Kalender bestimmt ist.*

D befindet sich nach dem 7. März in Verzug (§ 286) und muss B den durch den Verzug entstandenen Schaden ersetzen (§§ 280 I, 280 II, 286), in diesem Fall die vergebliche Anfahrt des Installateurs gem. §§ 249 ff, dem B 50 Euro ersetzen musste.

2.1 *Nachweis des Vorliegens eines Sachmangels:*
§ 433 I verpflichtet den Verkäufer zur Übergabe und Übereignung der Kaufsache, und zwar frei von Sach- und Rechtsmängeln.
Grundsätzlich ist nach § 434 I S. 1 eine Sache frei von Sachmängeln, wenn sie bei Gefahrübergang (§ 446) die vereinbarte Beschaffenheit hat. Da im vorliegenden Fall keine ausdrückliche Vereinbarung hinsichtlich Beschaffenheit und Verwendung getroffen wurde (vgl. § 434 I S. 2, Nr. 1), ist zu prüfen, ob sich die Kaufsache für die gewöhnliche Verwendung eignet (§ 434 I S. 2, Nr. 2), was hier zu verneinen ist, da der PKW durch den Defekt an der Servolenkung nicht mehr richtig lenkbar ist. Die Beschädigung war bei Gefahrübergang schon vorhanden, der Käufer hatte keine Kenntnis vom Sachmangel (§ 442).

2.2 *Begründung, weshalb sich Lüfter trotz Vorliegen eines Sachmangels zu Recht weigern kann, die Rechnung zu bezahlen: z. B.*
Es gibt keinen Hinweis auf den erfolglosen Ablauf einer angemessenen Nachfrist zur Nacherfüllung (§ 439 I), denn eine Fristsetzung ist weder erfolgt, noch nach § 281 II z. B. wegen ernsthafter oder endgültiger Leistungsverweigerung des Schuldners entbehrlich. Ebenso liegt kein Fall des § 440 vor.
Die Erstattung des Rechnungsbetrages, als Schadensersatz statt der Leistung nach §§ 437, 280 I, 280 III, 281 I S. 1 zu kennzeichnen, kann somit nicht gefordert werden.

Darlegung der Zielsetzungen des Gesetzgebers mit obiger Regelung:
Das Recht auf Nacherfüllung (Beseitigung des Mangels oder Lieferung einer mangelfreien Sache, § 439 I) trägt dem Rechtsgrundsatz „pacta sunt servanda“ Rechnung.

Der Verkäufer erhält somit die Chance, den Mangel selbst zu beseitigen, bevor Sekundäransprüche, wie z. B. Schadensersatzansprüche statt der Leistung, entstehen.

3 Überprüfung der einzelnen Aussagen:
Aussagen von Anne:
- *Falsch ist, dass die Bezahlung des Kaufpreises bzw. Übereignung des Geldes durch Einigung (§§ 145, 147, 929) und Übergabe (§§ 929, 854), den Kaufvertrag über das Wasserbett gültig macht. Abstraktionsprinzip beachten!*
- *Richtig ist, dass sie nach § 110 mit ihrem angesparten Taschengeld grundsätzlich kaufen kann, was sie will, sofern die Mittel zur freien Verfügung sind oder tatsächlich für einen vorgegebenen Zweck verwendet werden.*
- *Falsch ist die Aussage, dass die freie Verfügbarkeit auch für die heimlich von der Großmutter zugesteckten 200 Euro gilt. Es gibt keinen Hinweis auf die Kenntnis der Eltern bzw. Zustimmung zur freien Verwendung des Geldgeschenks der Großmutter (§ 110).*

Aussagen von Julius:
- *Richtig ist, dass Anne mit ihren 17 Jahren noch minderjährig (§ 2) und deshalb in ihrer Geschäftsfähigkeit beschränkt ist (§ 106).*
- *Falsch ist, dass die ohne Einwilligung der Eltern keine Verträge abschließen kann; siehe Ausnahmeregelungen z. B. nach § 107 (lediglich rechtlicher Vorteil), nach § 110 (Bewirken der Leistung mit eigenen Mitteln), nach § 112 (selbständiger Betrieb eines Erwerbsgeschäfts).*
- *Falsch ist, dass ihr das Geld, das sie von ihrer Oma bekommen hat, nicht gehört. Anne ist durch Einigung (§§ 145, 147, 929) und Übergabe (§§ 929, 854) Eigentümerin des Geldes geworden. Durch die Schenkung entstehen ihr nur rechtliche Vorteile (§ 107).*

Klärung, ob der Kaufvertrag wirksam ist:
Der Kaufvertrag (§§ 145, 147, 433) ist zunächst schwebend unwirksam (§ 108 I), da A als Minderjährige (§ 2) und beschränkt geschäftsfähige Person (§ 106) ohne die erforderliche Einwilligung der Eltern einen Vertrag schließt und Ausnahmeregelungen nicht greifen (vgl. oben).
Da die Eltern den Kauf offensichtlich nicht genehmigen, wird der Kaufvertrag von Anfang an unwirksam (Umkehrschluss des § 184 I).

4.1 Klärung des Begriffs Rechtssubjekte:
Rechtssubjekte sind Personen und Vereinigungen, die aus dem objektiven Recht subjektive Rechte und Pflichten ableiten können. Ein Wesensmerkmal ist die Rechtsfähigkeit, also die Fähigkeit, Träger von Rechten und Pflichten sein zu können.

Übersicht mit Einordnung:

Rechtssubjekte	
natürliche Personen (Birgit)	*juristische Personen*
	des öffentlichen Rechts: *z. B. Landkreis*
	des Privatrechts: *z. B. Krankenhaus, falls AG oder GmbH*

4.2 *Darstellung der unterschiedlichen Interessenlagen beider Parteien und aufzeigen, auf welche Rechtsnormen sie sich berufen können:*
Individualinteresse: Birgit hatte als Kaufmotivation für den Erwerb des Anwesens den Wunsch nach Ruhe. Die Lärmbelästigung durch die geplante Straße und das Abtreten eines Teils ihres Grundstücks beschränken ihr Eigentumsrecht und können zudem eine Wertminderung des Grundstücks bedeuten.
Das verfassungsgemäß garantierte Recht auf Eigentum (Art. 14 I GG, Art. 103 BV) ist ein absolutes Recht gegen jedermann. Der Eigentümer einer Sache kann nach § 903 mit ihr nach Belieben verfahren und grundsätzlich Dritte von jeder Einwirkung ausschließen. Eine Enteignung kann daher nur aus besonderen Gründen möglich sein.
Gemeinwohl: Im vorliegenden Fall handelt es sich um den Bau einer Zufahrtsstraße, die zu einer lebenswichtigen Einrichtung führt. Der Landkreis könnte sich auf Art. 14 II GG berufen, d. h. auf die in der Verfassung verankerte Sozialbindung des Eigentums. Selbst § 903 BGB schränkt die Befugnisse des Eigentümers ein, wenn das Gesetz oder Rechte Dritter entgegenstehen. Gemäß Art. 14 III GG besteht die Möglichkeit einer Enteignung, allerdings nur gegen Entschädigung.

Abituraufgabe GK 2009

Sämtliche Aufgaben sind, soweit möglich, unter Angabe der entsprechenden Normen des BGB zu bearbeiten.

M1:

Historisches Bauernhaus sucht Liebhaber mit handwerklichem Geschick

Mit diesem Liebhaber Objekt können Sie sich Ihre individuellen Wünsche erfüllen. Das Bauernhaus eignet sich ideal für die große Familie oder für Wohnen und Arbeiten unter einem Dach.

6 Zimmer, Küche, zwei Bäder; 220 m^2 Wohnfläche, 400 m^2 Grundstück, Außenstellplatz

139.000,00 EUR Kaufpreis

Als Herr Kaufmann diese Anzeige liest, ist er begeistert und vereinbart mit dem Eigentümer, Herrn Vollrath, einen Besichtigungstermin für den 06.04.2009.

Die Besichtigung verläuft erfolgreich. Herr und Frau Kaufmann sind überzeugt, das Objekt gefunden zu haben, nach dem sie schon so lange suchen. Auch Herr Vollrath sieht in Herrn Kaufmann einen würdigen Nachfolger, der die historische Substanz des Gebäudes schützen und erhalten möchte. Beide beschließen, so bald wie möglich einen Notartermin zu vereinbaren.

Wieder zu Hause, macht Herr Kaufmann, „Kassensturz“ und muss dabei feststellen, dass ihm 15.000 Euro zum Kauf fehlen. Als Herr Kaufmann tags darauf seinen Eltern von dem Dilemma erzählt, sind diese spontan bereit, ihm den Betrag zu schenken, wissen sie doch, wie lange das junge Paar schon auf der Suche nach einer geeigneten Immobilie ist. Noch am gleichen Tag heben die Eltern das Geld von ihrem Konto ab und übergeben es ihrem Sohn.

Am 20.04.2009 kommen beide Parteien vor dem Notar zusammen, der die Willenserklärungen zum Abschluss des Kaufvertrags und zur Eigentumsübertragung beurkundet. Nach Unterzeichnung der Urkunde übergibt Herr Vollrath Herrn Kaufmann symbolisch die Hausschlüssel.

Der Notar veranlasst am 04.05.2009 die Änderung im Grundbuch.

1.1 Stellen Sie die von Herr Kaufmann abgeschlossenen Rechtsgeschäfte und Realakte dar und halten Sie jeweils das juristische Ergebnis fest (M 1)!

1.2 Zeigen Sie, welche Funktionen des Rechts durch die Formvorschriften beim Immobilienerwerb in besonderer Weise gewährleistet werden!

1.3 Erstellen Sie eine Übersicht über die verschiedenen Formen des Eigentumserwerbs! Grenzen Sie diese unter Angabe der einschlägigen Normen anhand von Beispielen voneinander ab!

[BE 24]

M 2:

An die
Teppichboden GmbH
Fürther Allee 1a
12345 Laubern

Reichendorf, den 08.05.2009

Rücksendung des Teppichbodens Toskana-IV in gelb

Sehr geehrte Damen und Herren,

anbei übersende ich Ihnen den Teppichboden Toskana-IV in gelb, den Sie mir am 07.05.2009 zugestellt haben.

Wie Sie meiner ursprünglichen Internet-Bestellung vom 04.05.2009 entnehmen können, hatte ich die Variante Toskana-III (rot!), bestellt.

Ich bitte Sie, mir den richtigen Teppich zuzusenden und die Kosten der Rücksendung in Höhe von 35,00 € zu erstatten.

Da wir demnächst unser neues Zuhause beziehen wollen, bitte ich um Lieferung innerhalb der nächsten zwei Wochen.

Mit freundlichen Grüßen

Hermann Kaufmann

2.1 Prüfen Sie, ob Herr Kaufmann die Übersendung eines neuen Teppichs und die Erstattung der Rücksendungskosten vom Verkäufer verlangen kann (M 2)!

2.2 Vergleichen Sie die Voraussetzungen des Rücktritts nach § 323 BGB mit denen des Widerrufsrechts gemäß § 312 d I BGB i.V.m. §§ 312 b I S. 1, 355 I BGB! Gehen Sie auf die jeweiligen Intentionen der Regelungen ein!

[BE 20]

Kurz nach seinem Einzug muss Herr Kaufmann feststellen, dass ein Graffiti-Sprayer seine frisch getünchte Hauswand mit der Aufschrift „Dummer Geldsack“ verunstaltet hat. Die Polizei ermittelt wenige Tage später den 17-jährigen Sebastian aus der Nachbarschaft als Täter. Dieser wollte dem unbeliebten Nachbarn mit einem verunglimpfenden Spruch an der Hauswand einen Streich spielen.

M 3:

§ 185 StGB Beleidigung

Die Beleidigung wird mit Freiheitsstrafe bis zu einem Jahr oder mit einer Geldstrafe und, wenn die Beleidigung mittels einer Tätlichkeit begangen wird, mit Freiheitsstrafe bis zu zwei Jahren oder mit Geldstrafe bestraft.

§ 303 StGB Sachbeschädigung

(1) Wer rechtswidrig eine fremde Sache beschädigt oder zerstört, wird mit Freiheitsstrafe bis zu zwei Jahren oder mit Geldstrafe bestraft.

(...)

M 4:

Rechtskommentar zu § 185 StGB

Die Vorschrift bezeichnet als strafbare Handlung schlicht die „Beleidigung". Darunter versteht die herrschende Meinung einen Angriff auf die Ehre eines anderen durch die Kundgabe eigener Missachtung oder Nichtachtung.

Beck'scher Online-Kommentar, bearbeitet, aufgerufen am 29.01.2009

3.1 Erklären Sie allgemein den Aufbau einer Straftat und erläutern Sie unter Einbeziehung von M 3 und M 4, ob Sebastian strafrechtliche Konsequenzen drohen könnten!

3.2 Geben Sie einen Überblick über die verschiedenen Strafzwecke und erläutern Sie, welcher im vorliegenden Fall im Vordergrund stehen könnte! Schlagen Sie vor diesem Hintergrund eine geeignete Maßnahme des Jugendstrafrechts vor und begründen Sie ihren Vorschlag!

[16 BE]

[Summe: 60 BE]

Lösung GK 2009

1.1 *Darstellung der abgeschlossenen Rechtsgeschäfte und Realakte mit Festhalten des juristischen Ergebnisses:*

- *07.04.2009:*
  Schenkungsvertrag zwischen K und seinen Eltern nach §§ 145, 147, 516. Der Mangel der Form (notarielle Beurkundung des Schenkungsversprechens lt. § 518 I) wird durch das Bewirken der Leistung geheilt (§ 518 I). Die Übereignung des Geldes erfolgt nach § 929 durch Einigung (§§145, 147, 929), dass das Geld an K übergehen soll und die Übergabe der Geldscheine (§§ 929, 854) als Realakt.
  Juristisches Ergebnis: K ist Besitzer und Eigentümer des Geldes.

- *20.04.2009:*
  Zwischen K und V wird mit der erforderlichen notariellen Beurkundung (§ 128) nach § 311 b I ein gültiger Kaufvertrag (§§ 145, 147, 433) über die Immobilie abgeschlossen. Gleichzeitig findet die Auflassung, d. h. die Einigung über die Übereignung der Immobilie statt. Durch Beurkundung der Willenserklärungen durch den Notar (§§ 145, 147, 925, 873, 128) wird die Auflassung wirksam. Die wirksame Eigentumsübertragung an Immobilien setzt aber neben der erforderlichen Auflassung die Eintragung des K im Grundbuch (§ 873) voraus, die die nur bei Mobilien mögliche Übergabe der Kaufsache ersetzt. Durch Einigung (§§ 145, 147, 929) und Übergabe (§§ 929, 854) der Hausschlüssel erfolgt schließlich die Eigentumsübertragung an den Hausschlüsseln.
  Juristisches Ergebnis: K ist am 20.04.2009 Besitzer und Eigentümer am Hausschlüssel, nicht aber am Haus.

  04.05.2009: Mit dem Eintrag der Rechtsänderung in das Grundbuch (§ 873) erfolgt der Eigentumserwerb am Bauernhaus, nachdem die Auflassung bereits am 20.04.2009 vollzogen wurde.
  Juristisches Ergebnis: K ist Eigentümer des Bauernhauses; durch die 20.04.2009 erfolgte Eigentumsübertragung am Hausschlüssel kann er (zusätzlich) das Besitzrecht ausüben.

1.2 *Aufzeigen der Funktionen des Rechts, die durch die Formvorschriften beim Eigentumserwerb an Immobilien in besonderer Weise gewährleistet werden:*

- *Schutzfunktion:*
  Der Erwerb einer eigenen Immobilie ist für die meisten Bürger kein alltägliches Geschäft, zudem erfordert diese häufig große Geldbeträge. Durch den Abschluss des Vertrages vor einem Notar und die entsprechende notarielle Beurkundung wird sichergestellt, dass dem Käufer vom Veräußerer nicht bestimmte Informationen vorenthalten werden (z. B. Wegerecht). Für Käufer und Verkäufer kann der Notar diesbezüglich auch eine beratende Funktion ausüben, um beiden die Tragweite des Geschäfts vor Augen zu führen.

- *Rechtssicherheitsfunktion:*
  Gesetzliche Formvorschriften beim Immobilienerwerb (z. B. notariell beurkundeter Kaufvertrag, Eintragung von Rechtsänderungen in das Grundbuch) erleichtern die Beweisbarkeit der abgeschlossenen Rechtsgeschäfte.

1.3 *Erstellen einer Übersicht zu verschiedenen Formen des Eigentumserwerbs unter Angabe von Rechtsnormen und Beispielen: z. B.*

Eigentumserwerb durch Rechtsgeschäft bei Mobilien	*Eigentumserwerb durch Rechtsgeschäft an Immobilien*	*Eigentumserwerb kraft Gesetz (i. d. R durch Realakt)*
- *Eigentumserwerb durch Einigung (§§ 145, 147, 929) und Übergabe (§§ 929, 854);* - *ggf. auch Eigentumserwerb durch Besitzkonstitut.*	*Eigentumserwerb durch Auflassung (§§ 145, 147, 925, 925 a, 873); notarielle Beurkundung nach §§ 925, 925 a, 311 b I, 128. Übergabe wird ersetzt durch Eintragung in das Grundbuch nach § 873.*	• *§ 937 Ersitzung* • *§ 946 Verbindung* • *§ 948 Vermischung* • *§ 950 Verarbeitung* • *usw.*

2.1 *Prüfung, ob Herr Kaufmann die Übersendung eines neuen Teppichs und die Erstattung der Rücksendungskosten vom Verkäufer verlangen kann:*

Zu untersuchen ist, ob die Anspruch auf Nacherfüllung (§§ 437 Nr. 1, 439) gegen den Verkäufer besteht. Dies ist an folgende Voraussetzungen (Vorliegen eines Sachmangels) gebunden:

- *Bestehendes Schuldverhältnis (§ 311) liegt vor: gültiger Kaufvertrag zwischen K und V gemäß §§ 145, 147, 433;*
- *Pflichtverletzung des Schuldners (§ 280 I): Es liegt ein Sachmangel lt. § 434 III vor, da eine falsche Sache geliefert wurde (Aliud-Lieferung), nämlich anstatt des Teppichbodens Toskana III in rot wurde das Modell Toskana IV in gelb geliefert.*
- *Der Mangel bestand bereits bei Gefahrübergang (§ 446); da ein Verbrauchsgüterkauf vorliegt, gilt gem. § 474 II die Rechtsnorm 447 nicht;*
- *Kenntnis des Käufers (§ 442): gemäß des Schreibens hat K den richtigen Teppichboden bestellt, d. h. er konnte bis zum Zeitpunkt des Zugangs nichts von der fehlerhaften Lieferung wissen.*
- *Ggf. Hinweis auf die Verjährung (§ 438 I Nr. 3: Verjährung im Übrigen in zwei Jahren).*
  Ergebnis: Ein Sachmangel liegt vor.

Rechtsfolge: Herr Kaufmann kann einen Anspruch auf Nacherfüllung geltend machen: Erfordert zu Recht die Lieferung der richtigen Sache (§ 439 I); außerdem hat bei einer Nacherfüllung der Verkäufer die Kosten des Transports zu tragen (§ 439 II). Daher kann K auch die Erstattung der Versandkosten in Höhe von 35,00 € von V verlangen.

2.2 *Vergleich der Voraussetzungen des Rücktritts nach § 323 BGB mit denen des Widerrufsrechts gemäß § 312 d I BGB i. V. m. §§ 312 b I S. 1, 355 I BGB unter Beachtung der Intentionen der Regelungen:*

Rücktritt gem. § 323	*Widerrufsrecht nach § 312 d I i. V. m. §§ 312 b I S. 1, 355 I*
Gültiges Schuldverhältnis (gegenseitiger Vertrag)	*Gültiger Fernabsatzvertrag als Schuldverhältnis*
Pflichtverletzung des Schuldners	*Keine Pflichtverletzung des Schuldners erforderlich, Rücksendung auch ohne Angabe von Gründen möglich*
Regelungen zur Entbehrlichkeit der Fristsetzung (§ 323 II: z. B. ernsthafte und endgültige Leistungsverweigerung des Schuldners)	*Widerruf innerhalb von zwei Wochen*
Keine Formvorschriften zu beachten	*Textform oder Übersendung der Ware notwendig*

3.1 *Erklärung des Aufbaus einer Straftat: z. B.*

Für das Vorliegen einer Straftat ist die Erfüllung von drei Voraussetzungen notwendig:
- *Tatbestandsmäßigkeit: Eine konkrete Handlung erfüllt die Merkmale eines Tatbestands, der abstrakt im StGB festgeschrieben ist.*
- *Rechtswidrigkeit: Rechtfertigungsgründe für die Handlung oder Unterlassung (z. B. Notwehr) sind nicht gegeben, obwohl die konkrete Handlung den Tatbestand einer Rechtsnorm des StGB erfüllt.*
- *Schuld: dies bedeutet strafrechtliche Vorwerfbarkeit einer Tat in Form Verletzung strafrechtlicher Normen, Mangel an Rechtsgesinnung und Zumutbarkeit normgerechten Verhaltens.*

Erläuterung unter Einbeziehung von M 3 und M 4, ob Sebastian strafrechtliche Konsequenzen drohen könnten: z B.
Der 17-jährige Sebastian hat bewusst die Wand von Herrn Kaufmann besprüht und somit dessen Eigentum verletzt (Sachbeschädigung i. S. d. § 303 StGB). Die Formulierung „Dummer Geldsack" entspricht einer Beleidigung (§ 185 StGB), da die Ehre des K durch die Kundgabe einer Missachtung verletzt wird. Beide Tathandlungen wurden vorsätzlich ausgeführt, Rechtfertigungsgründe für das Verhalten des Sebastian sind nicht erkennbar. Sicherlich sind Sebastian normgerechtes Verhalten und eine angemessene Rechtsgesinnung zuzumuten. Die o. a. Voraussetzungen für das Vorliegen einer Straftat sind damit erfüllt.

Bei der Zumessung des Strafmaßes ist zu beachten, dass der 17-jährige Sebastian als Jugendlicher bedingt bzw. beschränkt straffähig ist, d. h. er ist für seine Straftat(en) verantwortlich, wenn er zum Zeitpunkt der Tat die nötige sittliche und geistige Reife besitzt, um die Unrechtmäßigkeit der Tat einzusehen. Es gibt keinerlei Hinweise, dass Sebastian diesbezüglich eingeschränkt ist.
Ergebnis: Sebastian ist für die begangenen Straftaten verantwortlich, die Sanktionen bzw. rechtlichen Konsequenzen bestimmen sich nach dem Jugendstrafrecht (vgl. auch Aufgabe 3.2).

3.2 *Überblick über die Strafzwecke im deutschen Strafrecht: z. B.*
Das deutsche Strafrecht unterscheidet grundsätzlich absolute und relative Theorie. Die absolute Theorie sieht die Strafe als Vergeltung bzw. Sühne für die begangene Tat, nicht als Instrument der Verbrechensbekämpfung. Die relative Theorie hat die Verhütung/Vermeidung künftiger Straftaten zum Ziel (Prävention). Durch geeignete Sanktionen gegen den Täter sollen andere von der Begehung von Straftaten abgeschreckt werden (Generalprävention) und somit die Allgemeinheit geschützt werden. Im Zuge der Spezialprävention soll der einzelne Täter von Straftaten abgehalten werden, z. B. durch Resozialisierung oder Fernhalten von der Gesellschaft. Die Vereinigungstheorie enthält Elemente der absoluten und der relativen Straftheorie.

Begründeter Vorschlag einer geeigneten Maßnahme: z. B.
Die rechtlichen Konsequenzen bestimmen sich für den 17-jährigen Sebastian nach dem Jugendstrafrecht. Neben der Jugendstrafe sieht das Jugendstrafrecht auch Erziehungsmaßregeln, Zuchtmittel und Maßnahmen der Besserung und Sicherung vor. Sinnvoll wäre im vorliegenden Fall die Verurteilung zum Ableisten von gemeinnützigen Sozialstunden als Zuchtmittel. Dabei würde dem im Jugendstrafrecht dominierenden Erziehungsgedanken Rechnung getragen und zugleich dem Strafzweck der Spezialprävention Rechnung getragen werden. Durch die Leistung gemeinnütziger Arbeit könnte Sebastian mehr Verantwortungsbewusstsein erlangen. Auch könnte ein Beitrag zur Achtung des Eigentums anderer mit dieser Sanktion geleistet werden.
Hinweis zur Aufgabenstellung: da von Maßnahmen die Rede ist, entfallen andere Möglichkeiten. Maßnahmen sind im juristischen Sinne keine Jugendstrafe.

Abituraufgabe LK 2002 Aufgabe III

Sämtliche Aufgaben sind, soweit möglich, unter Angabe der entsprechenden Normen des BGB (in der zum 31.12.2001 gültigen Fassung) zu bearbeiten.

Albert (A) betreibt ein florierendes Autohaus. Sein Stammkunde Stefan (S) kauft ein neues Auto. Bei der Übergabe des Fahrzeugs am 10.09.2001 bestellt S zusätzlich einen Satz Winterräder. Die Räder sollen in ca. vier Wochen geliefert werden. Als sich am 31.10. ein vorzeitiger Wintereinbruch abzeichnet, ruft S bei A an, weist ihn darauf hin, dass er die Winterräder dringend benötige, und verlangt sofortige Lieferung. A entschuldigt sich und gibt zu, die Bestellung vergessen zu haben. S, der als Geschäftsmann oft Kunden besuchen muss, verpasst deshalb am 02.11. einen wichtigen Geschäftstermin, da ihm kurzfristig kein anderes Verkehrsmittel zur Verfügung steht; ein Fahren mit Sommerreifen ist wegen der winterlichen Straßenverhältnisse nicht möglich. Dadurch entgeht ihm ein Gewinn in Höhe von 500 €. Zur Wahrnehmung weiterer Termine in den nächsten Tagen ist er gezwungen, ab dem 05.11. für 100 € pro Tag ein wintertaugliches Ersatzfahrzeug zu mieten. Am Spätnachmittag des 08.11. erhält S schließlich die Winterräder und montiert sie noch am gleichen Abend. Das Mietfahrzeug gibt er am 10.11. zurück.

1.1 Untersuchen Sie mögliche Schadensersatzansprüche des S gegen A! Gehen Sie dabei auch auf die Höhe des Schadensersatzes ein!

Um seinen Stammkunden nicht zu verlieren, bietet A dem S eine kostenlose Handy-Freisprechanlage für sein Auto an. S nimmt dankend an. A holt daraufhin eine Freisprechanlage aus seinem Lager und übergibt sie S, der sie gleich mitnimmt. Am Nachmittag stellt A entsetzt fest, dass er S versehentlich eine wesentlich höherwertige Freisprechanlage als beabsichtigt gegeben hat; diese hatte er ursprünglich zum Einbau in das Auto eines anderen Kunden vorgesehen. Zwei Tage lang versucht A vergeblich, das teurere Modell nachzubestellen. Leider muss er feststellen, dass die Lieferzeiten für dieses Modell ca. 3 Wochen betragen. Um den Auftrag des anderen Kunden ausführen zu können, wendet sich A nach einer Woche an S mit der Bitte, die teurere Freisprechanlage herauszugeben. Dieser weigert sich empört.

1.2 Prüfen Sie, ob und wie A die Freisprechanlage von S herausverlangen kann!

(18 BE)

Auf einer Geschäftsreise kauft S eine CD-ROM mit Lernprogramm "Zahlenspiele". Er schenkt die CD-ROM seinem siebenjährigen Sohn Bastian (B) mit den Worten: "Das ist was für dich zum Lernen!" Da B das Lernprogramm aber zu langweilig ist, tauscht er diese CD-ROM mit dem neunjährigen Nachbarbuben Jürgen (J) gegen eine andere CD-ROM mit dem Spiel "Hühnerjagd". Die CD-ROMs wechseln auch sofort den Besitzer. Die Eltern des J hatten diesen vorher bereits aufgefordert, "Hühnerjagd" bei Gelegenheit gegen ein anderes Spiel einzutauschen, da sie es für ihren Sohn als ungeeignet empfunden hatten. Als die Eltern des B von diesem Tausch erfahren, sind sie strikt dagegen.

2.1 Prüfen Sie anhand der beiden von B und J abgegebenen Willenserklärungen die Wirksamkeit des zwischen B und J abgeschlossenen Tauschvertrags!

2.2 Untersuchen Sie, ob B Eigentümer der CD-ROM "Hühnerjagd" geworden ist!

J muss schließlich die CD-ROM "Zahlenspiele" wieder an B zurückgeben.

2.3 Erläutern Sie, wie J die CD-ROM "Hühnerjagd" von B wieder herausverlangen kann!

(18 BE)

Am 20.12.2001 erwirbt S im Zubehörmarkt Veloce (V) einen Skiträger. Bei der Montage muss er feststellen, dass der Träger verbogen ist und sich daher nicht montieren lässt.

3.1 Prüfen Sie die Ansprüche des S gegen V!

Aus der Zeitung erfährt S von grundlegenden Änderungen bei den Regelungen zur Sachmängelhaftung zum 01.01.2002. Die Neuerungen werden in dem Artikel – stark vereinfacht – folgendermaßen dargestellt:
"Hat die Kaufsache einen Mangel, kann der Käufer zunächst Nacherfüllung verlangen, d. h., er kann zwischen der Lieferung einer mangelfreien Sache und der Beseitigung des Mangels wählen. Um vom Vertrag zurückzutreten oder den Kaufpreis herabsetzen zu können, muss der Käufer dem Verkäufer in der Regel zunächst eine angemessene Frist für die Nacherfüllung setzen und abwarten, bis die Frist erfolglos abgelaufen ist. Ein Anspruch auf Schadensersatz setzt – neben der Fristsetzung – in der Regel voraus, dass der Verkäufer die mangelhafte Lieferung zu vertreten hat. Der Verkäufer hat Vorsatz und Fahrlässigkeit zu vertreten. Darüber hinaus haftet er auch für eine abgegebene Garantieerklärung. Die reguläre Gewährleistungsfrist bei Sachmängeln wird auf zwei Jahre ausgedehnt."

3.2 Stellen Sie anhand der im Text enthaltenen Informationen vier grundlegende Neuerungen im Bereich des Gewährleistungsrechts den bis zum 31.12.2001 gültigen Regelungen gegenüber!

3.3 Diskutieren Sie, inwieweit Verkäufer und Käufer Vor- und Nachteile aus der Neuregelung haben!

(24 BE)

(Summe 60 BE)

Lösung LK 2002 Aufgabe III

1.1 *Untersuchung, ob Ersatz des Verzögerungsschadens (§ 280 (2)) möglich ist. Voraussetzungen hierfür:*
- *Wirksames Schuldverhältnis (§ 311 (1)), hier: Kaufvertrag (§§ 145, 147, 433);*
- *Pflichtverletzung des Schuldners A (§ 280 (1)) aus dem Schuldverhältnis mit S: Nichtleistung des A (§ 286 (1) i.V.m. § 241 (1) und (2));*
- *die Leistung des A ist fällig (§ § 286 (1), 271);*
- *die Leistungszeit ist bestimmbar nach § 286 (2), weshalb eine Mahnung entbehrlich ist;*
- *A hat die Zuspätleistung zu vertreten (§§ 286 (4), 280 (1) S. 2, 276).*

Ergebnis: A ist in Verzug gem. § 286.
S kann deshalb nach § 280 (2) Schadensersatz verlangen: Gem. § 280 (1) und § 280 (2) Schadensersatz neben der Leistung: Entgangener Gewinn in Höhe von 500 € (§ 252); außerdem: Aufwendungen für den Mietwagen (§ 251) in Höhe von 400 € für die Zeit vom 05.11. bis 08.11., da die Leistung des A am 08.11. erfolgt (Lieferung der Winterräder), d. h. die Kosten für das Mietauto für den 9. und 10.11. hat S zu tragen.

1.2 *A kann gem. § 985 die Freisprechanlage herausverlangen, wenn A Eigentümer und S Besitzer ist.*
A schenkt dem S die Freisprechanlage (§§ 145, 147, 516). Die für ein gültiges Schenkungsversprechen erforderliche notarielle Beurkundung (§ 518 (1)) wird durch Bewirken der Leistung (= Handschenkung, § 518 (2)) überflüssig. S wird durch Einigung (§§ 145, 147, 929) und Übergabe (§§ 929 i.V.m. 854) Eigentümer und Besitzer der Anlage.
Um einen Herausgabeanspruch zu begründen, wäre eine Anfechtung wegen Erklärungsirrtums (§ 119 (1), 2. Alternative) bezüglich der Einigung nötig. Diese ist an den Erklärungsgegner (§ 143 (1)) zu richten und hat unverzüglich (§ 121 (1)) zu erfolgen, damit die Rechtsfolge des § 142 (1) (= Nichtigkeit des Rechtsgeschäfts) eintritt.
Ergebnis: Da die Anfechtung nicht unverzüglich erfolgt, ist sie nicht wirksam. A hat somit keinen Herausgabeanspruch nach § 985.

2.1 *Prüfen:*
Tauschvertrag (§§ 145, 147, 480) zwischen B und J. Bedenken bestehen allerdings bezüglich der Wirksamkeit der Willenserklärung des 7-jährigen B: B ist gem. § 2 minderjährig (18. Lebensjahr noch nicht vollendet) und nach § 106 beschränkt geschäftsfähig, weil er das 7. Lebensjahr vollendet hat. Für Willenserklärungen, die für ihn nicht lediglich einen rechtlichen Vorteil (§ 107) bedeuten, benötigt B die Einwilligung (§§ 182, 183) des gesetzlichen Vertreters (§ 1626).
Hier liegt die Einwilligung nicht vor, obwohl für B ein rechtlicher Nachteil gegeben ist, nämlich durch die Verpflichtung zur Übereignung der CD-ROM „Zahlenspiele" gem. § 480 i.V.m. § 433. § 110 „Bewirken der Leistung mit eigenen Mitteln" ist nicht anwendbar, da B seine Pflicht aus dem Tauschvertrag zwar mit Mitteln erfüllt, die ihm vom Vater überlassen wurden, diese aber nicht zur freien Verfügung standen.
Willenserklärung des 9-jährigen J: §§ 2, 106, 107 analog.
Da die Einwilligung (§§ 182, 183) seiner Eltern vorlag, ist die Willenserklärung des J wirksam, doch wird der schwebend unwirksame (§ 108 (1)) Tauschvertrag mit der Ablehnung der Eltern des B unwirksam.

2.2 *Untersuchen:*
Übereignung der CD-ROM „Hühnerjagd" nach §§ 145, 147, 929; 854; Prüfung beschränkter Geschäftsfähigkeit siehe 2.1:
Willenserklärung des B: Da B lediglich einen rechtlichen Vorteil hat (§ 107), ist seine Willenserklärung wirksam.

Willenserklärung des J: Er hat zwar einen rechtlichen Nachteil (Eigentumsverlust an der CD-ROM), es liegt aber eine ausdrückliche Einwilligung (§§ 182,183) der Eltern(§ 1626) vor; somit ist seine Willenserklärung wirksam (vgl. § 107).
Ergebnis : B wurde wirksam Eigentümer der CD-ROM „Hühnerjagd".

2.3 *Erläutern:*
Anspruch des J gegen B aus § 812 (1) S. 1: B hat das Eigentum an der CD-ROM durch Leistung des J ohne rechtlichen Grund erlangt, da der zwischen B und J geschlossene Tauschvertrag (§ 480) unwirksam ist (siehe 2.1). Somit kann J die CD-ROM nach § 812 (1) von B heraus verlangen.

3.1 *Ansprüche können durchgesetzt werden, wenn die Voraussetzungen für eine Schlechtleistung gegeben sind.*
Prüfschema:
- *Wirksames Schuldverhältnis (§ 311), hier: Kaufvertrag (§§ 145, 147, 433).*
- *Pflichtverletzung des Schuldners aus einem Schuldverhältnis (§ 280 (1)) liegt vor, weil V gem. § 433 (1) S. 2 zur Verschaffung der Kaufsache (Skiträger) frei von Sach- und Rechtsmängeln verpflichtet ist.*
- *Gem. § 434 (1) Nr. 2 liegt ein Sachmangel vor, da die Beschaffenheit des Skiträgers zur gewöhnlichen Verwendung nicht geeignet ist, denn ein verbogener Skiträger kann an einem Fahrzeug nicht montiert werden.*
- *Gefahrenübergang §§ 434 (1), 446 ist bereits erfolgt durch Übergabe des Trägers.*
- *Erst mit dem Montageversuch am Fahrzeug konnte S den Sachmangel erkennen (§ 442).*
- *Gem. § 474 handelt es sich bei diesem Kauf um einen Verbrauchsgüterkauf, denn die Vertragspartner sind Unternehmer (V gem. § 14) und Verbraucher (S gem. § 13). Die Ansprüche des S sind noch nicht verjährt gem. §§ 475 (2), 438 (1) Nr. 3, da die gesetzliche 2-Jahres-Frist für neue Produkte im Rahmen eines Verbrauchsgüterkaufs noch nicht abgelaufen ist. Ferner könnte S von der Beweislastumkehr (§ 476) Gebrauch machen, da sich der Sachmangel innerhalb von 6 Monaten seit Gefahrenübergang zeigte.*

Ergebnis: Ein Sachmangel (Schlechtleistung) gem. § 434 liegt vor.
Ansprüche des S gegen V:
- *S kann als erste Andienung Nacherfüllung gem. § 437 Nr. 1 verlangen, die in § 439 (1) definiert ist als Beseitigung des Mangels (Nachbesserung) oder Lieferung einer mangelfreien Sache (Ersatzlieferung) nach Wahl des Käufers. Einschränkung: Gem. § 439 (3) kann der Verkäufer die vom Käufer gewählte Art der Nacherfüllung verweigern, wenn diese nur mit unverhältnismäßigen Kosten möglich ist.*
- *Sollte V die Nacherfüllung endgültig verweigern oder diese zwei mal fehlgeschlagen oder für den Käufer unzumutbar sein (§ 440), kann S als zweite Andienung ohne Nachfristsetzung gem. § 437 Nr. 2 vom Vertrag zurücktreten und/oder Schadensersatz (§ 437 Nr. 3) verlangen. Der Sachmangel ist erheblich, Verschulden des V muss vermutet werden – vgl. oben.*
- *S könnte auch als zweite Andienung Minderung verlangen (§§ 441, 437 Nr. 2), was jedoch nur bei unerheblichen Mängeln sinnvoll erscheint.*

3.2 *Die Aufgabe ist nur lösbar unter der Verwendung eines BGB in der Fassung vor dem 1.1.2002. Auf eine nähere Darstellung wird daher verzichtet.*

3.3 *Diskussionsgrundlagen könnten u. a. sein:*
- *Die Bindung an den Vertrag im neuen Recht.*
- *Die Unterscheidung von erster und zweiter Andienung im neuen Recht, grundsätzlich gebunden an die Wünsche des Käufers, wogegen das alte Recht ausgeht von der Art des Mangels und der Art der Sache (Stückschuld, Gattungsschuld).*
- *Die Bedeutung von Nachfristsetzung und Verschulden, vgl. auch § 275 im neuen Recht.*
- *Das neue Verjährungsrecht im Rahmen eines verstärkten Verbraucherschutzes.*

Abituraufgabe LK 2003

Sämtliche Aufgaben sind, soweit möglich, unter Angabe der entsprechenden Normen des BGB zu bearbeiten.

„Auf der Grundlage des römischen Rechts ist dann am Ende des 19. Jahrhunderts das Bürgerliche Gesetzbuch entstanden. Nach langen Vorarbeiten war sein Entwurf 1888 fertig und sollte vom Reichstag beraten werden. Es gab einen Sturm der Entrüstung, wegen seiner Unverständlichkeit. Einer der schärfsten Kritiker des BGB, der Wiener Professor Anton Menger, schrieb dazu in seinem Buch *Das Bürgerliche Recht und die besitzlosen Volksklassen*, 1890:
‚Kein Teil der Gesetzgebung bedarf so sehr einer volkstümlichen, allgemein verständlichen Ausdrucksweise als das bürgerliche Recht; denn die übrigen Gesetze – die Verfassungs-, Verwaltungs-, Zivilprozess- und Strafgesetze – werden nur von bestimmten Volkskreisen oder in besonderen Fällen, dieses wird dagegen täglich und von allen Staatsbürgern angewendet. Nun besitzen wir aber eine juristische Literatur, in welcher die Differenzierung der Rechtsbegriffe und überhaupt die Zerfaserung des Rechtsstoffes so weit getrieben ist, dass man die deutsche Rechtswissenschaft treffend mit einem Messer verglichen hat, welches so dünn und scharf geschliffen ist, dass es nicht mehr schneidet. Die Verfasser des Entwurfes, welchen ohnedies kein besonderes Talent nachzurühmen ist, stehen nun ganz unter dem Einfluss dieser juristischen Lehre und haben demgemäss ein Werk geliefert, dessen unpopuläre Ausdrucksweise kaum überboten werden kann.'"

Quelle: Uwe Wesel, Fast alles, was Recht ist. Frankfurt 2002 (bearbeitet)

1. Fassen Sie Anton Mengers Kritik zusammen und erläutern Sie die Gliederungs- und Formulierungsprinzipien des BGB, auf die sich diese Kritik bezieht!
   Zeigen Sie die Vorteile dieser Prinzipien auf!

(10 BE)

Auch die Reform des Schuldrechts zum 1.1.2002 war unter Fachleuten umstritten. Diskutiert wurde unter Anderem die von einigen Befürwortern der Reform geäußerte Behauptung, die neue Fassung des Bürgerlichen Gesetzbuchs würde es auch dem Laien ermöglichen, sich im BGB selbst über seine Rechte als Verbraucher zu informieren.

2.1. Nehmen Sie anhand ausgewählter Regelungen zur Sachmängelhaftung beim Kauf kritisch Stellung zu dieser Behauptung!

2.2. Erarbeiten Sie aus den § 280 I, §§ 280 III i.V.m. 281 I S.1 sowie § 323 I einen systematischen Überblick, der den Zusammenhang zwischen möglichen Rechten des Gläubigers bei Pflichtverletzungen im Schuldverhältnis und den jeweils erforderlichen Tatbestandsmerkmalen aufzeigt! Zeigen Sie anhand der erarbeiteten Systematik, wie der Gesetzgeber versucht, einen gerechten Interessensausgleich zwischen Schuldner und Gläubiger zu gewährleisten!

(18 BE)

Der 17-jährige Andreas (A) möchte in den Sommerferien einen sechswöchigen Sprachkurs in den USA besuchen und trifft mit seinen Eltern folgenden Vereinbarung:
Die Hälfte der Kosten übernehmen sie, die andere Hälfte soll er selbst durch Ferienarbeit in den Oster- und Pfingstferien verdienen.
Während der Pfingstferien lernt er Belinda (B) kennen. Belinda schlägt Andreas vor, zusammen mit anderen Bekannten die Sommerferien in einem Jugendcamp am Gardasee zu verbringen. Andreas will deshalb auf den Sprachkurs verzichten. Er erwirbt am 1. Juli im Fachgeschäft Vogt (V) ein Zelt für 150 €, bezahlt mit einem Teil seines Verdienstes aus der Ferienarbeit und nimmt das Zelt mit.

Am 5. Juli will Belinda ihren Freund Andreas zu einem Spaziergang abholen, trifft aber nur dessen Mutter an. Im Gespräch erzählt Belinda dabei auch von den gemeinsamen Reiseplänen mit Andreas in den Sommerferien und von dem bereits mit dessen Verdienst gekauften Zelt.
Die Mutter ist über diese Pläne entsetzt, aus Höflichkeit erklärt sie jedoch Belinda gegenüber, dass sie damit einverstanden sei. Aber als Andreas am Abend nach Hause kommt, stellt ihn die Mutter zur Rede und sagt ihm, dass sie und sein Vater der Meinung seien, er solle wegen seiner mangelhaften Englischkenntnisse unbedingt am Sprachkurs teilnehmen. Sie fordert ihn auf, das Zelt unverzüglich zurückzubringen.

3. Prüfen Sie die Rechtswirksamkeit der von Andreas bezüglich des Zeltes abgeschlossenen Rechtsgeschäfte!

(12 BE)

Belinda ist sehr enttäuscht, weil ihr Freund nun doch am Sprachkurs teilnimmt, und möchte deshalb mit Andreas nichts mehr zu tun haben. Um Belinda wieder für sich zu gewinnen, sprüht Andreas auf die Glaswand der Bushaltestelle, von der aus Belinda täglich zur Arbeit fährt: „Belinda, ich liebe dich."
Da sich der Missbrauch von Werbeflächen in letzter Zeit gehäuft hat, haben die Stadtwerke (S) an allen öffentlichen Bushaltestellen folgenden Hinweis angebracht:

Achtung! Plakatieren verboten! Jede unautorisierte Nutzung ist rechtswidrig, verpflichtet zur Zahlung eines Werbenutzungsentgelts gem. § 812 BGB, zur Zahlung von Schadenersatz gem. § 823 BGB und wird grundsätzlich gem. § 303 StGB wegen Sachbeschädigung verfolgt.

4.1. Prüfen Sie, inwieweit sich aus den auf dem Hinweisschild genannten Rechtsnormen zivilrechtliche Ansprüche gegen Andreas ableiten lassen!

4.2. Entwickeln Sie ein anderes Fallbeispiel, bei dem die Stadtwerke einen Anspruch aus ungerechtfertigter Bereicherung wegen „unautorisierter Nutzung" geltend machen können!

(20 BE)

(Summe: 60 BE)

Lösung LK 2003

1. *Zusammenfassung der Kritik Mengers:*
Kritik richtet sich gegen den hohen Abstraktionsgrad der Rechtsnormen und die damit verbundene schwere Verständlichkeit. Da das bürgerliche Recht im täglichen Leben eine besondere Rolle spielt, sollte es gut verständlich sein.

Erläuterung von Gliederungs- und Formulierungsprinzipien mit Aufzeigen von Vorteilen: z.B.
- *Reduktion: vielen konkreten Lebensvorgängen steht eine begrenzte Zahl von Normen gegenüber, so dass das BGB relativ knapp gehalten werden kann.*
- *Abstraktion: Um der Reduktion zu genügen, müssen die Tatbestandsmerkmale einer Rechtsnorm möglichst allgemein, d.h. abstrakt formuliert werden, damit sie vielfach anwendbar sind und z.B. weniger Gesetzesänderungen notwendig werden.*
- *Technik des „Vor-die-Klammer-Ziehens“ (Erstes Buch als Allgemeiner Teil, der für die vier anderen Bücher gilt) erleichtert dem vertrauten Leser die Arbeit mit dem BGB, (erschwert dies aber für uninformierte Personen)*

2.1. *Kritische Stellungnahme zur Behauptung, durch die Schuldrechtsreform könne sich ein Laie besser im BGB über Verbraucherrechte informieren. 3 Argumente: z.B.*

- *Verweisungstechnik des § 437 BGB macht das BGB für Laien unübersichtlich*
- *§ 434 BGB definiert unterschiedliche Arten des Sachmangels, ist jedoch sehr abstrakt gehalten*
- *§ 439 III BGB mit seinem sehr komplexen Satzbau macht die geregelten Sachverhalte für den Laien unverständlich.*

2.2. *Erarbeiten eines systematischen Überblicks zu §§ 280 I, 280 III i.V.m. § 281 I S.1 BGB und § 323 I BGB, z.B. als Tabelle:*

		Tatbestandsmerkmale		
		Verletzung einer Pflicht aus dem Schuldverhältnis	*Vertretenmüssen*	*Fristsetzung*
Rechtsfolgen	*Schadenersatz neben der Leistung § 280 I BGB*	*erforderlich*	*erforderlich*	*nicht notwendig*
	Schadenersatz statt der Leistung § 280 III BGB	*erforderlich*	*erforderlich*	*erforderlich*
	Rücktritt § 323 BGB	*erforderlich*	*nicht notwendig*	*erforderlich*

Argumente bezüglich eines gerechten Interessenausgleichs anhand der Übersicht: z.B.
- *Grundsätzlich sind geschlossene Verträge zu halten. Aus Pflichtverletzungen ergeben sich Rechtsfolgen.*
- *Durch die teils erforderliche Fristsetzung nach einer Pflichtverletzung des Schuldners soll der Schuldner (nochmals) die Chance einer ordnungsgemäßen Erfüllung erhalten.*
- *Für Schäden, die dem Gläubiger durch die Pflichtverletzung entstehen, muss der Schuldner eintreten, wenn es sich z.B. auch durch ordnungsgemäße Erfüllung innerhalb einer Nachfrist nicht vermeiden hätte lassen.*

3. *Überprüfung der bezüglich des Zeltes abgeschlossenen Rechtsgeschäfte auf ihre Rechtswirksamkeit:*

Kaufvertrag über das Zelt (§§ 145, 147, 433 BGB):
Gemäß §§ 2, 106 BGB ist A mit seinen 17 Jahren beschränkt geschäftsfähig. Da A durch den Kaufvertrag zur Kaufpreiszahlung verpflichtet ist, entsteht ihm ein rechtlicher Nachteil (§ 107 BGB). Er hat auch die erforderliche Einwilligung des gesetzlichen Vertreters nicht (§ 107 BGB). § 110 BGB ist nicht anwendbar, da er die Mittel nicht zu diesem Zweck oder zur freien Verfügung hat. Somit ist der Kaufvertrag schwebend unwirksam (§ 108 I BGB). Die Erklärung der Mutter gegenüber Belinda hat keine rechtlichen Auswirkungen, wohl aber die Erklärung gegenüber A, so dass hier der Kaufvertrag von Anfang an unwirksam wird (§ 184 I, Umkehrschluss).

Übereignung des Zelts (§§ 145, 147, 929 i.V.m. § 854 BGB):
Die Übereignung des Zelts ist von Anfang an voll wirksam, da sie für A nur rechtlich vorteilhaft ist (§ 107 BGB); Besitzübergang gemäß § 854 I BGB.

Übereignung des Gelds (§§ 145, 147, 929 i.V.m. § 854 BGB)
Argumentation analog zum Kaufvertrag (vgl. oben); die zunächst schwebend unwirksame Übereignung (§ 108 I BGB) wird durch die Ablehnung der Eltern gegenüber A unwirksam. Der Verkäufer ist gem. § 854 I BGB lediglich Besitzer des Geldes.

4.1. *Subsumtion der vorgegebenen Rechtsnormen:*

Prüfen:
Anspruch S gegen A auf Schadenersatz aus § 823 I BGB:
Es ist ein Schaden entstanden (Reinigungskosten) durch die vorsätzliche Beschädigung des Eigentums der Stadtwerke (A besprüht die Glaswand absichtlich); für die Handlung gibt es keinen Rechtfertigungsgrund, sie erfolgt widerrechtlich und ist für den Schaden adäquat kausal (Subsumtion).

Subsumieren der Tatbestände des § 823 II BGB:
A hat gegen § 303 StGB (Sachbeschädigung) und damit gegen ein Gesetz verstoßen, das Rechtsgüter schützen soll.

Gemäß § 828 III BGB ist A mit 17 Jahren zwar nur beschränkt deliktsfähig, ihm muss als 17-Jährigem jedoch bei der Begehung der Tat bewusst gewesen sein, dass er eine schädigende Handlung vornimmt.

A ist somit gem. §§ 823 I und 823 II BGB den Stadtwerken zum Ersatz des entstandenen Schadens verpflichtet; die Höhe regelt sich gem. §§ 249 ff. BGB.

Anspruch S gegen A auf Herausgabe des Erlangten aus § 812 BGB:
A erlangt durch seine Tat keinen Vermögensvorteil und er erspart sich dadurch auch keine Aufwendungen, da nicht davon auszugehen ist, dass er sich ansonsten eine Werbefläche angemietet hätte. Ein Anspruch gem. § 812 BGB besteht somit nicht.

4.2. *Entwickeln eines Fallbeispiels:*
Unternehmen bringt Werbeplakat an.
Voraussetzung: Unternehmen hat keinen Nutzungsvertrag mit dem Eigentümer geschlossen
Darstellen der Situation von Be- und Entreicherung
(Es muss nicht zwangsläufig Bsp. „Plakat“ sein!)

Abituraufgabe LK 2004

Sämtliche Aufgaben sind, soweit möglich, unter Angabe der entsprechenden Normen des BGB zu bearbeiten.

Nach dem bestandenen Abitur möchte sich die 19-jährige Karina (K) auf den praktischen Eignungstest für ein Sportstudium an der Universität vorbereiten. Für das Lauftraining leiht sie sich von ihrer Freundin Franziska (F), die bereits Sport studiert, Laufschuhe mit Spikes.
Vor dem Abitur hatte ihr ihre Tante Tina (T) einen neuen Tennisschläger versprochen. Als Karina ihre Tante auf den Tennisschläger anspricht, erwidert diese, sie habe sich die Sache anders überlegt, weil sich Karina zu selten bei ihr melde. Karina bestellt schließlich am 14. Juli den neuen Tennisschläger "Revolution" für 200 € im Sporthaus Steiger (S). Sie leistet eine Anzahlung von 75 €. Am nächsten Tag borgt sie sich den Restbetrag von ihrem Freund Lukas (L), zahlt den Restbetrag und nimmt den Schläger mit nach Hause.

1. Untersuchen Sie die Wirksamkeit aller angesprochenen schuldrechtlichen Verträge und legen Sie die sich daraus ergebenden Pflichten dar! Begründen Sie, wer am 14. Juli Eigentümer der angezahlten 75 € ist! [12 BE]

Am 15. August – zwei Wochen vor dem sportpraktischen Test – bestellt Karina die Laufschuhe mit Spikes für 90 € beim Sporthaus Steiger. Da ihre Größe nicht mehr vorhanden ist, verspricht Steiger, die Schuhe bis spätestens 28. August zu besorgen. Karina meint: "Das geht in Ordnung. Wenn sie die Schuhe allerdings nicht bis zu diesem Termin bekommen, werde ich sie mir anderswo besorgen, denn ich habe am 29. August meine Prüfung." Als Karina am 28. August die Schuhe abholen möchte, erklärt der Verkäufer, dass er die Bestellung leider vergessen habe, sich aber sofort darum kümmern werde. Karina verlässt daraufhin verärgert das Geschäft und kauft beim Sportgeschäft Renner (R) das gleiche Modell, das allerdings dort um 10 € teurer ist. Am Tag nach der Prüfung erscheint Karina nochmals bei Steiger, erklärt ihm, dass sie kein Interesse mehr an den bei ihm bestellten Laufschuhen habe, und verlangt von Steiger die Zahlung der 10 €, die sie für die Schuhe bei Renner mehr bezahlen musste. Da Steiger inzwischen die Schuhe unter erheblichem Aufwand besorgt hat, besteht er jedoch auf der Erfüllung des Kaufvertrages.

2.1 Prüfen Sie, ob Karina vom Kaufvertrag mit Steiger zurücktreten kann!

2.2 Vergleichen Sie allgemein die Regelungen des § 281 II und des § 323 II und zeigen Sie auf, warum Karina wohl keinen Ersatz der 10 € verlangen kann! Erläutern Sie, wie der Gesetzgeber hier versucht, einen gerechten Interessensausgleich zu schaffen! [22 BE]

Schon wenige Tage nach der Prüfung löst sich beim Lauftraining die Sohle des linken Schuhs. Karina fährt sofort in das Sportgeschäft und verlangt von Renner ein neues Paar Schuhe. Renner ist unschlüssig und telefoniert zunächst mit dem Hersteller. Schließlich teilt er Karina Folgendes mit: "Ich habe die Schuhe zwar vorrätig, aber aus Hygienegründen nehmen wir gebrauchte Schuhe nicht zurück. Wie mir der Hersteller gerade mitgeteilt hat, besteht aber die Möglichkeit, die Schuhe beim werkseigenen Servicecenter reparieren zu lassen. Ihre Schuhe sind in spätestens 14 Tagen wieder fast wie neu."

3.1 Prüfen Sie, ob Karina zu Recht verlangen kann, dass Renner ihr neue Schuhe aus dem Lager aushändigt!

3.2 Zeigen Sie, dass hier ein Verbrauchsgüterkauf vorliegt, und erläutern Sie an zwei Aspekten, wie der Verbraucher durch die Regelungen zum Verbrauchsgüterkauf besonders geschützt werden soll! [18 BE]

Da Karina keine eigene Waschmaschine hat, bringt sie ihre Sportkleidung in den Waschsalon Blank (B). Im Eingangsbereich hängt ein großes Schild mit folgender, gut erkennbarer Aufschrift:

"Selbstbedienung!
Wir haften grundsätzlich nicht für Schäden,
die aufgrund des Waschvorgangs entstehen."

Karina übersieht das große Schild, wirft das erforderliche Geld in den Münzautomaten einer Waschmaschine und schaltet sie ein. Als Karina die Wäsche aus der Maschine holt, sind Trainingsanzug und Trikots zerrissen. Eine Untersuchung ergibt, dass der Schaden beim Schleudern entstanden ist. Der für einen Fachmann leicht zu erkennende Defekt der Maschine war bei der routinemäßigen Wartung durch Blank übersehen worden. Karina fordert Schadensersatz.

4. Zeigen Sie, dass es sich bei dem Haftungsausschluss um eine Allgemeine Geschäftsbedingung (AGB) handelt, und erläutern Sie, ob diese Klausel Bestandteil des Vertrags zwischen Karina und Blank geworden ist! Entscheiden Sie anhand des § 309 Nr. 7, ob Karina die Klausel gegen sich gelten lassen muss! [8 BE]

[Summe: 60 BE]

Lösung LK 2004

1. *Untersuchung der abgeschlossenen schuldrechtlichen Verträge:*

- *Leihvertrag (§§ 145, 147, 598) zwischen K und Freundin Franziska (F) über die Laufschuhe mit Spikes:*
  Vertragspflichten: F ist verpflichtet, die Schuhe unentgeltlich für einige Tage an K zwecks Training zu überlassen.
- *Schenkungsvertrag (§§ 145, 147, 516) zwischen K und Tante Tina (T):*
  Vertragspflichten: T hat sich verpflichtet, einen Tennisschläger unentgeltlich an K zu übereignen. Problem hierbei: Nach § 518 I bedarf die Gültigkeit eines Schenkungsversprechens der notariellen Beurkundung. Folge daraus: Nichtigkeit wegen Formmangels (§ 125).
- *Kaufvertrag (§§ 145, 147, 433) zwischen K und dem Sporthaus Steiger (S) über den Tennisschläger „Revolution".*
  Vertragspflichten: S ist verpflichtet, den Tennisschläger (frei von Mängeln) zu übergeben und das Eigentum daran zu verschaffen (§ 433 I), K hat die Verpflichtung, den Tennisschläger abzunehmen und den vereinbarten Kaufpreis zu bezahlen (§ 433 II).
- *Darlehensvertrag (§§ 145, 147, 488) zwischen K und ihrem Freund Lukas (L).*
  Vertragspflichten: L ist verpflichtet, K den Restbetrag von 125 Euro zu übereignen. K ist verpflichtet, den Betrag bei Fälligkeit ggf. mit Zinsen an L zu bezahlen.

Eigentumsverhältnis bezüglich der angezahlten 75 Euro am 14. Juli:
S wurde durch Einigung (§§ 145, 147, 929) und Übergabe (§§ 854, 929) als Realakt Eigentümer der 75 Euro.

2.1 Prüfung, ob K vom Kaufvertrag zurücktreten kann.
Zu untersuchen ist hier zunächst § 323 I. K könnte zurücktreten ,wenn es sich
- *um ein Schuldverhältnis und einen gegenseitigen Vertrag handeln würde,*
- *eine fällige Leistung nicht oder nicht vertragsgemäß erbracht würde und*
- *erfolglos eine angemessene Frist zur Leistung oder Nacherfüllung gesetzt wurde.*

Subsumtion:
- *Es besteht ein Schuldverhältnis (§ 311), und zwar ein Kaufvertrag (§§ 145, 147, 433);*
- *Pflichtverletzung des Schuldners (§ 280 I) liegt vor: Die Leistung wurde nicht erbracht (§ 241 I), nämlich die Lieferung der Laufschuhe, obwohl die Leistung zu diesem Zeitpunkt fällig war (§ 271).*
- *Die nach § 323 I für einen Vertragsrücktritt erforderliche Setzung einer angemessenen Frist und deren erfolgloser Ablauf: Dies ist nicht erfolgt.*
  Aber: § 323 II kennt die Entbehrlichkeit der Fristsetzung, wenn der Schuldner seine Leistung nicht erbringt und im Vertrag vereinbart wurde, dass der Gläubiger sein Leistungsinteresse an die Rechtzeitigkeit der Lieferung gebunden hat. Im Kaufvertrag wurde klar vereinbart, dass S die Schuhe „spätestens bis zum 28. August" besorgen solle.

Ergebnis: K kann nach § 323 vom Vertrag zurücktreten.

2.2 Vergleich zwischen § 281 II und § 323 II.

Gemeinsame Bestandteile beider Rechtsnormen:
- *Leistung wird ernsthaft und endgültig verweigert;*
- *es liegen besondere Umstände vor, die unter Abwägung der beiderseitigen Interessen einen sofortigen Rücktritt rechtfertigen bzw. die sofortige Geltendmachung des Schadensersatzes.*

Unterschiedliche Bestandteile der beiden Rechtsnormen:
- *§ 323 II sieht die Rücktrittsmöglichkeit auch ohne Fristsetzung vor, wenn der Gläubiger den Fortbestand seines Leistungsinteresses an die Rechtzeitigkeit der Leistung gebunden hat.*
- *Nur § 281 II nennt die sofortige Geltendmachung eines Schadensersatzanspruchs, wenn besondere Umstände unter Abwägung der beiderseitigen Interessen dies erfordern.*

Anwendung auf den vorliegenden Fall:
Für einen Schadensersatz statt der Leistung ist eine erfolglose Fristsetzung nötig, es sei denn, sie ist entbehrlich (§ 281 II). K hat im Vertrag mit S zwar deutlich gemacht, dass sie die Schuhe spätestens am 28.08. benötigt und danach kein Lieferinteresse mehr haben wird. Dies reicht als Voraussetzung für ein Rücktrittsrecht.
Die in § 323 II Nr. 2 bestehende Ausnahmeregelung gibt es aber für den Fall des Schadensersatzes statt der Leistung (§ 281 II) nicht, so dass für einen Schadensersatz eine Fristsetzung durch K notwendig wäre.

Abschließende Erläuterung: Der Käufer soll im Falle des Verstreichens einer vereinbarten Frist bei einem für ihn wichtigen Liefertermin vom Vertrag zurücktreten können, eine Schadensersatzpflicht des Verkäufers soll aber damit nicht automatisch eintreten. Dies dient dem Schutz des Verkäufers.

3.1 K könnte einen Anspruch auf Nacherfüllung haben, sofern die Voraussetzungen für einen Sachmangel gem. § 434 vorliegen.

Subsumtion:
- *Bestehendes Schuldverhältnis, nämlich ein Kaufvertrag (§§ 145, 147, 433).*
- *Pflichtverletzung des Schuldners (§ 280 I): Es wurde laut Sachverhalt zwar keine vertragliche Verwendung nach § 434 I Nr. 1 vorausgesetzt, doch eignen sich die Laufschuhe (auch) nicht für die gewöhnliche Verwendung (§ 434 I Nr. 2), da sich nach wenigen Trainingseinheiten bereits eine Sohle ablöst. Somit liegt ein Sachmangel nach § 434 I Nr. 2 vor.*
  Der Mangel lag bereits bei Gefahrübergang vor (§ 446).
- *K wusste nichts von dem Mangel (§ 442).*
- *Ansprüche sind nach § 438 I noch nicht verjährt, weil seit Ablieferung der Sache noch keine zwei Jahre vergangen sind.*

K kann daher nach §§ 437 Nr. 1, 439 I Nacherfüllung verlangen. Gemäß § 439 I kann die Lieferung einer mangelfreien Sache (Ersatzlieferung) gefordert werden.
R könnte die von K geforderte Art der Nacherfüllung nur dann verweigern, wenn ihm laut § 439 III dadurch unverhältnismäßig hohe Kosten entstünden, was im vorliegenden Sachverhalt zu verneinen ist.
Ergebnis: K kann die Ersatzlieferung (neue Schuhe aus dem Lager) sofort verlangen.

3.2 *Ein Verbrauchsgüterkauf liegt dann vor, wenn ein Verbraucher von einem Unternehmer eine bewegliche Sache (hier: Schuhe) kauft (§ 474). K ist Verbraucherin, weil sie die Schuhe für private Zwecke erwirbt (§ 13), S betreibt als Sportartikelhändler ein Gewerbe, ist also nach § 14 Unternehmer.*

Zwei Beispiele für Verbraucherschutz beim Verbrauchsgüterkauf: z. B.

- *Beweislastumkehr nach § 476: Bei einem Sachmangel wird innerhalb der ersten sechs Monate zu Gunsten des Käufers vermutet, dass dieser schon bei Gefahrübergang vorlag.*
- *Haftungsausschluss wegen Sachmangels (siehe § 475 II) kann rechtsgeschäftlich nicht vereinbart werden.*

4. *Prüfung, ob es sich bei dem Haftungsausschluss um eine Allgemeine Geschäftsbedingung handelt. Die Definition nach § 305 I S.1 trifft zu, denn*

- *es handelt sich um eine vorformulierte Vertragsbedingung;*
- *sie wird der anderen Vertragspartei bei Vertragsabschluss gestellt;*
- *sie will die Wäscherei in allen Verträgen mit ihren Kunden gelten lassen.*

Erläuterung, ob die Klausel Vertragsbestandteil wurde: Es ist nach § 305 II zu bejahen, denn

- *K wurde zwar nicht ausdrücklich auf die Klausel hingewiesen, jedoch erfolgte ein sichtbarer Aushang am Vertragsabschlussort;*
- *K hätte vom Aushang in zumutbarer Weise Kenntnis nehmen können;*
- *K hat sich durch schlüssiges Handeln mit der Geltung der Klausel einverstanden erklärt.*

Entscheidung anhand des § 309 Nr. 7 b, ob K die Klausel gegen sich gelten lassen muss: Nein, denn nach § 309 Nr. 7 b ist eine Klausel in den AGB, die für B alle Schäden ausschließt, auch solche, die durch eine grob fahrlässige Pflichtverletzung entstehen, unwirksam.

Abituraufgabe LK 2005

Sämtliche Aufgaben sind, soweit möglich, unter Angabe der entsprechenden Normen des BGB zu bearbeiten.

Die 17jährige Belinda (B) möchte mit ihrem neuen Freund, dem volljährigen Studenten Peter Baumann (P), zusammenziehen. Deshalb sucht sie seit einigen Wochen eine 2-Zimmer-Wohnung. Da sie Peter ihren Eltern noch nicht vorgestellt hat, erzählt sie ihnen zunächst nichts von diesen Plänen.

Frau Dorn (D), eine ältere Dame, bietet ihr eine Wohnung an. Am 12.03.2005 besichtigt Belinda die Wohnung und ist begeistert. Frau Dorn, die Belinda für volljährig hält und sie sich auch als Mieterin vorstellen kann, verlangt von ihr nur einen Nachweis über ein festes Einkommen. Belinda schließt daher zum Schein mit ihrem Bekannten Lukas (L), der als Elektromeister selbstständig ist, einen Arbeitsvertrag ab und legt diesen Frau Dom vor. Am 15.03.2005 schließen Frau Dorn und Belinda einen schriftlichen Mietvertrag ab. Die Miete ist jeweils am Ersten des Monats im Voraus fällig. Frau Dorn ist einverstanden, dass Peter in die Wohnung mit einziehen wird, und Anfang April beziehen Belinda und Peter die Wohnung.

Am 02.04.2005 kauft Peter im Möbelhaus Holzinger (H) ein rotes Schlafsofa mit Kunstlederbezug zum Preis von 299 €. Peter vereinbart mit Holzinger, dass er das Sofa am Nachmittag selbst abholen und dann auch bezahlen wird. Peter mietet sich dafür für eine Stunde einen Kleintransporter für 19 €. Bei der Abholung unterläuft Holzinger ein Fehler: Er verwechselt die Artikelnummer und übergibt Peter ein Schlafsofa mit einem echten Lederbezug (Preis 888 €). Belinda bemerkt dies und flüstert Peter zu: „Sei bloß still, das Ding kostet mindestens das Dreifache, wenn ich mich recht erinnere.“

Am 12.04.2005 erreicht Peter folgender Brief, den er sofort liest:

Möbelhaus Holzinger

....

.... München

Herrn
Peter Baumann

....

.... München

Ihr Zeichen	Ihre Nachricht	Unser Zeichen	Datum
		Hol	11.04.2005

Falschlieferung eines Schlafsofas

Sehr geehrter Herr Baumann,

bei unserer heutigen routinemäßigen Lagerbestandsprüfung haben wir leider feststellen müssen, dass wir Ihnen - aufgrund eines Versehens - am 02.04.2005 ein falsches Schlafsofa ausgehändigt haben. Wir würden diesen Fehler, für den wir uns bei Ihnen in aller Form entschuldigen, gerne korrigieren. Wir werden das von Ihnen gekaufte Schlafsofa (Art. Nr. 171183, Kaufpreis: 299 €) gegen das irrtümlich ausgelieferte Sofa (Art. Nr. 171138, Kaufpreis: 888 €) am Freitag, 15. April 2005, gegen 10.00 Uhr austauschen. Sollten Sie an diesem Termin verhindert sein, bitten wir um eine kurze telefonische Terminabsprache unter der Nummer 089/8154711.

Mit freundlichen Grüßen

Holzinger

Holzinger
(Inhaber)

1.1 Erklären Sie im Detail die rechtliche Bedeutung des Schreibens von Holzinger an Peter Baumann und prüfen Sie die möglichen gegenseitigen Ansprüche, die sich für beide Vertragsparteien daraus ergeben!

1.2 Erläutern Sie anhand von zwei konkreten Beispielen aus dem gegebenen Sachverhalt, wie die Wirksamkeit von Willenserklärungen bzw. von Verträgen beeinträchtigt sein kann!

[BE 18]

Gehen Sie nun von folgender Fallvariante aus:

Peter erhält zwar das Modell zu 299 €, aber in einer anderen Farbe. Er stellt dies allerdings erst zu Hause beim Auspacken fest.

2 Prüfen Sie, ob Peter einen schuldrechtlichen Anspruch auf Austausch hat!

[BE 10]

Bereits am 03.04.2005 hatte Peter Besuch von seinem Freund Jürgen (J) gehabt. Dieser hatte sich sehr interessiert an Peters neuem Leder-Schlafsofa gezeigt: „Genau so ein Sofa wollte ich bei Holzinger kaufen, doch leider war es nicht mehr lieferbar." Sowohl für Peter als auch für Jürgen hatte sich dadurch die Chance für ein gutes Geschäft geboten und Peter hatte das Sofa für 700 € an Jürgen verkauft. Es war verabredet worden, dass Jürgen das Sofa gegen Barzahlung am Freitag, den 15.04.2005 gegen 13:00 Uhr bei Peter abholen sollte. Als Jürgen nun zum vereinbarten Termin bei Peter vorbeikommt, um das Sofa in Empfang zu nehmen, muss ihm dieser gestehen, dass das gute Stück bereits am Vormittag von Holzinger wieder abgeholt worden ist. Jürgen ist darüber sehr verärgert. Er erklärt Peter, dass er extra deswegen für das ganze Wochenende einen großen Umzugswagen gemietet habe, und fordert ihn auf, sich das Schlafsofa bei Holzinger wieder zu beschaffen. Da ihm dies nur zum Preis von 888 € möglich wäre, lehnt Peter diese Forderung kategorisch ab. Jürgen verlangt nun die Kosten für seinen gemieteten LKW in Höhe der Wochenendpauschale von 79 €.

Gehen Sie davon aus, dass Jürgen im vorliegenden Fall gegen Peter einen Anspruch auf Schadensersatz statt der Leistung gemäß der §§ 281, 280 hat!

3.1 Prüfen Sie, ob Jürgens Forderung nach Erstattung der 79 € gern. § 284 gerechtfertigt ist! Gehen Sie dabei insbesondere auf den Aspekt der Billigkeit der Forderung ein!

3.2 Erklären Sie, wodurch bei der abgebildeten „Justitia" (vgl. unten) der Aspekt der „Billigkeit" symbolisiert wird, und erläutern Sie die Bedeutung weiterer dargestellter Symbole!

[BE 20]

Mitte April kommt es zu einem Kälteeinbruch mit heftigen Schneefällen. Am 16.04.2005, gegen 17.30 Uhr ist der 35jährige Passant Heinz Schnell (S) auf dem Weg zur Bushaltestelle. Zwar erkennt er die Gefahr, doch um seinen Bus noch zu erreichen, sprintet er den spiegelglatten Gehweg vor dem Haus von Frau Dorn entlang. Er rutscht aus, fällt und zieht sich dabei einen komplizierten Unterarmbruch zu. Frau Dorn, die Hauseigentümerin, hatte weder geräumt noch gestreut, weil sie davon ausging, dass in dieser Jahreszeit der Schnee ohnehin nicht lange liegen bleiben würde. Heinz Schnell verlangt von Frau Dom die volle Erstattung der Arztkosten in Höhe von 3000 Euro.

> Auszug aus der Städtischen Verordnung über die Reinigung und Sicherung der öffentlichen Wege, Straßen und Plätze:
>
> „Bei winterlichen Wetterverhältnissen muss die Gehbahn auf einer ausreichenden Breite von Schnee und Eis freigehalten und bei Glätte mit Splitt, Sand oder Asche gestreut werden. (...)
>
> Von Montag bis Samstag muss bis 7.00 Uhr (an Sonn- und Feiertagen bis 8.00 Uhr) geräumt und gestreut sein, dies ist bis 20.00 Uhr so oft zu wiederholen, wie es für die Sicherheit der Fußgänger erforderlich ist."

4 Prüfen Sie, ob der Anspruch Schnells nach § 823/1 gerechtfertigt ist! Berücksichtigen Sie dabei auch die Regelungen des § 254/1!

[BE 12]

[Summe: 60 BE]

Lösung LK 2005

1.1 *Erklären, z. B.:*

Das Schreiben von H ist rechtlich gesehen eine Anfechtungserklärung in schriftlicher Form nach § 143/1:

- *Wirksames RG – vgl. zweiter Spiegelstrich.*
- *Da H bei der Übereignung des Schlafsofas nach §§ 145, 147, 929 i. V. m. § 854/1 bei der Artikelnummer ein Irrtum unterlief, liegt hier bei der Abgabe seiner Willenserklärung zur Übereignung ein Erklärungsirrtum vor (§ 119/1, 2. Alternative) vor.*
- *H hätte bei Kenntnis der Sachlage die Willenserklärung nicht abgegeben (erheblicher Preisunterschied).*
- *Die Anfechtung durch H erfolgt unverzüglich gern. § 121/1, da der Brief, der als Anfechtungserklärung im Sinne des § 143/1 und 2 dem Anfechtungsgegner Paul zugeht, sofort nach Bemerken des Irrtums bei der Lagerbestandsüberprüfung abgeschickt wird.*

Somit ist die Übereignung des Schlafsofas nach § 142/1 ex tunc von Anfang an nichtig.

Prüfen:

Möglicher Anspruch des H gegen P auf Herausgabe des Schlafsofas nach §§ 985 f.:

- *H ist wieder Eigentümer des Schlafsofas geworden, da die Übereignung nach § 142/1 von Anfang an nichtig ist.*
- *P ist unmittelbarer Fremdbesitzer des Schlafsofas durch Übergabe nach § 854/1; H ist mittelbarer Eigenbesitzer (§§ 868,872).*
- *P ist gegenüber H gemäß § 986 nicht zum Besitz berechtigt.*

Somit kann H von P die Herausgabe des Schlafsofas aus Eigentum und fehlerhaftem Besitz verlangen.

Möglicher Anspruch von P gegen H auf Schadensersatz i. H. v. 19 € gemäß § 122 (1):

- *Paul erleidet keinen Schaden, da er die 19 € in jedem Fall ausgegeben hätte und der Austausch laut Sachverhalt keine Kosten verursacht.*
- *Belinda hat ihn auf den Irrtum schon bei der Übergabe hingewiesen, wodurch er den Grund der Anfechtung kannte (§ 122/2).*

P hat somit keinen Anspruch auf Schadensersatz.

1.2 *Erläutern anhand von zwei Beispielen, z. B.:*

Nichtigkeit:

- *Der Antrag Belindas zum Arbeitsvertrag zwischen Belinda und Lukas ist nichtig nach § 117/1, da der Arbeitsvertrag ein Scheingeschäft darstellt.*
- *Schwebende Unwirksamkeit:*
- *Der von der beschränkt geschäftsfähigen Belinda (§§ 2, 106, sie ist erst 17 Jahre alt) ohne Einwilligung der Eltern abgeschlossene Mietvertrag ist für sie auch mit rechtlichen Nachteilen verbunden (§ 107) und deshalb schwebend unwirksam (§ 108/1, § 183).*

Anfechtbarkeit:

- *Die Willenserklärung zur Übereignung des Schlafsofas von H an P ist anfechtbar nach § 119/1 (vgl. 1.1).*
- *Ggf. (für den Fall, dass der Mietvertrag durch Genehmigung der Eltern wirksam würde): Die Erklärung von D zum Abschluss des Mietvertrages ist wegen arglistiger Täuschung über die Einkommensverhältnisse von B gemäß § 123/1 anfechtbar.*

2 *Prüfen:*

- *Schuldverhältnis: Es besteht ein wirksamer Kaufvertrag nach §§ 145, 147, 433 zwischen H und P.*
- *Die Pflichtverletzung besteht in einer Aliud-Lieferung (falsche Farbe), also einem Sachmangel nach § 434/3.*
- *Der Mangel bestand schon bei Gefahrübergang nach § 446 (bei der Übergabe des Sofas).*
- *P hatte bei Vertragsschluss keine Kenntnis von der falschen Farbe des Sofas (§ 442).*

Somit hat P Anspruch auf Nacherfüllung (§§ 437 Nr. 1, 439).

- *Der Anspruch des P ist auch noch nicht verjährt, da seit der Übergabe noch keine zwei Jahre vergangen sind (§ 438/1, Nr. 3).*

Gemäß § 439/1 kann P den Austausch des Sofas (Lieferung einer mangelfreien Sache) verlangen.

3.1 *Prüfen:*

J hat laut Sachverhalt einen Anspruch auf Schadensersatz statt der Leistung gemäß §§ 281, 280.

Der Anspruch auf Schadensersatz statt der Leistung könnte J auch dazu berechtigen, stattdessen den Ersatz vergeblicher Aufwendungen zu verlangen (§ 284), die er im Vertrauen auf den Erhalt der Leistung gemacht hat und „billigerweise" machen durfte, es sei denn, deren Zweck wäre auch ohne die Pflichtverletzung des P nicht erreicht worden.

- *Jürgen hat einen LKW für 79 € gemietet, mit dem er das Sofa transportieren wollte. Dabei hat er darauf vertraut, dass er das Sofa auch erhält.*
- *Diese Aufwendungen waren vergeblich, da Peter das Sofa nicht bereithält.*
- *Der Zweck der Aufwendungen – nämlich der Transport des Sofas – wäre ohne die Pflichtverletzung des P erreicht worden.*

Eingehen auf den Aspekt der Billigkeit:

- *Einerseits bleibt es J überlassen, welches Fahrzeug zu welchem Preis er mietet, um das Sofa zu transportieren. U. U. hat er einen günstigen Wochenendtarif genutzt, ohne sich um Vergleichsangebote zu bemühen.*
- *Andererseits hat P dasselbe Sofa mit einem LKW für 19 € transportiert. J hätte also ebenfalls einen günstigeren LKW mieten können (laut Sachverhalt hatte er einen „großen Umzugswagen" gemietet), insbesondere nur für wenige Stunden am Freitagnachmittag und nicht für ein ganzes Wochenende.*

Mögliches Fazit: Im vorliegenden Fall ist es nicht billig, für den Transport eines Schlafsofas 79 € zu veranschlagen.

Die Forderung des J nach Erstattung von 79 € vergeblicher Aufwendungen scheint demnach nicht gerechtfertigt zu sein. – Ein begründetes anderes Ergebnis ist möglich.

3.2 *Erklären, z. B.:*

- *Der Aspekt der Billigkeit (Gerechtigkeit im Einzelfall) wird symbolisiert durch die Waage, die im Einzelfall abwägen soll, welches Urteil recht und billig ist. – Hier auch möglich: Eingehen auf die Grundsätze der Gerechtigkeit: Jedem das Seine; Gleiches ist gleich, Ungleiches ist ungleich zu behandeln.*
- *Die verbundenen Augen sind der Hinweis auf das Gebot, ohne Ansehen der Person zu richten, unbeeinflusst und unparteiisch (Gleichheit, Gerechtigkeit im Allgemeinen).*
- *Das Schwert stellt die rechtlich geregelte Macht dar. Erst durch die Macht der Staatsgewalt wird das Recht erzwingbar und damit wirksam und verlässlich. Wer das Recht bricht, muss mit staatlichem Zwang rechnen. Dem Berechtigten gibt der Staat eine verlässliche Möglichkeit, sein Recht durchzusetzen. – Vgl. Gewaltmonopol des Staates.*

(Andere sinnvolle Interpretationen sind möglich.)

4 Prüfen:

S könnte gegen D einen Anspruch auf Schadensersatz gemäß § 823/1 haben.

- *Schädigende Handlung: Hier = Unterlassung:*
  D hatte aus einer allgemeinen Verkehrssicherungspflicht und aus der städtischen Verordnung die Verpflichtung, den Gehweg vor ihrem Haus zu räumen und zu streuen. Dieser Verpflichtung ist D nicht nachgekommen.
- *Rechtsgutverletzung:*
  Durch den erlittenen Armbruch wurde der Körper des S verletzt.
- *Schaden:*
  Der Schaden des S beläuft sich auf die Behandlungskosten in Höhe von 3 000 €.
- *Adäquate Kausalität:*
  Hätte D die Unterlassung nicht begangen, hätte sie also geräumt und gestreut, wäre S nicht gefallen und hätte sich nicht den Arm gebrochen, womit die Arztkosten nicht entstanden wären.
- *Widerrechtlichkeit:*
  D hatte keinen Rechtfertigungsgrund für ihr Unterlassen.
- *Verschulden:*
  D handelte fahrlässig (§ 276/2), denn sie hat nicht auf die Schneemenge geachtet und damit die im Verkehr übliche Sorgfalt nicht aufgebracht.

Ergebnis: S kann von D Schadensersatz gemäß § 823/1 verlangen.

Ggf.:

Anspruch auf Schadensersatz gemäß § 823/2

Der Umfang des Schadensersatzes ergibt sich aus den §§ 249 ff.

- *Aus § 254/1 ergibt sich, dass die Verpflichtung zum Ersatz sowie der Umfang des zu leistenden Schadensersatzes davon abhängen, inwieweit der Beschädigte eine Mitschuld am entstandenen Schaden hat.*
- *Es ist unumstritten, dass D zumindest einen Teil der Schuld am entstandenen Schaden trägt.*
- *Eine Mitschuld des S dürfte hier gegeben sein, da er, obwohl er die Gefahr des Ausrutschens erkannt hatte, für die Verhältnisse viel zu schnell gelaufen war.*

Ergebnis: Gemäß §§ 249/1, 249/2, 254/1 muss D dem S zumindest einen Teil der Behandlungskosten erstatten.

Abituraufgabe LK 2006

Sämtliche Angaben sind, soweit möglich, unter Angabe der entsprechenden Normen des BGB zu bearbeiten.

> Im Vertrag haben wir, wenn alles gut geht, die Möglichkeit, unser Leben frei zu gestalten, wie wir es wollen, im Kleinen wie im Großen, frei von allen Zwängen der Tradition, der Verwandtschaft, der sozialen Herkunft.
> So richtig hat dieses Idealmodell noch nie funktioniert. [...] Denn es gibt einen ziemlich großen Bereich, in dem man nicht so wollen darf, wie man will. Nämlich dort, wo die tatsächliche Gleichheit der Parteien nicht gegeben, die wirtschaftliche Überlegenheit des einen über den anderen so groß ist, dass er ihm die Bedingungen diktieren kann. [...] Das Problem der Vertragsfreiheit. Niemand hat es besser formuliert als Otto von Giercke 1889 [...]: „Schrankenlose Vertragsfreiheit zerstört sich selbst. Eine furchtbare Waffe in der Hand des Starken, ein stumpfes Werkzeug in der Hand des Schwachen, wird sie zum Mittel der Unterdrückung des Einen durch den Anderen, der schonungslosen Ausbeutung geistiger und wirtschaftlicher Übermacht. Das Gesetz [...] bringt unter dem Schein einer Friedensordnung das *bellum omnium contra omnes* (Krieg aller gegen alle) in legale Formen. Mehr als je hat heute auch das Privatrecht die Aufgabe, den Schwachen gegen den Starken, das Wohl der Gesamtheit gegen die Selbstsucht des Einzelnen zu schützen."

Quelle: Uwe Wesel: Fast alles, was Recht ist, Frankfurt/M., 7. Auflage 2002, S. 120 f., bearbeitet

1.1 Stellen Sie die verschiedenen Ausprägungen der Vertragsfreiheit dar und zeigen Sie, dass die Vertragsfreiheit eine Grundlage der marktwirtschaftlichen Ordnung bildet!

1.2 Erläutern Sie anhand von Beispielen, dass die von Otto von Giercke angesprochene Problematik auch heute noch relevant ist, und erklären Sie, wie ihr in unserer heutigen Rechtsordnung begegnet wird!

[15 BE]

Rentner Karl (K) sammelt alte Bücher. Er findet das begehrte Buch des Juristen Giercke im Online-Antiquariat „Oldbook" (O) und bestellt es am 3. Mai zum Preis von 155 Euro. Es wird Eigentumsvorbehalt vereinbart. Die Zusendung des Buches erfolgt eine Woche später am 10. Mai. In der beigelegten Rechnung wird auf die Bestimmungen des § 286 III verwiesen und vermerkt: „Unsere Rechnungen sind sofort nach Erhalt fällig."
Karl vergisst zu zahlen und erhält am 19. Juni ein Schreiben von Oldbook, in dem Karl zur Zahlung des ausstehenden Betrages zuzüglich Verzugszinsen für zehn Tage aufgefordert wird.

2.1 Stellen Sie die zwischen Karl und Oldbook abgeschlossenen Rechtsgeschäfte und vollzogenen Realakte sowie die sich daraus ergebenden Eigentums- und Besitzverhältnisse am Buch dar!

2.2 Erläutern Sie die Vorteile des Eigentumsvorbehalts und beschreiben Sie die möglichen juristischen Konsequenzen bei Verzögerung der Zahlung!

2.3 Prüfen Sie, ob Oldbook einen Anspruch auf Zahlung von Verzugszinsen geltend machen kann!

[20 BE]

Karl, der aus Verärgerung über die Zinsforderung des Oldbook die Zahlung noch hinauszögert, trifft seine Nichte Belinda (B). Diese hat gerade mit den Studium der Rechtswissenschaften begonnen. Karl erzählt ihr, dass er vor kurzem ein Werk des Juristen Giercke erworben hat. Belinda zeigt Interesse an diesem Buch. Da Karl seiner Nichte eine Freude machen will, schenkt er ihr das Buch zur ihrem zwanzigsten Geburtstag noch vor Zahlung des Kaufpreises.

3 Weisen Sie nach, dass in diesem Fall der Rechtsgrundsatz „Niemand kann mehr Recht übertragen, als er selber hat" für das heutige BGB nicht mehr unbeschränkt Gültigkeit hat!

[10 BE]

Karl wird bei seiner Suche nach alten Werken erneut fündig. Im Antiquariat „Academica" (A) kauft er ein einzigartiges, vom Autor Mommsen handsigniertes Exemplar des Buches „Römisches Staatsrecht" aus dem Jahre 1875 zum „Freundschaftspreis" von 1.500 Euro. Weil Karl nicht genug Geld dabei hat, vereinbart er mit dem Antiquariat Abholung und Bezahlung des Buches in den nächsten Tagen. In der Nacht darauf bricht ein Dieb in die Verkaufsräume der Buchhandlung ein und stiehlt etliche sehr wertvolle Werke, unter anderem das „Römische Staatsrecht". Als Karl das Buch abholen will, erfährt er vom Diebstahl. Das Antiquariat, das für den Fall eines Einbruchs versichert ist, räumt ein, dass es für das Buch 1.700 Euro Versicherungsleistung erhalten hat. Der Dieb kann nicht ermittelt werden.

4.1 Untersuchen Sie, ob Karl vom Antiquariat zu Recht 200 Euro fordern kann!

4.2 Erklären Sie jeweils unter Abwandlung des vorliegenden Sachverhalts, unter welchen Voraussetzungen Karl gegen das Antiquariat Ansprüche gemäß § 311 a II bzw. §§ 280 I, III, 283 hätte!

[15 BE]

Lösung LK 2006

1.1 Begründung/Darstellung der verschiedenen Ausprägungen der Vertragsfreiheit:

Die Vertragsfreiheit ist die Konsequenz aus der Privatautonomie, d. h. aus dem Recht des Bürgers, seine Rechtsbeziehungen eigenverantwortlich zu gestalten.

Die Grundformen der Vertragsfreiheit im Einzelnen:

- *Abschlussfreiheit: Die Vertragsparteien können entscheiden, ob sie überhaupt einen Vertrag abschließen.*
- *Partnerwahlfreiheit: Die Vertragsparteien können entscheiden, mit wem sie einen Vertrag abschließen.*
- *Gestaltungsfreiheit: Die Vertragsparteien haben das Recht, Vertragsinhalte entsprechend ihrer Bedürfnisse zu gestalten.*
- *Formfreiheit: Verträge können grundsätzlich in der von den Vertragsparteien gewünschten Form abgeschlossen werden.*

Die Vertragsfreiheit stellt eine Grundlage jeder marktwirtschaftlichen Ordnung dar, da sie dazu dient, ökonomische Grundfreiheiten, wie z. B. die Konsumentenfreiheit zu sichern. Sie ermöglicht dadurch auch den Wettbewerb auf den Märkten.

1.2 Erläuterung an geeigneten Beispielen, dass die von Otto von Giercke angesprochene Problematik auch heute noch besteht:

Giercke beschreibt die Gefahr, dass ein Marktteilnehmer dem anderen überlegen ist und diese Überlegenheit ausnutzt.
Aktuelle Beispiele für diese Problematik und Maßnahmen zur Einschränkung der Überlegenheit des anderen Vertragspartners: z. B.

(1) Der stärkeren Position von Unternehmen wird z. B. das Verbraucherschutzrecht gegenübergestellt, wie z. B. die Inhaltskontrolle von Allgemeinen Geschäftsbedingungen.
(2) Arbeitnehmer sind gerade in der derzeitigen schwierigen Arbeitsmarktlage auf Beschäftigung angewiesen und sehen sich ggf. schlechten Arbeitsbedingungen ausgesetzt. So sichern z. B. rechtliche Vorgaben die Einhaltung der Arbeitszeit.
(3) Zwischen öffentlichen Versorgungsanbietern mit Monopolcharakter und privaten Verbrauchern besteht Kontrahierungszwang. Gesetze regeln (ergänzend) die Vertragsbedingungen.

2.1 Darstellung der abgeschlossenen Rechtsgeschäfte und vollzogenen Realakte sowie die sich hieraus ergebenden Eigentums- und Besitzverhältnisse am Buch:

Am 3. Mai:
Abschluss eines Kaufvertrags unter Eigentumsvorbehalt zwischen O und K lt. §§ 145, 147, 433 und 449.

Am 10. Mai:
Übereignung des Buches durch Einigung (§§ 145, 147, 929) und Übergabe (§§ 929, 854) unter der aufschiebenden Bedingung der vollständigen Bezahlung (§ 158 I).

Es ergeben sich folgende Eigentums- und Besitzverhältnisse:
Der Verkäufer bleibt Eigentümer und mittelbarer Besitzer (§ 868), der Käufer erwirbt nur den unmittelbaren Besitz (§ 854).

2.2 Erläutern von zwei Vorteilen aus dem Verkauf unter Eigentumsvorbehalt: z. B.
- *Der Verkauf auf Kredit wird gefördert und damit auch der Umsatz von Unternehmen.*
- *Der Käufer hat Zahlungsaufschub, jedoch verfügt er bereits über das Nutzungsrecht an der Kaufsache (z. B. Einsatz von Gütern im Produktionsprozess).*

Beschreibung der juristischen Konsequenzen bei Zahlungsverzögerung: z. B.
Nach erfolglosem Ablauf einer gesetzten Frist besteht Rücktrittsrecht aus dem Kaufvertrag nach §§ 323, 449; Herausgabeanspruch des Eigentümers kann über § 985 geltend gemacht werden.

2.3 Prüfung des Anspruchs auf Verzugszinsen.
Der Anspruch des O gegen K auf Zahlung von Verzugszinsen setzt Verzug des Schuldners voraus.
Anwendung des Prüfschemas für den Schuldnerverzug (§ 286):
- *Wirksames Schuldverhältnis: Zwischen O und K besteht ein Kaufvertrag (§§ 145, 147, 433).*
- *Der Schuldner verletzt eine Pflicht aus dem Schuldverhältnis (§ 280 I), indem er den vereinbarten Kaufpreis nicht zahlt:*
  - *Nichtleistung (§§ 241, 286) trotz*
  - *Fälligkeit der Leistung (§ 271) „sofort nach Erhalt" und*
  - *Mahnung (§ 286 I) , die jedoch entbehrlich ist, da K gemäß § 286 III auf die Besonderheiten der Fälligkeit von Geldschulden hingewiesen wurde, was bei einem Verbraucher (§ 13) im vorliegenden Fall erforderlich ist.*
  - *K muss seine Pflichtverletzung auch vertreten (§ 286 IV), denn er vergisst zu zahlen und handelt somit fahrlässig (§ 276).*

Ergebnis: K befindet sich in Verzug und muss daher lt. § 288 I Verzugszinsen leisten in Höhe von 5 % über dem Basiszinssatz!

3 Nachweis der eingeschränkten Gültigkeit des Rechtsgrundsatzes, „Niemand kann mehr Recht übertragen, als er selber hat" am Beispiel des gutgläubigen Eigentumserwerbs:

Eigentumserwerb an beweglichen Sachen erfolgt grundsätzlich durch Einigung (§§ 145, 147, 929) und Übergabe (§ 929, 854).
K ist jedoch nicht Eigentümer des Buches, was § 929 voraussetzt. Insofern kann er „nicht mehr Recht übertragen, als er selber hat", auch wenn zugunsten des Besitzers in § 1006 angenommen wird, dass er auch der Eigentümer sei.
Eine Ausnahme von obigem Grundsatz stellt jedoch der gutgläubige Eigentumserwerb dar:
B ist im Sinne des § 932 II gutgläubig, da sie die wahren Eigentumsverhältnisse nicht kennen kann. § 935 I trifft nicht zu, da es sich nicht um abhanden gekommene oder gestohlene Sachen handelt.
Ergebnis: B wird nach § 932 I Eigentümerin des Buches. K hat damit „mehr Recht übertragen als er selber hatte".

4.1 Untersuchung des Anspruchs, ob Karl vom Antiquariat zu Recht 200 Euro fordern kann. Der Anspruch des K gegen A auf Herausgabe der Versicherungsleistung gründet sich auf § 285, was im vorliegenden Fall Unmöglichkeit voraussetzt.

Anwendung eines Prüfschemas zur Unmöglichkeit:

- *Wirksames Schuldverhältnis zwischen K und A, Kaufvertrag nach §§ 145, 147, 433.*
- *Die Primärleistungspflicht des A gegenüber K besteht gem. § 433 I in der Übergabe und Übereignung des Buches.*
- *Die Übereignung des Buches ist jedoch durch einen Diebstahl unmöglich geworden. Da es für den Schuldner nicht mehr möglich ist, dieses Einzelstück zu beschaffen, liegt physische Unmöglichkeit (§ 275 I) vor.*
- *Der Diebstahl erfolgte vor der Übereignung, aber nach Vertragsabschluss, d. h. es handelt sich um nachträgliche Unmöglichkeit bei der die Schuldfrage bezüglich der Ursache der Unmöglichkeit zu stellen ist: Der Einbruch in ein offensichtlich gesichertes Geschäft bedeutet, dass von keiner Partei die Unmöglichkeit zu vertreten ist.*

Rechtsfolgen:
A wird gem. § 275 I von seiner Leistungspflicht frei.
Der Anspruch des A auf Gegenleistung (1 500 Euro) bleibt nach § 326 III bestehen, da K zu Recht die Herausgabe der Versicherungsleistung (§ 285) verlangt.
Ergebnis:
K kann von A 200 Euro verlangen. Die Versicherungsleistung übertrifft mit 1 700 Euro den Kaufpreis von 1 500 Euro, den K eigentlich noch bezahlen müsste.

4.2 Schadensersatzanspruch nach § 311 a II:
Bei Anwendung der Rechtsnorm müsste eine anfängliche Unmöglichkeit vorliegen, z. B. das Buch ist bereits vor Vertragsschluss gestohlen worden. A hatte davon Kenntnis oder hätte davon Kenntnis haben müssen.

Schadensersatzanspruch nach §§ 280 I, 280 III und 283.
Es müsste sich um nachträgliche Unmöglichkeit handeln, die vom Schuldner zu vertreten ist, z. B. Diebstahl nach Vertragsschluss und A hatte vergessen, das Geschäft abzuschließen.

Abituraufgabe LK 2007

Sämtliche Aufgaben sind, soweit möglich, unter Angabe der entsprechenden Normen des BGB zu bearbeiten.

Im Rahmen der europäischen Einigung, insbesondere des Übergangs zur Europäischen Wirtschafts- und Währungsunion, besteht die Notwendigkeit, die nationalen Rechtsordnungen anzugleichen. Derzeit existieren in den verschiedenen Ländern sogar in Kernbereichen des bürgerlichen Rechts erhebliche Unterschiede, wie das folgende Beispiel (M 1) zur Kaufhandlung aus dem französischen *Code Civil* zeigt:

M 1:

Art. 1582

La vente est une convention par laquelle l´un s´oblige a´livrer une chose, et l´autre a` payer.
[...]

Art. 1583

Elle est parfaite entre les parties, et la propriete´ est acquise de droit a` l‘ acheteur a` l‘ egard du vendeur, des qu on est convenu de la chose et du prix, quoique la chose n’ ait pas encore ete livree ni le prix paye.

Übersetzung:

Art. 1582

Der Verkauf ist ein Übereinkommen, durch das sich der eine Vertragspartner verpflichtet, eine Sache zu liefern, und der andere, sie zu bezahlen. [...]

Art. 1583

Der Verkauf kommt zwischen den Vertragspartnern zustande und das Eigentum wird rechtmäßig vom Verkäufer auf den Käufer übertragen, sobald man sich über die Sache und den Preis einig ist, auch wenn die Sache noch nicht geliefert oder der Preis noch nicht bezahlt wurde.

Quelle: www. adagio.com.fr/consomed/frco0423.htm, aufgerufen am 14.09.2006, bearbeitet

1.1 Vergleichen Sie im Hinblick auf Gemeinsamkeiten und Unterschiede die hier abgedruckten Regelungen der Artikel 1582 und 1583 des *Code Civil* (M 1) mit den entsprechenden Regelungen im deutschen Recht.

Das Bürgerliche Gesetzbuch weist gegenüber anderen europäischen Gesetzen einen hohen Abstraktionsgrad auf.

1.2 Legen Sie Vor- und Nachteile eines hohen Abstraktionsgrads von Normen dar!

[14 BE]

M 2:

Handy entzieht der Auto-Batterie Energie

[...] Das Landgericht Coburg und das Oberlandesgericht Bamberg wiesen die Klage einer entnervten Sportwagenkäuferin auf Rückgängigmachung des Kaufvertrags ab. Belinda D. hatte vom Autohaus H. die Rückzahlung des Kaufpreises für das Auto von über 40.000 Euro verlangt. Über sechs Monate musste die Klägerin auf die Lieferung ihres Flitzers warten. Und dann das: Sobald sie mit ihrem Handy die ab Werk im Sportwagen eingebaute Freisprechanlage nutzte, entlud sich die Autobatterie, und das obwohl ihr H. zugesichert hatte, das ihr Handy der Marke M sich problemlos mit der im Auto vorhandenen Freisprechanlage nutzen lässt. Zahlreiche Werkstattaufenthalte beim Autohaus H. verliefen erfolglos: Der Fehler konnte nicht beseitigt werden.
Was nützt der schönste Flitzer, wenn er keine Energie hat? Belinda D. teilte H. mit, dass sie vom Vertrag zurücktrete, und forderte von Autohaus die Rückzahlung des Kaufpreises. Doch der Firmeninhaber lehnte das Ansinnen ab: Ursache der leeren Batterie sei die fehlende Abstimmung zwischen Handy- und PKW-Software
Die Gerichte gaben dem beklagten Kfz-Händler nach Anhörung eines Sachverständigen Recht. Die Entladung der Auto-Batterie beruhe tatsächlich darauf, dass die Programme von Handy und Sportwagen nicht optimal zueinander passten. Dies stelle zwar angesichts der Zusicherung von H. in der Tat einen Sachmangel am Auto dar. Doch Abhilfe sei ohne weiteres möglich. Das Mobiltelefon, das die Klägerin nicht vom Autohändler erworben hatte, könne nachgerüstet werden – und zwar für nur 80 Euro! Damit ließe sich das Problem auf einfache Weise lösen. [...]

Quellen: Neue Presse Coburg, 18.04.2006, bearbeitet, und Urteil des Landgerichts Coburg vom 09.09.2005, Az 13 O 834/04

2.1 Führen Sie die für die Gerichtsentscheidung (M 2) ausschlaggebende Rechtsnorm an, und erläutern Sie anhand des Sachverhalts, welche Intention der Gesetzgeber mit dieser Regelung verfolgt!

2.2 Prüfen Sie, ob Belinda D. eine Minderung des Kaufpreises vom Kfz-Händler H. verlangen kann!

[22 BE]

M 3:

Ein halbes Jahr später parkt Belinda D. ihr Auto wie immer ordnungsgemäß vor ihrem Wohnhaus. Kurze Zeit später klingelt ihre Nachbarin an der Wohnungstür und erzählt aufgeregt: „ Es tut mir wahnsinnig leid! Man 9-jähriger Sohn Peter hat sich ohne Erlaubnis das neue Fahrrad seiner Schwester genommen und ist damit aus Versehen an Ihrem Auto entlang geschrammt! Ich hatte ihm zwar mehrfach ausdrücklich verboten, mit diesem Fahrrad zu fahren, weil es viel zu groß für ihn ist. Aber man kann ja Kinder nicht die ganze Zeit beaufsichtigen. Es dürfte aber kein Problem sein, unsere Familie ist haftpflichtversichert.“
Der von Belinda D. bestellte Gutachter schätzt den Schaden auf 2.000 Euro.
Die Haftpflichtversicherung der Familie lehnt die Begleichung des Schadens ab, weil Peter nach § 828 (2) für den Schaden nicht verantwortlich und damit auch nicht haftpflichtig sei
Da die Mutter die gute nachbarschaftliche Beziehung zu Belinda D. nicht gefährden möchte, erklärt sie sich dennoch bereit, für den Schaden selbst aufzukommen.
Belinda D. weiß, dass diese finanzielle Belastung ihre Nachbarn hart treffen würde, und gibt sich nicht damit zufrieden. Sie fragt einen ihr bekannten Anwalt um Rat. Dieser verweist auf die folgende Pressemitteilung des Bundesgerichtshofs (vgl. M 4) und meint, die Versicherung habe mit ihrer Behauptung nicht Recht.

M 4:

Zur Haftung von Kindern bei Beschädigung eines parkenden Fahrzeugs

Der VI. Zivilsenat des Bundesgerichtshofs hat in verschiedenen Fällen die Berufungsurteile der Landgerichte bestätigt, die eine Haftung von Minderjährigen bei Beschädigung parkender Fahrzeuge angenommen haben. In einem Fall war der damals neuen Jahre alte Beklagte bei einem Wettrennen mit seinem Kickboard gegen einen ordnungsgemäß am rechten Straßenrand geparkten Pkw geprallt.

[...] Seit Inkrafttreten es § 828 (2) BGB wird kontrovers erörtert, ob sich diese Vorschrift ohne Ausnahme auf sämtliche Urteile bezieht, an denen ein Kraftfahrzeug beteiligt ist, und ob demgemäß auch bei der fahrlässigen Beschädigung eines parkenden Fahrzeugs eine Verantwortlichkeit von Kindern dieser Altersgruppe ausgeschlossen ist. Der VI. Zivilsenat des BGH hat nunmehr entschieden, dass nach dem Zweck des § 828 (2) S. 1 BGB ein neunjähriges Kind für die Beschädigung eines parkenden Fahrzeugs verantwortlich sein kann.

Mit der Einführung des § 828 (2) hat der Gesetzgeber dem Umstand Rechnung getragen, dass Kinder regelmäßig frühestens ab Vollendung des zehnten Lebensjahres im Stande sind, die besonderen Gefahren des motorisierten Straßenverkehrs zu erkennen und sich den Gefahren entsprechend zu verhalten. Die Heraufsetzung des deliktsfähigen Alters ist auf Schadensereignisse im motorisierten Straßen- oder Bahnverkehrs begrenzt. Hierbei kommen nämlich die altersbedingten Defizite eines Kindes, wie z. B. Entfernungen und Geschwindigkeiten nicht richtig einschätzen zu können, regelmäßig zum Tragen, weil sich Kinder im motorisierten Verkehrs unter anderem durch die Schnelligkeit, die Komplexität und die Unübersichtlichkeit der Abläufe in einer besonderen Überforderungssituation befinden. Diese Überforderungssituation ist Grund für das gesetzliche Haftungsprivileg des § 828 (2) BGB. Eine solche Überforderungssituation war in den vom BGH entschiedenen Fällen nicht gegeben, weil sich nach den tatsächlichen Feststellungen der Berufungsgerichte die spezifischen Gefahren des motorisierten Verkehrs nicht ausgewirkt haben. [...]

Quelle: Bundesgerichtshof, Pressemitteilung Nr. 143/2004, bearbeitet

3.1 Prüfen Sie – auch unter Bezugnahme auf die Pressemitteilung des Bundesgerichtshofs (M 4) - , ob die Fahrzeugeigentümerin Belinda D. gegenüber Peter (vgl. M 3) eine Schadensersatzforderung geltend machen kann!

3.2 Erläutern Sie, mit welcher Begründung die Judikative hier (M 4) den Wortlaut einer von der Legislative erlassenen Norm einschränkend auslegt, und beurteilen Sie, inwiefern die Rechtsprechung des Bundesgerichtshofs zu mehr Rechtssicherheit führt!

[24 BE]

[Summe: 60 BE]

Lösung LK 2007

1.1 *Vergleich der Artikel des Code Civil mit den entsprechenden Bestimmungen des BGB:*

Gemeinsamkeiten:
- *In beiden Gesetzen wird geregelt, wie ein Kaufvertrag zustande kommt und welche Pflichten sich für Käufer und Verkäufer daraus ergeben.*
- *Sowohl nach deutschem als auch nach französischem Recht ist die Übertragung des Eigentums an der Sache vom Verkäufer auf den Käufer unabhängig von der Bezahlung des Kaufpreises (§ 929 BGB bzw. Art. 1583 Code Civil).*

Unterschiede:
- *Nach Art. 1582 des Code Civil gibt es jeweils nur eine Grundpflicht für Verkäufer und Käufer, nämlich Lieferung der Sache bzw. Bezahlung des Kaufpreises.*
  Hier unterscheidet sich das deutsche Recht erkennbar: Nach § 433 (1) BGB hat der Verkäufer die Pflicht, die Sache ohne Rechts- und Sachmängel zu übergeben und dem Käufer das Eigentum an der Sache zu verschaffen. Der Käufer hat nach § 433 (2) die Pflicht, den (vereinbarten) Kaufpreis zu bezahlen und die Sache abzunehmen.
- *Nach Art. 1583 des Code Civil stellen das Zustandekommen des Kaufvertrags und die Eigentumsübertragung an der Sache eine rechtliche Einheit dar, d. h. mit den Abschluss des Kaufvertrags wird auch sofort das Eigentum an der Sache auf den Käufer übertragen. Nicht so im BGB: Der Kaufvertrag und die Eigentumsübertragung an der Sache sind getrennte Rechtsgeschäfte, die juristisch ein Eigenleben führen. Die Kaufhandlung wird nach dem Abstraktionsprinzip des BGB in ein Verpflichtungsgeschäft (Kaufvertrag) und (mindestens) zwei Verfügungs- bzw. Erfüllungsgeschäfte gegliedert (Übereignung der Sache bzw. des Geldes). Das Eigentum an der Kaufsache geht erst mit dem Erfüllungsgeschäft auf den Käufer über (§ 929 i. V. m. § 854 (1)).*

1.2 *Darlegen der Vor- und Nachteile eines hohen Abstraktionsgrads von Rechtsnormen:*

Vorteile:
- *Durch abstrakte Formulierungen kann in einer einzigen Norm eine Vielzahl von Lebensvorgängen erfasst werden. Damit reduziert sich der Umfang des BGB. Es bleibt überschaubarer, als dies bei einer umfangreichen Kasuistik der Fall wäre.*
- *Unter abstrakte Formulierungen können häufig auch Einzelfälle subsumiert werden, die vom Gesetzgeber bei der Ausarbeitung des Gesetzes nicht vorgesehen waren bzw. noch nicht vorhergesehen werden konnten. Das Gesetz zeichnet sich damit durch eine hohe Flexibilität aus.*

Nachteile:

- *Abstrakte Normen sind für den Nichtjuristen oft nur schwer verständlich.*
- *Zudem ist bei der Anwendung auf Einzelfälle häufig eine Interpretation bzw. Wertung auslegungsbedürftiger Begriffe notwendig. Da diese unterschiedlich ausfallen kann, könnte der Grundsatz der Gleichheit gefährdet sein.*

2.1 Erläuterung der für die Gerichtsentscheidung ausschlaggebenden Rechtsnorm:
Das Gericht entscheidet gemäß § 323 (5) S. 2: Demnach kann der Käufer im Falle eines Sachmangels nicht vom Vertrag zurücktreten, wenn der Mangel unerheblich ist. Es handelt sich im vorliegenden Fall um eine unerhebliche Pflichtverletzung bzw. einen unerheblichen Sachmangel, da dieser sich für 80 Euro beheben lässt, was bei einem Wert des Vertragsgegenstands (Pkw) von 40.000 Euro nur 0,2 Prozent des Kaufpreises ausmacht.
Intention des Gesetzgebers:
Der Grundsatz „pacta sunt servanda" soll bei einer unerheblichen Pflichtverletzung nicht aufgehoben werden: Somit bleibt Belinda an den mit H geschlossenen Vertrag gebunden (Aspekt der Rechtssicherheit). Es wird insbesondere das Interesse des H am Bestand des Vertrags geschützt. Sein Interesse an der Aufrechterhaltung des Vertrags wiegt hier offensichtlich mehr als das Interesse Belindas am Rücktritt, da sich der Mangel mit relativ geringem Aufwand beseitigen lässt.

2.2 Prüfung, ob Belinda D. eine Minderung des Kaufpreises von H. verlangen kann.
Belinda könnte den Kaufpreis gem. §§ 441, 437 Nr. 2 mindern, sofern bestimmte Voraussetzungen erfüllt sind:

Anwendung eines Prüfschemas:

- *Bestehen eines Schuldverhältnisses: Zwischen H und B besteht ein wirksamer Kaufvertrag (§§ 145, 147, 433).*
- *Pflichtverletzung des Schuldners (§ 280 (1)), hier des Verkäufers: Sachmangel nach § 434 (1) S. 1: H hat der B im Vertag zugesichert, dass sich das Handy der B problemlos in diesem Auto nutzen lässt. Dies ist aber nicht der Fall, so dass eine vertraglich vereinbarte Beschaffenheit des Kfz fehlt.*
- *Dieser Mangel bestand offenbar schon bei Gefahrübergang (§ 446), d. h. bei der Übergabe des Autos.*
- *Die Käuferin Belinda hatte offenbar keine Kenntnis davon (§ 442).*
- *Eine Fristsetzung zur Nacherfüllung ist nach § 440 S. 1 und 2 entbehrlich, da die Nachbesserung gescheitert ist („zahlreiche Werkstattaufenthalte erfolglos"). Alternativ zulässig: Sofern die Behebung des Mangels am Auto als unmöglich eingestuft wird, ergibt sich die Entbehrlichkeit der Fristsetzung aus § 326 (5).*
- *§ 441 (1) S. 2 lässt eine Minderung des Kaufpreises auch bei unerheblichen Mängeln zu.*

Ergebnis: Belinda kann den Kaufpreis zu Recht mindern.

3.1 *Prüfung, ob Belinda D. gegenüber Peter einen Schadensersatzanspruch nach § 823 (1) geltend machen kann. Dazu müssten die folgenden Tatbestandsmerkmale erfüllt sein:*

- *Verschulden: Peter handelt fahrlässig, indem er mit einem Fahrrad fährt, das er nicht beherrscht, und aus Versehen das Auto beschädigt. Er lässt die im Verkehr erforderliche Sorgfalt außer Acht (§ 276 (2)).*
- *Rechtsgutverletzung: Es wurde Belindas Eigentum verletzt (Zerkratzen des Lacks an Belindas Auto).*
- *Widerrechtlichkeit: Für Peters Handeln ist kein Rechtfertigungsgrund ersichtlich.*
- *Adäquate Kausalität: Der Schaden am Auto entstand durch Peters Handlung: Fahren mit einem zu großen Fahrrad, das er nicht beherrscht.*
- *Schaden: Die Kosten für die Beseitigung des entstandenen Schadens am Auto belaufen sich laut Gutachter auf 2.000 Euro.*

Zudem ist die Deliktsfähigkeit zu prüfen: Fraglich ist, ob Peter für den Schaden verantwortlich gemacht werden kann. Er hat zwar das siebente , aber noch nicht das zehnte Lebensjahr vollendet. Nach dem Wortlaut des § 828 (2) ist er damit für einen Schaden, den er bei einem Unfall mit einem Kraftfahrzeug einem anderen zufügt, nicht verantwortlich. Nach der Entscheidung des BGH (vgl. M 4) ist diese Vorschrift aber nicht auf Unfälle mit stehenden Fahrzeugen anzuwenden. Der neunjährige Peter gilt somit in diesem Fall als beschränkt deliktsfähig, und es ist gem. § 828 (3) zu prüfen, ob er hätte einsehen können, dass aus seinem Verhalten ein Schaden entstehen könnte. Da ihn die Mutter mehrfach darauf hingewiesen hat, dass das Fahrrad für ihn zu groß sei, hätte er mit seinen neun Jahren durchaus erkennen können, dass er mit der Benutzung dieses Fahrrads überfordert sein könnte.

Ergebnis:
Peter ist Belinda zum Ersatz des Schadens an ihrem Auto verpflichtet (§ 823 (1)). Nach § 249 (1, 2) kann Belinda von ihm die Reparatur in Höhe von 2.000 Euro verlangen.

3.2 *Erläutern und beurteilen: z. B.:*
Nach der Entscheidung des BGH bezieht sich § 828 (2) nicht auf parkende Fahrzeuge, obwohl dies der Wortlaut dieser Vorschrift nicht erkennen lässt. Der BGH begründet seine Entscheidung mit der Intention des Gesetzgebers, wonach der Zweck der Norm sei, Minderjährige bis zum zehnten Lebensjahr vor den Folgen schädigender Handlungen im motorisierten Straßenverkehr zu schützen, da sie bis zu diesem Alter in der Regel Entfernungen und Geschwindigkeiten nicht abschätzen könnten. Diese Überforderung tritt nach Aussage des BGH aber im Falle parkender Autos nicht auf. Daher ist bei Unfällen im ruhenden Verkehr ein besonderes Schutzbedürfnis von Minderjährigen nicht gegeben und die Vorschrift entsprechend nicht anzuwenden.
Der BGH beendete mit dieser Entscheidung, die dem allgemeinen Rechtsempfinden entspricht, eine „kontroverse Diskussion“ darüber, ob sich die Vorschrift des § 828 (2) auf sämtliche Unfälle bezieht, an denen ein Kraftfahrzeug beteiligt ist. Damit sorgte er für mehr Rechtssicherheit. Allerdings entspricht die Rechtsprechung der wörtlichen Formulierung der Norm nicht mehr vollständig. Es reicht also nicht aus, nur die Norm zur Beurteilung eines Sachverhalts heranzuziehen, erforderlich ist darüber hinaus die Kenntnis der Rechtsprechung.

Abituraufgabe LK 2008

Sämtliche Aufgaben sind, soweit möglich, unter Angabe der entsprechenden Normen des BGB zu bearbeiten.

Im Internet findet Ingrid die Website „Life Expectancy“, auf der ihr im Rahmen einer Computeranalyse eine Prognose ihrer Lebenserwartung angeboten wird.
Neugierig geworden füllt sie das Online-Formular aus (M 1):

M 1:

Anschließend klickt sie auf den Button „Auswerten“. Auf dem Bildschirm erscheint folgende Nachricht: „ Vielen Dank, Frau Ingrid Bauer, wir haben Ihren Auftrag erhalten und werden die Analyse umgehend durchführen.“ Nach wenigen Minuten bekommt sie bereits das Ergebnis in Form einer E-Mail, die als Anlage ein Zertifikat enthält.

Zu ihrer Verwunderung findet sie zwei Tage später im Briefkasten eine Rechnung der „Life Expectancy“ über 59 Euro. Ingrids Mutter schreibt dem Internetdienstleister daraufhin eine E-Mail, in der sie erklärt, dass sie keinesfalls bereit ist, die 59 Euro zu bezahlen, weil ihre 17 Jahre alte Tochter noch minderjährig ist und auf der Internetseite nicht erkennbar war, dass der Service kostenpflichtig ist.
Kurz darauf antwortet die „Life Expectancy“ mit folgender Zahlungserinnerung:

M 2:

... durch das Anklicken des entsprechenden Buttons sind unsere AGB – und damit auch die darin angegebene Servicepauschale von 59 Euro Vertragsbestandteil geworden.

Weiterhin machen wir Sie darauf aufmerksam, dass die Überlassung eines Rechners mit Internetzugang an einen Minderjährigen ohne Aufsicht aus unserer Sicht eine konkludente Zustimmung der Erziehungsberechtigten für eventuelle rechtsgeschäftliche Erklärungen darstellt. Außerdem weisen wir Sie darauf hin, dass Minderjährige solche Geschäfte im Rahmen ihres Taschengeldes abschließen können.

Insofern sich ein Minderjähriger ohne Kenntnis der Erziehungsberechtigten Zugang zum Internet verschafft hat, liegt unseres Erachtens eine Aufsichtspflichtverletzung vor, denn es besteht auch die Pflicht zur Kontrolle der Freizeitbeschäftigungen des Minderjährigen. In diesem Falle wird die Zahlungsforderung in Form eines Schadensersatzanspruchs gegen die Aufsichtspflichtigen geltend gemacht, da wir bereits den Datenbankzugang frei geschaltet hatten, wodurch uns Kosten entstanden sind.

Daher gehen wir vom Fortbestand der Forderung aus und bitten Sie, den in der Ihnen vorliegenden Rechnung genannten Betrag an uns zu überweisen.

Mit freundlichen Grüßen

Dr. Belinda Krenek

1.1 Arbeiten Sie unter Berücksichtigung der einschlägigen Normen des BGB heraus, wie die „Life Expectancy“ versucht, ihre Zahlungsforderung zu begründen (M 1, M 2)!

1.2 Konzipieren Sie ein Antwortschreiben, mit dem Ingrids Mutter die Argumente der „Life Expectancy“ juristisch widerlegen kann!

1.3 Klären Sie anhand des obigen Falls, ob im Rahmen von Vertragsabschlüssen beschränkt Geschäftsfähiger im Internet zentrale Rechtsfunktionen gewährleistet sind!

[26 BE]

Kurz nach ihren 18. Geburtstag kauft Ingrid (I) beim Autohändler Voss (V) einen fünf Monate alten Vorführwagen des Typs „Xenos II“. Nach Zahlung des Kaufpreises von 11.600 € fährt Ingrid stolz mit dem Auto nach Hause. Das Auto verfügt über verschiedene praktische Extras, z. B. eine Zentralverriegelung, die gleichzeitig das Schiebedach schließt. Vier Wochen später sperrt Ingrid das Fahrzeug wie gewohnt ab und bemerkt nicht, dass das Schiebedach einen Spalt offen bleibt. Während der Nacht regnet es stark und das eindringende Wasser verursacht Schäden an der Elektronik. In der Werkstatt wird ihr mitgeteilt, dass der Austausch des entsprechenden Moduls 450 € kosten würde.

Zwei Wochen zuvor hatte Voss einen Brief des Fahrzeugherstellers erhalten (M 3). Er hatte jedoch vergessen, die darin enthaltende Information an die betroffenen Kunden weiterzuleiten.

M 3:

Xenos Qualitätssicherung

Rückrufaktion

An alle Vertragshändler

Bei den Fahrzeugen Xenos II treten bei der Schließautomatik des Schiebedachs vereinzelt Störungen auf. Die volle Funktionsfähigkeit kann durch Austausch eines Gummiformteils (Teile-Nr. MG-1299) wiederhergestellt werden.

Wir bitten Sie darum, Ihre Kunden umgehend zu informieren und die entsprechende Reparatur vorzunehmen. Setzen Sie sich bitte vor Ausführung der Arbeiten mit der Xenos Qualitätshotline in Verbindung.

Mit freundlichen Grüßen

Xenos Technical Support
(Region Deutschland)

2.1 Prüfen Sie, ob Ingrid von Voss die Reparatur des Schiebedachs und den Austausch der Elektronik verlangen kann!

2.2 Zeigen Sie anhand des Sachverhalts (M 3) die betriebswirtschaftliche Notwendigkeit dieser Rückrufaktion aus Sicht des Herstellers auf!

[20 BE]

M 4:

„Mogelpackung“

Quelle: www.Tomicek.de

3. Interpretieren Sie die Karikatur und diskutieren Sie ihre Kernaussage ausführlich anhand der §§ 474, 475, 476!

[14 BE]

[Summe: 60 BE]

Lösung LK 2008

1.1 *Die Life Expectancy versucht mit unterschiedlichen Argumenten ihren Anspruch zu begründen:*
Argumentation im ersten Abschnitt von M 2:
Gegenstand der Darstellung ist das Zustandekommen des Vertrags unter Einbeziehung der Allgemeinen Geschäftsbedingungen: Die Website „Life Expectancy", mit dem entsprechenden Online-Formular ausgestattet, stellt ein Angebot an die Allgemeinheit dar. Indem Ingrid dieses Formular ausfüllt, das Feld zu den AGB anklickt und schließlich das Formular abschickt, gibt sie im rechtlichen Sinne einen Antrag (§ 145) ab. Die Durchführung der Auswertung durch das Unternehmen stellt die Annahme (§ 147) dar, womit ein Werkvertrag (§ 631) zustande gekommen ist. Die Vergütungspflicht aus § 631 I wurde in den AGB vereinbart, welche Ingrid zugänglich waren und auch von ihr akzeptiert wurden.

Argumentation der „Life Expectancy" im zweiten Abschnitt von M 2:

Mit der Überlassung des Rechners an ihre Tochter Ingrid hat die Mutter eine konkludente Einwilligung in die Rechtsgeschäfte ihrer beschränkt geschäftsfähigen Tochter gegeben (§§ 107, 183). Damit ist das Rechtsgeschäft wirksam. Außerdem könnte Ingrid die Leistung auch gem. § 110 mit Mitteln bewirken, welche ihr vom gesetzlichen Vertreter zur freien Verfügung oder für einen bestimmten Zweck bzw. mit dessen Zustimmung von einem Dritten überlassen worden sind („Taschengeldparagraph").

Argumentation des Unternehmens im dritten Abschnitt von M 2.

Durch die Kosten der Freischaltung ist der „Life Expectancy" ein Schaden entstanden, wobei die Verletzung der Aufsichtspflicht (§ 832) der Mutter gegenüber ihrer noch minderjährigen Tochter ggf. als ursächlich dafür zu werten ist.

1.2 *Konzeption eines geeigneten und sinnvollen Antwortschreibens: z. B.:*

Sehr geehrte Damen und Herren,
keines Ihrer Argumente ist juristisch stichhaltig:

1. *Bei der Preisangabe in den AGB handelt es sich nach § 305 c BGB um eine überraschende Klausel, mit der meine Tochter nicht rechnen musste. Sie ist daher nicht bindend und auch nicht Vertragsbestandteil geworden.*

2. *Mit der Erlaubnis, dass meine Tochter Ingrid das Internet nutzen darf, ist keine Einwilligung verbunden (§§ 107, 183), auch Rechtsgeschäfte abschließen zu dürfen.*

3. *Mit dem Hinweis auf § 110 („Taschengeld") lägen sie nur dann richtig, wenn die vertragsmäßige Leistung mit Mitteln bewirkt worden wäre, die z. B. zur freien Verfügung* gestanden hätten. Eine solche erlaubte freie Verfügung liegt nicht vor, ich verweigere die Genehmigung (§ 184) zu diesem bislang schwebend unwirksamen (§ 108 I) Rechtsgeschäft ausdrücklich.

4. *Ansprüche wegen Verletzung der Aufsichtspflicht nach § 832 stehen Ihnen nicht zu, da es der Gesetzgeber dem Aufsichtspflichtigen nicht auferlegt, eine 17-Jährige ständig zu kontrollieren.*

Aus den genannten Gründen haben Sie keinen Anspruch auf Zahlung der 59 Euro.

Mit freundlichen Grüßen

1.3 *Klären von zentralen Rechtsfunktionen in Verbindung mit Vertragsabschlüssen von beschränkt Geschäftsfähigen im Internet: z. B.*

- *Schutzfunktion:*
  Durch bestehende Rechtsnormen ist die minderjährige Ingrid bereits umfassend geschützt:
  Ihre Willenserklärung ist schwebend unwirksam (§ 108 I), da sie durch das Rechtsgeschäft nicht lediglich einen rechtlichen Vorteil (§ 107) erlangt (z. B. hier: Vergütungspflicht bedeutet Eigentumsverlust an Geld).

- *Rechtssicherheit/Ordnungsfunktion:*
  Die von der „Life Expectancy" aufgestellte These einer Generaleinwilligung der Eltern bei Vertragsabschlüssen durch beschränkt Geschäftsfähige im Internet (§ 107) ist nicht haltbar. Das Einverständnis der Eltern, einen Computer zu nutzen, kann nicht als generelle Erlaubnis gewertet werden, dass der beschränkt Geschäftsfähige jederzeit rechtsgeschäftliche Verpflichtungen eingehen kann, da ein Computer zu unterschiedlichsten Zwecken genutzt werden kann.

2.1 *Prüfen:*
Die Reparatur des Schiebedaches und der Austausch der Elektronik könnten sich auf einen Anspruch auf Nacherfüllung (§§ 437, 439 I) gründen, sofern Schlechterfüllung (→ Sachmangel) vorliegt. Prüfschema:

- *Ein wirksames Schuldverhältnis (§ 311) liegt vor: Kaufvertrag (§§ 145, 147, 433);*
- *Pflichtverletzung des Schuldners (§ 280 I): Ein Sachmangel nach § 434 I Nr. 2 liegt vor, da sich ein nicht ordnungsgemäß abschließbares Auto nicht zur gewöhnlichen Verwendung eignet;*
- *Der Mangel lag bei Gefahrübergang (§ 446) zweifellos vor, vgl. auch Schreiben zur Rückrufaktion;*
- *Keine Kenntnis der Käuferin (§ 442): Lt. Sachverhalt wusste sie von dem möglicherweise vorliegenden Fehler nichts;*
- *Die Verjährungsfrist von 2 Jahren bei neuen Produkten ist gem. § 438 I noch nicht verstrichen.*

Rechtsfolge: Ein Sachmangel liegt vor und Ingrid kann einen Anspruch auf Nacherfüllung lt. §§ 437, 439 I geltend machen, d. h. die Nachbesserung des Schiebedaches (Reparatur) fordern.

Hinsichtlich des Austauschs der Elektronik könnte Ingrid einen Anspruch aus Nebenpflichtverletzung aus Schuldverhältnissen geltend machen. Prüfen:

- *Ein wirksames Schuldverhältnis (§ 311) besteht: Kaufvertrag nach §§ 145, 147, 433;*
- *Pflichtverletzung durch den Schuldner (§ 280 I), die nicht Leistungspflicht ist (§ 241 II): Verletzung von Aufklärungs- und Informationspflichten (siehe Schreiben „Rückrufaktion");*

- *Schuldner hat die Pflichtverletzung zu vertreten (§ 276), indem er es versäumt hat, die Kundin zu informieren, ist ihm vorzuwerfen, die im Verkehr erforderliche Sorgfalt außer Acht gelassen zu haben (Vergesslichkeit ist als Fahrlässigkeit zu werten);*
- *diese Pflichtverletzung ist nicht zu rechtfertigen bzw. der Schaden beruht kausal auf der Pflichtverletzung.*

Rechtsfolge: Nebenpflichtverletzung aus Schuldverhältnissen liegt vor und Ingrid kann als Schadensersatz neben der Leistung (§ 280 I) vom Autohändler Voss den Austausch der Elektronik verlangen.

2.2 *Aufzeigen: Betriebswirtschaftliche Notwendigkeit von Rückrufaktionen: z. B.*
Um größere Regressansprüche abzuwenden, versuchen Hersteller über Rückrufaktionen auf Mängel aufmerksam zu machen. Die Mängel sollen so frühzeitig beseitigt werden, dass nach Möglichkeit keine weiteren Schäden auftreten, deren Beseitigung wesentlich höhere Kosten entstehen lassen. Aus betriebswirtschaftlicher Sicht ist es im vorliegenden Fall sinnvoll, den Mangel am Schiebedach schnellstmöglich zu beseitigen, um ähnliche Fälle wie den Ingrids zu vermeiden.
Zulässige Argumentation auch: konsequente Qualitätssicherung im Unternehmen dient der Imagepflege und könnte auch „marketingwirksam" präsentiert werden.

3. *Interpretation der Karikatur:*
Die Karikatur zeigt den deutschen Michel vor einem Überraschungsei mit der Aufschrift „Verbraucherschutzgesetz".
Die Verbraucherschutzgesetzgebung erscheint als großes Geschenk an den Verbraucher. Unter der großen Verpackung erscheint aber nur ein sehr kleines Ei, weshalb der deutsche Michel den Verbraucherschutz als „Mogelpackung" empfinden könnte.

Untersuchung und Diskussion der vorgegebenen Rechtsnormen:

- *Die Regelungen zum Verbrauchsgüterkauf greifen nach § 474 I, wenn es sich um Geschäfte zwischen einem Verbraucher (§ 13) und einem Unternehmer (§ 14) handelt. Dies betrifft die meisten Geschäfte des täglichen Lebens und trägt zum Verbraucherschutz bei.*
  Gemäß § 474 II findet der Gefahrübergang beim Versendungskauf (siehe auch § 447) nicht mehr mit der Übergabe an den Spediteur, sondern mit Übergabe an den Käufer statt, was auch eine Verbesserung des Verbraucherschutzes darstellt.
- *Ferner ergibt sich eine Stärkung der Verbraucherposition aus § 476: Tritt ein Mangel innerhalb der ersten sechs Monate nach Gefahrübergang auf, muss der Verkäufer nachweisen, dass der Mangel bei Gefahrübergang noch nicht vorlag (Beweislastumkehr), d. h. man nimmt an, dass innerhalb dieses Zeitraums Mängel nicht vom Verbraucher verursacht wurden.*
- *Auch § 475 I und II leisten einen Beitrag zum Verbraucherschutz: Der Verkäufer kann sich nicht auf zum Nachteil für den Verbraucher getroffene Vereinbarungen berufen, die z. B. dem Käufer nach §§ 433 bis 435, 437, 439 bis 443 zustehende Rechte einschränken oder ausschließen.*

Fazit: Auch wenn ggf. die Regelungen der §§ 474 bis 476 teils negativ beurteilt werden können, stärken sie insgesamt die Position des Verbrauchers. Die Bezeichnung „Mogelpackung" ist wohl in dieser Form nicht zutreffend.

Register (Stichwortverzeichnis)

Notizen

Notizen